本书为国家社会科学基金一般项目“国有自然资源配置审批制度改革研究”
（批准号：17BFX085）的最终成果

国有自然资源配置审批制度改革研究

欧阳君君　著

Administrative Approval System Reform of the State-owned Natural Resources Allocation

法律出版社 LAW PRESS · CHINA
北京

图书在版编目（CIP）数据

国有自然资源配置审批制度改革研究 / 欧阳君君著. -- 北京 : 法律出版社 , 2024
ISBN 978-7-5197-8859-9

Ⅰ. ①国… Ⅱ. ①欧… Ⅲ. ①自然资源—资源配置—审批制度—研究—中国 Ⅳ. ① F205 ② D630.1

中国国家版本馆 CIP 数据核字（2024）第 037796 号

国有自然资源配置审批制度改革研究
GUOYOU ZIRAN ZIYUAN PEIZHI SHENPI ZHIDU GAIGE YANJIU

欧阳君君 著

责任编辑 朱铁佳
装帧设计 臧晓飞

出版发行 法律出版社
编辑统筹 司法实务出版分社
责任校对 王语童
责任印制 胡晓雅
经　　销 新华书店

开本 A5
印张 12.5　**字数** 273 千
版本 2024 年 5 月第 1 版
印次 2024 年 5 月第 1 次印刷
印刷 唐山玺诚印务有限公司

地址：北京市丰台区莲花池西里 7 号（100073）
网址：www.lawpress.com.cn
投稿邮箱：info@lawpress.com.cn
举报盗版邮箱：jbwq@lawpress.com.cn

销售电话：010-83938349
客服电话：010-83938350
咨询电话：010-63939796

书号：ISBN 978-7-5197-8859-9
定价：48.00 元

凡购买本社图书，如有印装错误，我社负责退换。电话：010-83938349

目　录

绪　论

第一节　研究背景

一、自然资源短缺需要重视自然资源配置

（一）自然资源短缺是当今世界的重要问题

技术变革与进步是经济演变的基础。在农业与工业时代，以土地为代表的自然资源是最为重要的生产要素；而在数字经济时代，知识与信息作为生产要素登上历史舞台，并发挥着越来越重要的作用。正如《二十国集团数字经济发展与合作倡议》所指出的，数字经济是以使用“数字化的知识和信息作为关键生产要素……的一系列经济活动”，“是全球经济增长日益重要的驱动力”。①

虽然自然资源作为经济生产要素的重要性有所降低，但是人类对于自然资源的依赖程度并未降低，相反，因为对自然资源过度攫取，人类不得不直面资源短缺以及环境恶化等问题。具体的数据可能会更有说服力。美国环保组织“全球足迹网络”（Global Footprint Network）指出，人类消耗自然资源的速度越来越快，20 世纪 60 年代大多数国

① 《二十国集团数字经济发展与合作倡议》，载 G20 峰会官网，http://www.g20chn.org/hywj/dncgwj/201609/t20160920_3474.html。

家尚呈现“生态盈余”，到20世纪70年代早期，地球资源再生速度即已无法满足持续增长的经济需要和人口需求，“地球超载日”提前到来。而2019年的数字则显示，当年人类对自然资源的消耗速度是地球再生速度的1.75倍，即2019年全年人类消耗了1.75个地球的再生自然资源。[①] 再以水资源为具体例证，联合国早已指出，全世界约40%的人口生活在中度到高度缺水的地区，美国、中国、印度的地表水消耗速度快于其更新速度，导致水位一直在稳定地下降。[②] 为争夺水资源而引发的国际冲突时有发生。

毫无疑问，解决自然资源短缺问题，实现自然资源的有效治理，离不开全人类与世界各国政府的共同努力。环境与自然资源保护俨然成为全球公共事务，联合国《气候变化框架公约》《生物多样性公约》《关于特别是作为水禽栖息地的国际重要湿地公约》等国际公约相继发布，签署有关国际公约的政府需要承担国际性义务，并实施相应的环境治理与自然资源保护措施。这些问题构成了国际法上的重要议题。

（二）自然资源短缺与自然资源配置的法治化要求

就我国目前情况而言，自然资源短缺对经济发展的影响自不待言，对区域关系、政府管理方式、公民之间的利益关系等，也都将产生广泛而深远的影响。因此，如何建立科学且有效率的自然资源配置机制成为重要的公共议题，具体表现为两方面的法治化需求。

---

① 参见周舟:《今年人类已提前耗尽自然资源年度“预算”》，载新华网，http://www.xinhuanet.com/science/2019-07/31/c_138272056.htm。

② 参见〔美〕汤姆·蒂坦伯格、〔美〕琳恩·刘易斯:《环境与自然资源经济学》(第8版)，王晓霞等译，中国人民大学出版社2011年版，第4页。

首先，区域政府间自然资源使用配置的法治化需求。自然资源空间分配上的不均，会引发区域间自然资源使用权的配置交易，其典型者为“水权交易”。早在2000年左右，为了解决生活用水困难，浙江省的义乌市与东阳市达成水权交易协议，即“义乌市一次性出资2亿元，购买东阳横锦水库每年4999.9万立方米清洁水永久使用权”①。这一突破传统行政指令引入市场机制的配置方式，不仅缓解了缺水城市的用水危机，还“盘活”了水资源丰富一方的“水利资产”，对于水资源的保护与持续利用也产生了内在激励作用，并打破了水资源无偿使用的传统，一定意义上使水资源真正成为一种“资源”。② 此后，水权交易在多地开展实施，并最终被中央所肯定与推广。③ 但是，这一交易行为也引起了较大社会争议，有观点认为，水资源是国家所有的自然资源，地方政府无权转让。④ 其他相关问题也由此衍生，如初始水权如何界定、水资源配置过程中政府与市场的关系应如何平衡等。

其次，政府与企业、公民之间自然资源使用配置关系的法治化需求。无论某自然资源属于共有物、公有物抑或私人所有物，只要对该自然资源的开发使用行为产生负外部效应，国家就有可能对相关开发使用行为予以规制。对于非国家所有的自然资源，如集体土地，集体

① 程海涛:《“水权交易”引出水权之争》，载新浪网，https://news.sina.com.cn/c/2005-01-21/17005627238.shtml。

② 参见沈满洪:《水权交易与政府创新——以东阳义乌水权交易案为例》，载《管理世界》2005年第6期。

③ 参见水利部《关于水权转让的若干意见》(水政法〔2005〕11号)、《水权交易管理暂行办法》(水政法〔2016〕156号)等。

④ 有学者认为，水权交易是水资源使用权的交易，因此义乌市与东阳市的水权交易不是真正的水权交易，本质是生态环境补偿。参见钱水苗、王怀章:《论流域生态补偿的制度构建——从社会公共的视角》，载《中国地质大学学报(社会科学版)》2005年第5期。

所有的森林、林地等，国家对土地用途及其使用规模予以严格的限制。换言之，尽管集体土地、集体所有的森林归农民集体所有，但是该集体土地能否转为建设用地、农民成员能获得多少宅基地面积、集体所有的林木可以被采伐多少等事项，并不在农民集体的决策范围之内，而必须由政府实施配置管理。① 对于共有物如阳光、风力等气候资源，经济组织实施经济性开发也并不可以完全自主决定。例如，《可再生能源法》虽鼓励各种所有制经济主体参与可再生能源的开发利用（第 4 条第 2 款），但再生能源开发利用被纳入国家与省级规划（第 8 条），更为重要的是，“建设可再生能源并网发电项目，应当依照法律和国务院的规定取得行政许可或者报送备案”（第 13 条第 2 款）。对于国家所有的自然资源如水资源、矿产资源、频谱资源等，则由国家建立了广泛的配置管理体系。

也应看到，国家对企业、公民的自然资源使用行为所实施的配置管理引发了诸多争议。例如，对于集体土地，过于强调政府的行政管制职能，忽视了农民的土地发展权与农民的自我管理能力；② 对于气候资源，黑龙江等地方政府曾经宣称该类资源属于国家所有，这引起了

---

① 《土地管理法》第 4 条规定，“国家实行土地用途管制制度。……严格限制农用地转为建设用地，控制建设用地总量，对耕地实行特殊保护……” 第 44 条确立了农用地转用审批主体及其权限。第 62 条第 1 款规定：“农村村民一户只能拥有一处宅基地，其宅基地的面积不得超过省、自治区、直辖市规定的标准。” 此外，《土地管理法实施条例》、地方立法以及大量政策规范性文件，对相关问题做了更加细致的规定。

② 针对我国宅基地管理制度，有学者评价道：“产权——或通常所谓‘所有权’——本来是约束人们竞争利用稀缺资源的一种制度安排。土地真有主，‘主人们’自己就会平衡自己的需求：多占地种粮食增加收入，还是多占宅基地住个大房子。究竟多占宅基地还是多留农地，在有效产权的约束下自会有经济的权衡。” 言下之意，集体产权制度的不完善，导致集体范围的资源配置与权利分配需要借助国家之手予以干预，然而，这种干预又是低效率的。[参见周其仁：《城乡中国》（修订版），中信出版集团 2017 年版，第 298~302 页。]

人们的某种忧虑；对于国家所有自然资源的配置，亦存在如何实现有差别的类型化管理的问题。

二、审批是国有自然资源使用配置的重要方式

域外国家自然资源所有权的形态可能包括：私人所有、国家（政府）所有、集体所有以及不被任何人所有。在我国，除“农村居民在房前屋后、自留地、自留山种植的林木”等极少数的自然资源外，国家与集体是自然资源的所有权主体。《宪法》规定了自然资源的国家所有制，又根据《民法典》第247~252条的规定，矿藏、水流等自然资源专属于国家所有，森林、山岭、草原、荒地、滩涂等自然资源，较之集体，国家是更为重要的所有权主体。尽管在广大的农村，土地主要属于集体所有，但是地理位置更为优越，价值更易体现的城市土地专属于国家所有，且国家可以基于征地权实现集体土地向国家所有土地的转化。基于国家在自然资源中的重要地位，这意味着国家对自然资源的配置管理主要是对国有自然资源的配置管理。

国家对国有自然资源的管理体系十分庞杂，从最为广义的角度至少包括国土与其他各类国有自然资源的利用规划、国有自然资源的保护与环境修复、国有自然资源产权制度改革与资产登记及核算等方面的内容，其中既有作为自然资源所有者所具有且应实现的权利，也包含作为自然资源监管者所需承担的职责，而实现国有自然资源有效配置是最为重要的管理内容之一。国家对国有自然资源采取何种配置方式，又直接决定了国有自然资源使用权的性质及其权能。从一定意

义上说,“自然资源权利配置作为一个经济学命题,要顾及自然资源配置的效率;作为一个法学命题,要考量及衡平权利配置过程中各方当事人的权利、义务,使之成为约束人们对自然资源使用行为的普遍性规则”。①

观之于历史与当前制度及实践,国有自然资源使用的方式主要包括自由使用、习惯使用、一般许可使用、特别许可使用等。② 自由使用的基础是某国有自然资源的属性为“共用公物”——直接供社会公众使用的公物,③ 如河流海域供社会公众自由航行。习惯使用是指基于特定公众与某些国有自然资源特殊的依赖关系,为了满足生活所需,无须经政府许可同意即可使用的行为,④ 如山区居民狩猎、河流沿岸居民捕鱼等。一般许可使用的基础是某国有自然资源本属于“公众得自由利用,但为调和利用人间的可能冲突,有时必须加以限制或经许可

---

① 单平基:《自然资源权利配置法律机制研究》,东南大学出版社 2020 年版,第 3 页。

② 较为详细的分析可参见欧阳君君:《自然资源特许使用适用范围的限制及其标准》,载《河南财经政法大学学报》2016 年第 1 期。

③ 关于公物的分类,法国法与德国法存在一些不同。法国法倾向使用“公产”概念,不仅强调公产供公众使用或公务使用,还强调该物所有权主体为政府。(参见王名扬:《法国行政法》,北京大学出版社 2007 年版,第 236 页。)德国法倾向使用“公物”概念,更注重物的使用目的而非物的所有权归属,因此,私人所有但经行政机关许可或依法律规定而供公众使用之物,或者一些没有明确产权归属但可供使用之物,亦可能成为“公物”。[参见〔德〕汉斯·J. 沃尔夫等:《行政法》(第 2 卷),高家伟译,商务印书馆 2003 年版,第 458 页。]在我国,有学者提出了新的概念——“公众共用物”,指不特定的多数人可以非排他性使用的物(财产、环境要素和自然资源)。(参见蔡守秋、潘凤湘:《论公众共用物的法律起源》,载《河北法学》2016 年第 10 期。)

④ 可能在某些情形下,习惯使用与自由使用存在区分的困难。例如,有学者认为海域航行是自然资源的习惯使用,“船舶使用人一直利用船舶在海上航行……交通主管机关一直容忍此种海上航行……在行政主体与人民间实是形成一个习惯法,此习惯法的内容是海域供交通使用”。[参见黄异:《海域在公物法上的基本地位》,载台湾行政法学会:《行政法争议问题研究》(下),台北,五南图书出版公司 2000 年版,第 1410 页。]但笔者认为,这种非特定人的使用行为应为自由使用。

始得为公物之利用”①，如公园以收取门票的方式调节人流量；或者因保护的需要禁止公众自由使用，但为了满足特定人的合法需要经许可予以使用，如为了科研、种群调控、疫源疫病监测或其他特殊情况，需要捕猎国家野生保护动物的，需经主管部门的许可。②特别使用许可，则是行政机关在特定国有自然资源之上，依法规或在其享有的裁量范围内，为特定人设定公法上的特别利用权，使其得以继续占有利用，并排除他人利用的行为，③如取水许可、海域使用许可、探矿与采矿许可等。

“从法律视角看，财产权是一组权利。这一组权利描述人们对其拥有的资源可以做什么、不可以做什么：他们占有、使用、开发、改善、改变、消费、消耗、破坏、出售、捐赠、遗赠、转让、抵押、出租、借贷，或者阻止他人侵犯自己的财产。”④这形象地描述出私人所有权人自由行使其财产权利或者禁止他人干涉所有者行使权利的可能形态。但是，国家之所以成为自然资源的主体，不能仅依赖于“私人的执行和交换成本是高于还是低于公共管理、政治谈判的成本”⑤这一经济学标准；国家行使自然资源所有权，也绝不能简单套用私人所有权的权能及其行使规则。正因如此，国有自然资源才会存在所谓的自由使用与习惯使用形态。但是，为了防止国有自然资源陷入所谓的“公地悲剧”，国

① 翁岳生编：《行政法》（上卷），中国法制出版社2009年版，第440页。

② 参见《野生动物保护法》第21条第2款。

③ 参见翁岳生编：《行政法》（上卷），中国法制出版社2009年版，第442页。

④ 〔美〕罗伯特·考特、〔美〕托马斯·尤伦：《法和经济学》（第6版），史晋川、董雪兵等译，格致出版社、上海三联书店、上海人民出版社2012年版，第66页。

⑤ 〔美〕罗伯特·考特、〔美〕托马斯·尤伦：《法和经济学》（第6版），史晋川、董雪兵等译，格致出版社、上海三联书店、上海人民出版社2012年版，第95页。

家与政府必须建立起国有自然资源的配置与使用规则，以明确允许谁使用或不允许谁使用，以及哪一行政机关代表或代理国家实施这一行为，这往往表现为国有自然资源使用的一般许可与特别许可。

许可（审批）是国有自然资源配置的主要方式，但随着社会主义市场经济的发展，传统以“申请—批准”为基本构架的国有自然资源配置审批制度逐渐暴露出诸多问题。例如，配置审批的主体应该是哪一国家机关；哪些国有自然资源应该采用审批的方式予以配置；一般许可与特别许可有何区别；何种情况应采用一般许可，何种情况又应采用特别许可；国有自然资源配置审批的内容应该是哪些；是否应该引入市场机制；在引入市场机制后，审批制与合同制有何区别；等等。这些问题不能得以澄清，必然影响国有自然资源配置的公平性与使用效率。

第二节 文献综述

“自然资源”是学术界持久甚至永恒的研究主题。就社会学科领域而言，管理学界研究自然资源，其关注点是如何建立一个有效率的治理体系，[①] 着重从制度演化、价值认同、管理模式、管理机构、管理内容、实践方式等方面选择自然资源管理体制；[②] 基于生态文明建设

① 参见刘金龙：《自然资源治理》，经济科学出版社 2020 年版，第 21~23 页。

② 参见刘伯恩：《自然资源管理体制改革发展趋势及政策建议》，载《中国国土资源经济》2017 年第 4 期；袁一仁等：《中国自然资源管理体制改革：历史脉络、时代要求与实践路径》，载《学习与实践》2019 年第 9 期。

的需要，近年来有越来越多的管理学学者倾力于自然资源负债表的编制与应用研究，以及自然资源资产收益分配等。① 经济学学者基于自然资源稀缺这一特性，致力于探究政府对自然资源的管理为什么会失效，设计新的激励机制以调和经济发展和自然资源（环境）利用之间的关系，如何发挥市场的作用并建立可检验的模型等。② 在法学界，长期以来自然资源主要为环境法学者所关注，近年来，民法学者、行政法学者、宪法学者也参与其中，产生了丰富的研究成果。例如，围绕自然资源使用权的性质与内容，学术界形成了公法上的权利说、公法上的私权说、民事权利说、公私兼容的权利说等多种观点。③ 一些学者还针对某些具体的自然资源使用权进行研究，例如，税兵博士、崔建远教授、刘舜斌博士就我国是否存在渔业权，渔业权是不是滩涂、水域的排他性使用权，以及渔业权是法定权利还是经行政许可而产生的权利等展开了深入的探讨与论争。④ 又如，针对宪法上规定的自然资源国家所有权的理解，产生了公权说、私权说、三层结构说、双阶构造说、国家所有制说、制度保障说、双重权能结构说等多种观点。⑤ 为了

① 参见夏慧琳：《自然资源资产收益分配：理论演绎、机理分析与路径选择》，东北财经大学出版社2018年版，第25页。

② 参见〔美〕汤姆·泰坦伯格：《自然资源经济学》，高岚等译，人民邮电出版社2012年版，第9~34页；〔英〕朱迪·丽丝：《自然资源：分配、经济学与政策》，蔡运龙等译，商务印书馆2005年版，第14~16页。

③ 参见王克稳：《行政许可中特许权的物权属性与制度构建研究》，法律出版社2015年版，第187~189页。

④ 参见税兵：《论渔业权》，载《现代法学》2005年第2期；崔建远：《论争中的渔业权》，载《法商研究》2005年第6期；刘舜斌：《论渔业权与渔业许可——兼评〈论争中的渔业权〉》，载《中国渔业经济》2008年第6期。

⑤ 相关研究可参见巩固：《自然资源国家所有权公权说》，载《法学研究》2013年第4期；王涌：《自然资源国家所有权三层结构说》，载《法学研究》2013年第4期；叶榅平：《自然资源国家所有权的双重权能结构》，载《法学研究》2016年第3期；等等。

凸显与聚焦研究主题，本书的文献梳理主要集中于国有自然资源配置审批方面的研究成果。

一、国有自然资源配置审批的地位与必要性研究

在我国的法律体系中，国有自然资源配置审批的规定常见于自然资源单行法和《行政许可法》。例如，《野生动物保护法》中就有大量的野生动物使用许可规定。该法第 21 条、第 22 条规定了猎捕许可与狩猎许可，第 25 条规定了野生动物繁衍许可。又如，《海域使用管理法》在一定意义上就是海域使用配置审批法，涉及审批的事项至少包括海域使用申请程序、审批主体、使用金的缴纳等。作为行政许可（审批）一般法的《行政许可法》，亦把国有自然资源的配置审批作为一类重要的许可类型。依据该法第 12 条第 2 项的规定，“有限自然资源开发利用、公共资源配置以及直接关系公共利益的特定行业的市场准入等，需要赋予特定权利的事项”可以设定行政许可。学术界将此称为“特许”。

有学者以《行政许可法》为依据，以审批的功能与作用为标准，把行政审批大致分为资源配置类、市场进入类和危害控制类三大审批类型。其中，资源配置类审批体现了《行政许可法》第 12 条第 2 项的内容，具体又包括国家所有的自然资源审批、国家垄断的公共资源与市政公用事业等行业的使用与进入审批。有学者认为，国有自然资源配置审批的前提是该自然资源应该属于国家所有，或者说，有较强公共性的自然资源应该设定为国家所有，其他自然资源则应该在国家所有

与个人所有之间予以合理划分；[①] 还有学者认为，资源配置类审批有其改革的必要，不过必须注意的是，某些资源类审批事项被取消或者予以下放，在事后监管机制未能健全的情形下，容易出现监管“真空”，可能带来某些不良的后果。[②]

无论是政府改革实践还是理论研究，都认为政府职能转变与行政审批改革具有紧密关系。中央层面业已确立这样的理念——“加快政府职能转变，必须把行政审批制度改革作为首要任务”，[③] 近几届政府也致力于推进行政审批改革。在这种改革背景下，传统的国有自然资源配置审批模式被有意无意地刻画为一种落后的管理方式，甚至被当然地认为是计划经济的“遗产”。立法参与者曾经认为，市场应该在资源配置中发挥基础作用，但是有限资源完全依靠市场配置，可能导致社会不公以及低效率。[④] 有学者对此提出批评，认为从经济学角度看，任何资源都具有稀缺性，然而解决稀缺性最好的途径是市场，行政审批作为政府的单方行为，无力有效配置国有自然资源。[⑤] 有学者认为，与企业国有资产相同，国家自然资源资产也应该实现所有者与监管者的分离。当前国有自然资源配置审批混淆了所有者与监管者的角色，“将行政许可作为自然资源‘非所有利用’权利的法律表现形式，实际上是

---

① 参见王克稳：《论行政审批的分类改革与替代性制度建设》，载《中国法学》2015 年第 2 期。

② 参见马怀德：《行政审批制度改革的成效、问题与建议》，载《国家行政学院学报》2016 年第 3 期。

③ 杨晶：《国务院关于深化行政审批制度改革加快政府职能转变工作情况的报告——2014 年 8 月 27 日在第十二届全国人民代表大会常务委员会第十次会议上》，载中国人大网，http://www.npc.gov.cn/npc/c2/c12435/c12491/201905/t20190521_221081.html。

④ 参见汪永清主编：《行政许可法教程》，中国法制出版社 2011 年版，第 6 页。

⑤ 参见康纪田：《论行政特许制度的现行立法有碍政府职能转变——行政许可法第 53 条剖析》，载《沿海企业与科技》2007 年第 2 期。

为国家的自然资源资产权益披上了行政权力的外衣，将财产权利等同于行政权力，不仅表现出明显的法律逻辑混乱，而且严重违反价值规律”①。换言之，该观点并非认为自然资源的行政许可毫无作用，相反，其认为行政许可应该在解决环境破坏、资源产品宏观平衡、生产安全等方面发挥监管作用，只是不应该以许可的形式来行使所有者的权利。

二、国有自然资源配置审批的依据研究

审批作为一种管理方式或资源配置手段，授予了申请人某种资格或权利，若要追问或评价该审批行为是否合法正当，就需回答“审批依据为何”的问题。

对于国有自然资源配置审批的依据，学术界至少存在三种观点，分别是国家所有权依据说、国家所有权和国家管理权双重依据说、公权力依据说。关于国家所有权依据说，有学者认为，《行政许可法》第12条第2项规定的“特许”是国家出让财产权的许可，其基础是国家对资源的所有权和垄断经营权，因此特许是国家处分资源所有权或垄断经营权的一种形式。②相似观点认为，“特许”的功能是保护和最优配置国家掌握的稀缺资源，其基础是国家所有权。③

国家所有权和国家管理权双重依据说的提出者对自然资源配置许可的实施进行了类型化的分析：立足于自然资源生态属性而实施的行

① 张璐：《论自然资源的国有资产属性及其立法规范》，载《南京大学法律评论》2009年第1期。

② 参见王克稳：《论行政特许及其与普通许可的区别》，载《南京社会科学》2011年第9期。

③ 参见王智斌：《行政特许的私法分析》，北京大学出版社2008年版，第28页。

政许可，如排污许可，其许可权基础是国家管理权而非国家所有权。立足于自然资源经济属性而实施的行政许可则可以分为两类，一类是为了实现自然资源特定化的许可，如探矿许可，该类许可本质为行政委托；另一类是自然资源开发利用许可，该许可的基础是国家所有权。①

至于公权力依据说，又有两种不同的观点，一种观点认为，国有自然资源使用权的基础是国家所有权，但国有自然资源使用权并非因政府的许可行为而产生，其源于政府与相对人基于国家所有权而签订的合同。例如，有学者在论述采矿权性质时直接指出："国家作为矿产资源所有人与采矿权人的地位是平等的，不应存在管理与被管理的关系……采矿权的取得应该通过合同，而不是通过行政许可"。② 另一种观点认为，国有自然资源使用权为特许物权，与一般物权通过法律行为设定不同，该物权"是经过行政特别许可而开发、利用自然资源，获得收益的准物权"，但是"国家对特许物权予以许可并不是出于自然资源所有者的身份，而是出于社会公共事务管理者的身份，将特许物权赋予使用人"。③

三、国有自然资源配置审批的性质研究

行政审批分为外部审批与内部审批，外部审批又被称为行政许可，为典型的行政行为。从这个意义上说，对于国有自然资源配置审

---

① 参见刘卫先：《论环境保护视野下自然资源行政许可的法律本质》，载《内蒙古社会科学（汉文版）》2014年第4期。

② 李建华、李靖：《采矿权法律性质的再认识》，载《国家检察官学院学报》2017年第6期。

③ 杨立新：《物权法》（第7版），中国人民大学出版社2020年版，第133~134页。

批的性质似乎不应有任何争议。不过，基于国有自然资源配置与国家所有权的特殊关系，对于该审批的性质认定，依旧产生了不同的观点。

有学者认为，行政许可中的资源利用型许可，是国家以资源所有权人的身份实施的许可，是集中的国有资产得以分散利用的途径，与私法上的权利许可并无二致，属于民事许可的范畴。① 又有学者认为，开发利用有限自然资源或公共资源并不是个人的当然权利，为了使这些资源的利用效益最大化，政府依法赋予个人利用资源的权利，在这种情况下，特许是通过一套设计恰当的配置系统展现的市场规则逐渐削弱了传统规则的理由，合同条款和要件构成了适当的公共控制法律工具，这种工具可以被看作行政通过私法方式实现任务的手段。② 换言之，国有自然资源配置审批是利用了私法规则的政府规制，该行为不属于传统行政行为。还有学者认为，国有财产的配置包括作为生产资料的财产配置与作为生活资料的财产配置。其中，生产资料的配置许可，"代表国家行使收益权的国家机关将内容和边界得到明确界定的生产资料使用权通过招标、拍卖等公平竞争方式确定受让人，签订出让合同，并收取出让费用"，这种行为应受到民法的调整。③

四、国有自然资源配置审批的改革方向研究

学术界一般认为，我国传统的国有自然资源配置审批具有浓厚的

---

① 参见周悦丽：《政府特许经营合同的性质与法律适用》，载王利明主编：《判解研究》2007 年第 6 辑，人民法院出版社 2008 年版，第 132~146 页。

② 参见章剑生：《现代行政法基本理论》(第 2 版)，法律出版社 2014 年版，第 372 页。

③ 参见肖泽晟：《论国家所有权与行政权的关系》，载《中国法学》2016 年第 6 期。

计划经济色彩，政府在资源配置中权力过大，不仅导致低效率，而且容易造成权力“寻租”等腐败现象。所以，改革国有自然资源配置制度，减少传统高权行政，引入市场竞争机制，以及以合同规则代替原来的单方命令规则，已成为学术界的重要观点。

有学者认为，根据《行政许可法》的相关规定，我国的资源配置依旧采用许可方式，只是引入了招标、拍卖等市场机制，同时，在实践中，行政机关还会与被许可人签订资源使用权出让合同，因此形成了“审批＋合同”的出让模式。但是，这一出让模式存在行政与民事双重法律关系，从而使法律关系复杂化，进而会带来法律适用上的困境。为此，有必要废除出让中的审批程序，以合同制度彻底取代之。[①] 还有学者提出，对资源配置类审批予以改革，总体方向是强化市场的作用，“向市场释放更多的使用权、投资权及经营权”，并注重从事前监督转化为事后监督，特别性的举措是实施竞争性审批出让与非竞争性审批出让的“双轨制”。对于前者，将现有的“先申请，后审批”的审批模式变为“先计划，后协议”的出让模式，形成对外协议制；对于后者，则实施“计划范围内的一般行政许可”。[②] 还有学者以具体的国有自然资源如水资源、矿产资源的配置审批为分析对象，认为在传统的审批模式下，行政机关处于绝对的主导地位，这是与计划经济高度集中体制相适应的管理方式。“随着市场经济与民主政治的发展，单纯依靠行政机关的单方命令与控制模式，已经难以调动行政相对人的积极

① 参见王克稳：《论行政审批的分类改革与替代性制度建设》，载《中国法学》2015年第2期。

② 参见谭家超：《资源配置、法律规制与行政审批制度改革》，载《改革》2017年第5期。

性”，有必要尽量削弱行政审批的作用而代之以行政合同。①

当然，市场不是万能的，有学者指出，市场化的资源配置方式会导致有关产品价格过高的不良后果，特许制度可以引入市场机制，但不能迷信市场的作用。②而在所有国有自然资源中市场机制运用最为广泛与深入的土地领域，政府监管与市场作用到底如何平衡至今未有定论。时任原国土资源部副部长胡存智接受媒体采访时就认为，土地资源配置需要规划的引导，不能完全跟着市场走，因为如果“哪个地方热就多给，哪个地方不热就少给，那就不能很好地协调发展”。③换言之，发挥政府的干预作用是不可或缺的。

五、简要评价

从上述研究成果中可以概括、抽取出与本书研究内容有关的争论点，为笔者的研究提供了重要的切入点，已有研究也可能存在一些不足，如：(1)对于国有自然资源配置审批改革缺乏系统性的研究，现有研究显得较为碎片化，一些观点并没有得到系统、深入的论证。(2)目前的研究主要立足于国有自然资源使用者的立场去观察与思考问题，所以主要围绕“使用权”展开讨论，对配置审批行为的讨论往往简要带过。(3)公法学者对国有自然资源配置审批的研究相对较少，现有不多的成果也因为对行政审批带有先天的“恐惧”与“厌恶”，为“公

① 参见裴丽萍、王军权：《水资源配置管理的行政许可与行政合同模式比较》，载《郑州大学学报(哲学社会科学版)》2016年第3期。

② 参见周汉华：《行政许可法：观念创新与实践挑战》，载《法学研究》2005年第2期。

③ 李妍：《本刊独家专访国土资源部副部长胡存智：土地资源配置不能完全跟着市场走》，载《中国经济周刊》2013年第13期。

法遁入私法”创造了条件，没有认识到国有自然资源使用乱象的发生，到底是行政审批本身的问题，还是传统审批主体功能定位的偏差与公法规制的不足所造成。（4）无论是公法研究视角还是私法视角，都未能把国家所有权与政府管理行为，尤其是配置审批行为结合起来。例如，有不少公法学者主张自然资源国家所有权为公法上的所有权，其实质是管理权，同时又主张国有自然资源使用权的物权化，但是却未能有效解释公权力性质的所有权如何产生物权化的使用权，不能解释配置审批行为在所有权派生出使用权过程中是如何发挥作用的；一些私法学者主张自然资源国家所有权为私人所有权，出让行为是民事行为，这与使用权的物权化可以有效融合，但是却又不能合理解释自然资源国家所有权的公共属性以及公法规则（如对政府配置审批行为的制约、适度市场化、鼓励公民参与等）的合理应用。

当然，这些问题也间接证明了笔者的研究所具有的空间。

第三节 研究意义

与政府实践相呼应，行政审批改革研究是近些年来学术界研究的大热点，相关成果可谓汗牛充栋，但是，笔者认为，相关成果存在以下不足：一般性的、描述性的研究过多而具体问题以及实证研究过少；一般行政许可研究较多而有关行政特许改革研究过少；在特许研究方面，政府特许经营研究较多而自然资源、公共资源的配置许可研究过少。科学研究也需“精准施策”，为更有效地推进行政审批改革，国有自然资源配置审批改革研究不可或缺。

法学层面研究国有自然资源至少可以从三个维度展开：一是国有自然资源的主体研究，即研究国家为什么要成为自然资源的主体，乃“归属”问题。二是国有自然资源的利用研究，重点着眼于自然资源的有效利用及其权利的实际运作，不断丰富和发展我国的自然资源物权制度。① 三是国有自然资源的配置研究，即研究如何从自然资源属于国家所有延展至国有自然资源公平地为社会公众所利用的过程。

诚如有学者所言，“最有意义的探讨不再是自然资源国家所有权的属性，而是国家所有权应当如何行使、如何保护，方才不辜负民众的嘱托”。② 从行政审批的角度看，本书研究的是行政审批的特许，且为国有自然资源配置特许，与一般许可存有较大特殊性，对于丰富许可（审批）理论具有积极意义。从自然资源资产产权改革与管理体制改革的角度看，本书主要研究自然资源国家所有权如何通过审批的方式予以实现，当然，这与自然资源国家所有权性质、如何派生使用权及其如何定位等问题无法分离，也是本书研究所无法回避的问题。本书旨在通过分析中央与地方政府的关系、政府与市场的关系、公民参与如何实现等，建构国有自然资源配置审批改革的一个可行的框架。

---

① 参见王洪亮等：《自然资源物权法律制度研究》，清华大学出版社 2017 年版，第 6 页。
② 马新彦：《论民法对合同行政审批的立法态度》，载《中国法学》2016 年第 6 期。

第一章

国有自然资源配置审批制度的相关概念界定

本书研究对象是“国有自然资源配置审批制度改革”，其关键词是“国有自然资源”与“审批”。关于“国有自然资源”，虽然《宪法》、《民法典》以及多部自然资源单行法皆有自然资源属于国家所有的规定，但是国有自然资源的范围并不明确；关于“审批”，《行政许可法》对行政许可作出了明确的定义，① 行政审批与行政许可的关系亦有学者进行了较为透彻的梳理，② 但是国有自然资源的“配置审批”是否有类型化的区分且具有内在的不同性质，亦有相当大的讨论空间。

第一节　自然资源的定义与国有自然资源的范围

一、自然资源的定义

（一）何为自然资源

1. 自然资源的含义

“自然资源”一词由“自然”和“资源”两词组成，然而，何为自

① 参见《行政许可法》第 2 条。

② 参见王克稳：《我国行政审批与行政许可关系的重新梳理与规范》，载《中国法学》2007 年第 4 期。

然，何为资源，这些在我们日常生活中耳熟能详的词语，一旦需要对其予以定义，又会有一种“口欲言而弗能”的感觉。当然，这一现象在法学研究中并不鲜见，以至于法理学大家哈特也感慨道：“即使是精炼的法律人亦是处于这样的情况中，即虽然他们知道法律，但是他们感受到，有许多关于法律的东西和法律与其他事物的关系是他们无法释明和未全然理解的。”① 但概念是法学研究的起点，我们对此又不得不做必要的探究。

首先，关于“自然”。法学上对自然含义的理解，更多的是与所谓的自然法学派相关，其含义从自然物质世界、上帝意志，逐渐转变为人的理性与人的本性，显示出人对自然物质世界的疏远。② 这种理解自然含义的观点，超越了“自然”最原始的含义。笔者认为，我们对“自然”的理解，反而需要回归最朴素的层面，即独立于人类行为的自然物质世界。

其次，关于“资源”。如果说自然资源中的“自然”更多的是一种事实认定，那么“资源”一词则可能有更丰富的价值含意。正如西里阿锡 - 万特鲁普指出的：“‘资源’概念预先就意味着某个‘计划管理者’在评价其环境对于达到一定目的所具有的作用。”③ 用更通俗的话来表达，所谓资源就是人们认为一切有用的东西。人们往往把资源分为自然资源、资本资源和人力资源等。

---

① 〔英〕哈特：《法律的概念》（第 2 版），许家馨、李冠宜译，法律出版社 2011 年版，第 13 页。

② 参见蔡守秋、杜万平：《论环境法对古代自然法学尊重自然精神的复兴——以“自然”含义的演变为视角》，载《当代法学》2005 年第 2 期。

③ 〔英〕朱迪 · 丽丝：《自然资源：分配、经济学与政策》，蔡运龙等译，商务印书馆 2005 年版，第 12 页。

最后，关于"自然资源"。有关著作对自然资源的定义做了较为详尽的列举与介绍，本书在此撷取部分内容作为必要解释之用。地理学家金梅曼认为，环境或其某些部分，只有它们能（或被认为能）满足人类的需要时，才是自然资源。联合国有关机构指出，人在其自然环境中发现的各种成分，只要它能以任何方式为人类提供福利，都属于自然资源。从广义上说，自然资源包括全球范围内的一切要素。联合国环境规划署则认为，所谓自然资源，是指在一定的时间条件下，能够产生经济价值以提高人类当前和未来福利的自然环境因素的总称。①

以对"自然"与"资源"的含义理解为基础，再结合学术界对自然资源的定义，我们亦可以用更为通俗的语言表达学术界对"自然资源"的一般理解：所谓自然资源，乃一切源于自然界且对人类有利用价值的物。

2. 对自然资源含义的必要反思

由于某物是否具有利用价值完全依赖于人类的感知与评价，所以这一概念是主观且具有浓厚功利主义色彩的，体现了人类中心主义。但是，这种观点极为明显地把人类作为生物圈的中心，"强调人与自然的分离和对立，极力倡导人类征服自然、主宰自然，无视自然界其他生命的存在价值，一切均以人为中心，把人类的发展建立在对自然资源的掠夺性开发利用基础上，因此，这种价值观具有明显的'反自然'性"。② 相反，在非人类中心主义的伦理学学者看来，所有自然存在物

① 参见蔡运龙编著：《自然资源学原理》，科学出版社 2000 年版，第 23~24 页。

② 曹明德：《从人类中心主义到生态中心主义伦理观的转变——兼论道德共同体范围的扩展》，载《中国人民大学学报》2002 年第 3 期。

都拥有道德价值，并且这种价值和人的利益和意志无关。它的价值在于维系整个自然系统的平衡，所以“大自然知道什么最好”。① 那么，就自然资源的认定而言，任何存在的自然之物都有其价值，或者说其存在于自然界就有合理性，不能依靠人类的评价决定其是否为“资源”。

在一定层面上，非人类中心主义的“自然资源观”并没有太大的法学意义。这是因为，法律是使人类行为服从于规则之治的事业。② 法律之所以存在，为的是有效调整人与人之间的交往行为，它不可能将物置于与人同等的地位，而必定是以人为中心而非以物为中心所建构的一套体系。在现有的法律语言与体系之下，授予或承认“物的权利”几乎是不可想象的。③ 换言之，某自然之物如果不存在被认同的价值，或者说只有某一个人认同其价值，那么，该物要么被视如草芥、弃如敝屣，要么只被某一个人占有而不会引起其他人的任何不满。也就是说，人与人之间不会因为该物而引起任何社会纠纷，立法者当然没有必要为该物拟定法律规则。相反，如果无条件地赋予动物、植物乃至岩石等生存权，就意味着它们和人同样享有权利能力，具有法律人格。倘若如此，人类恐怕就要彻底推倒现有制度，创造出一个超出先人憧

① 张纯成:《为自然抑或为人？——对人类中心主义与非人类中心主义争论的分析》，载《自然辩证法研究》2006 年第 12 期。

② 〔美〕富勒:《法律的道德性》，郑戈译，商务印书馆 2005 年版，第 124~125 页。

③ 目前，关于动物权利的讨论主要是在哲学层面，并且其目的依旧是满足人的需要——“如果我们能更多地关心和欣赏动物的存在，就会让我们人类的生活变得更丰富，也更有意义。”(李剑:《动物为何拥有权利？——兼论强、弱两种动物权利论》，载《哲学动态》2020 年第 11 期。)当然，也有学者论证为动物权利立法的可能性。(参见朱振:《论动物权利在法律上的可能性——一种康德式的辩护以及法哲学意涵》，载《河南大学学报(社会科学版)》2020 年第 3 期。)

憬的“天人合一”思想的崭新法律体系。①

但是，这不意味着人类中心主义的“自然资源观”就是完全可接受的，它至少可能会受到以下质疑：一是“有价值”或者“有用性”容易被解读为当前的作用，甚至只是经济层面的有用。例如，有学者直言：“如果某物不能满足人类需要，即使是天然形成，也不能称为自然资源，如老鼠、蚊虫等。”② 的确，对于普通人而言，老鼠、蚊虫不仅毫无价值，还极端令人生厌，把老鼠、蚊虫说成自然资源确实难以让人接受，但是这里所说的价值其实仅指向经济、娱乐、感官等层面的价值，从生态平衡、食物链的角度看，我们并不能否认老鼠、蚊虫的价值。只是老鼠、蚊虫繁殖能力极强，很难因为人类的捕杀行为而成为需要保护的对象。二是难以理解同一自然之物在不同时机、不同场合所具有的不同属性。例如，长江中的水体处于常态状况时，其可谓具有无可比拟的价值，可供人类生活生产用水、水运、发电、旅游、水上娱乐等，其属性为“资源”应无异议。但是，同样为长江之水，当处于凶猛水患之时，其冲毁江堤、淹没沿江良田与住宅，给人们的生命财产带来巨大的威胁与损失。在这个特定时刻，恐怕人们是不会去评价长江之水的价值或有用性的。那么，按照人类中心主义的逻辑，这种情境下的水不能被称为水资源。三是自然世界中的各种物往往相互交织，甚至可能是“有用之物依附于无用之物”，在这种情形下又如何判断何物为自然资源？典型者如沙漠。可能在很多人眼中，沙漠因其无用甚至有

---

① 参见崔建远主编：《自然资源物权法律制度研究》，法律出版社 2012 年版，第 19~20 页。

② 黄锡生：《自然资源物权法律制度研究》，重庆大学出版社 2012 年版，第 28 页。

害而不能属于自然资源，但沙漠之下可能蕴藏了丰富的石油资源，沙漠之上则有光资源与热资源，只要技术可行，这些资源完全可以被充分利用。

鉴于前文所述，笔者更倾向认同采用更广义的界定方式，把自然之物尽量纳入自然资源的范畴，不过于强调以有用性作为判断标准是否需要法律调整的依据，相反，根据现实需要，只要认为是有必要的，即应该由法律予以规制。

（二）自然资源与自然资源资产、自然资源产品的关系

1. 何为自然资源资产、自然资源产品

首先，关于自然资源资产。资产作为企业管理的观念，其内涵是相当明确的，乃“企业过去的交易或者事项形成的、由企业拥有或者控制的、预期会给企业带来经济利益的资源”。[①] 而“自然资源资产”一词，最早也是在经济学研究领域被使用的。党的十八届三中全会发布的《中共中央关于全面深化改革若干重大问题的决定》明确提出健全自然资源资产产权制度。此后，中央发布的《生态文明体制改革总体方案》《领导干部自然资源资产离任审计规定（试行）》《关于统筹推进自然资源资产产权制度改革的指导意见》等系列文件，都力图进一步推进党的十八届三中全会决定所确立的自然资源资产管理改革任务，“自然资源资产”俨然成为近些年学术界颇为关注的学术名词。但是，该概念较之企业资产，明显难以准确界定。

---

① 《企业会计准则——基本准则》第 20 条第 1 款。

这是因为，企业资产仅强调其经济价值，而自然资源资产具有自然天成的属性特点，同时具有资产化和生态价值的双重特征，生态价值补偿的意义尤为突出。自然资源具有时空分布不均、循环途径不一、功能数量不一等特点，其生态补偿的标准难以统一核算，这是不同于一般固定资产折旧的明显特征。从目前学术界的主流观点看，自然资源资产是可以进入我国财产法秩序的自然资源，① 一般被定义为"产权主体明确、产权边界清晰、可给人类带来福利、以自然资源形式存在的稀缺性物质资产"。②

2. 关于自然资源产品

相较而言，自然资源产品较为容易界定，是那些通过人力介入对自然资源开发利用而形成的产物，例如，从矿藏中发掘出来的矿产品、采伐森林所取得的木材、从天然河流中取得的水等。③ 在概念的使用上，近年来有学者提出用"自然资源分出物"取代"自然资源产品"，理由是自然资源产品（分出物）体现了通过人类劳动使自然资源得以被探查、析出，相比"产品"，"分出物"更能揭示自然资源化整为零、由公法上客体渐次转化为私法上客体的地位变化趋势，更便于标示自然资源自由取得在物权法上的效力后果，也更便于援引物权取得相关规则与法理完成自然资源自由利用在私法上的制度表达与构建。④

---

① 参见程雪阳：《国有自然资源资产产权行使机制的完善》，载《法学研究》2018 年第 6 期。

② 谷树忠、谢美娥：《论自然资源资产的内涵、属性与分类》，载《中国经济时报》2015 年 7 月 31 日，第 14 版。

③ 参见张梓太主编，陈玲等撰稿：《自然资源法学》，北京大学出版社 2007 年版，第 6 页。

④ 参见张力：《自然资源分出物的自由原始取得》，载《法学研究》2019 年第 6 期。

3. 阐释自然资源与自然资源资产、自然资源产品关系的意义

首先，关于自然资源与自然资源资产的关系，有学者认为，“只有同时具有稀缺性、有用性和明确的所有权性三个条件的自然资源才能称为自然资源资产”。① 这至少表明自然资源与自然资源资产存在两个重要的不同点：其一，自然资源资产强调“资产”，即其具有经济与生态价值，只有可以被控制的自然资源才有可能是自然资源资产。依此逻辑，野生动物因其迁徙特征而不能成为自然资源资产。其二，自然资源资产强调“有用性”，因此目前尚不能被人类有效利用的自然资源如沙漠，不能成为自然资源资产。但是，由于自然资源资产不仅强调经济属性，也注重资源的生态作用，因此对于自然资源资产的界定存在内在的悖论，有的自然资源如冰川、荒漠、野生动物等，预期不能带来经济收益，故不能列入自然资源资产的范围，但如果仅以经济属性为标准划定自然资源资产的范围，又完全忽视了自然资源的生态作用，这与我国正在追求的自然资源资产体制改革相悖。

其实，在很大程度上，自然资源与自然资源资产并没有实质性的差别。自然资源是一个整体性概念，例如，法律规定水资源属于国家所有，即强调整体上国家对水资源的垄断地位，而自然资源资产更加突出具体资源的产权归属，明确代表（代理）主体，进而落实所有者职责和监管职责。但是，本书的研究依旧采用自然资源概念而非自然资源资产概念，这是因为倘若采用后者，过于强调经济性，则会限缩自然资源的范围，而在笔者看来，经济价值不明显的自然资源可

① 马永欢等:《自然资源资产管理的国际进展及主要建议》，载《国土资源情报》2014年第12期。

能拥有重要的生态价值或公共使用价值，其如何有效使用配置同样重要。

其次，关于自然资源与自然资源产品。自然资源与自然资源产品的区别是较为明显的，后者是人类劳动加工的结果。[①] 在我国，自然资源的所有权主体被严格限定为国家与集体，但是对自然资源产品的所有权主体是不加限制的。需要注意的是，自然资源产品不仅是一个经济学概念，在法学领域内亦有其特殊的价值。具言之，我国自然资源主要为国家所有，且这种所有权是恒定的，不能发生自然资源国家所有权的转移。然而，在市场经济体制下，国有自然资源又不能完全诉求于国家（政府）开发利用，故而会借助社会力量并形成为后者所拥有的自然资源产品。也就是说，自然资源产品在法学上的作用，不仅在于证明自然资源产品的私人可得性，更在于为实现私人使用自然资源国家所有权提供了一种可能的“桥梁”。即从自然资源产品反向证明自然资源产品取得权的存在，进而论证作为私法的自然资源产品取得权是如何派生于自然资源国家所有权的。[②] 总体而言，自然资源产品的概念与自然资源使用权具有更紧密的关联，但是其相关理论可以为如何塑造更科学的自然资源配置审批体系提供有益的启示。

---

① 有必要指出的是，除自然资源产品外，还有一个与之较为接近的概念——自然资源生态产品。其意指维系生态安全、保障生态调节功能、提供良好人居环境的自然要素，包括清新的空气、清洁的水源和宜人的气候等，因此被有些学者视为自然资源的种类之一。（参见叶榅平：《自然资源国家所有权的理论诠释与制度建构》，中国社会科学出版社 2019 年版，第 103 页。）另有学者认为，生态产品也包含对自然生态系统功能产品经人类劳动进行产业化开发加工后衍生形成的、能够满足人类使用的生态产品，如森林康养、林业碳汇、温泉养生等。（参见张兴、姚震：《新时代自然资源生态产品价值实现机制》，载《中国国土资源经济》2020 年第 1 期。）从这个意义上说，生态产品也是一类自然资源产品。

② 参见王社坤：《自然资源产品取得权构造论》，载《法学评论》2018 年第 4 期。

（三）自然资源是否包括土地资源

土地乃财富之母，是最为重要的自然资源，此外，土地还是其他许多重要自然资源，如矿藏、森林、野生动植物资源的载体，这些都是基本常识。讨论自然资源是否包括土地资源似乎并无意义。但是，一个有趣的现象是，在学术研究层面，土地与其他自然资源似乎并不必然共存一处，或者说，土地被自然资源“除名”了。例如，经济学上并存着土地经济学与自然资源经济学两个学科分支。土地经济学以土地利用经济、土地制度与土地价值为研究对象，自然资源经济学则重点研究矿产资源、森林资源、渔业资源、海域资源等。在法学上，对于土地是否应该与其他自然资源一样，被纳入同一个主题之中予以讨论，存在不同看法。例如，同样都是讨论自然资源使用权，有的学者并没有区分土地资源与其他自然资源，甚至有的学者把集体土地上的使用权，如宅基地使用权与其他自然资源使用权作为平行议题予以讨论，还有学者明确反对把土地与自然资源割裂的观点，认为土地之外的自然资源成为具有独立价值的物是社会发展与科学进步的结果，但是大多数的自然资源都是附存在土地上的，各类自然资源的开发利用都会对土地与其他自然资源产生影响。① 而有的学者，如王克稳教授，则从权利角度出发，认为土地应该与其他自然资源相分离，在性质上，土地使用权为用益物权，乃典型私权，而不包括土地在内的国有自然资源使用权被作为公法的资源法所规定，依据公法手段所设立，故为公权；

① 参见黄萍：《自然资源使用权制度研究》，上海社会科学院出版社 2013 年版，第 33 页。

在出让方式上，国有土地使用权以合同方式出让，其他自然资源使用权通过行政许可的方式出让。①

在笔者看来，上述不少观点都值得商榷。例如，因为土地与自然资源的紧密关系而反对把二者割裂，这不是法学观点，而更接近自然资源学的认识。而认为国有土地使用权与其他自然资源使用权性质不同，故把土地与其他自然资源相隔离的观点，则可能存在论据上的错误。例如，《民法典》固然明确规定建设用地使用权为用益物权，但也把"海域使用权""探矿权、采矿权、取水权和使用水域、滩涂从事养殖、捕捞的权利"规定在《民法典》用益物权分编的一般规定之中。至于国有土地使用权以合同方式出让，其实也是许可将国有土地使用权以竞争方式出让，并以合同形式将出让方（政府）与受让方的权利义务予以明确，并不表示许可形式与合同形式存在绝对的对立。

总而言之，土地与其他自然资源是否要分开，应该基于法学视角而非其他，同时也须遵守恰当的逻辑。例如，按照传统物权理论，建设用地使用权属于用益物权，而其他自然资源使用权并非设立在典型的不动产之上的权利，客体不具有特定性，也不是以支配标的物之用益价值为内容，故并不被视为典型用益物权，而被学术界称为准物权或特许物权。因此，如果认为准物权为物权范畴，或者说准物权与典型物权并不存在实质区别，那么土地与其他自然资源可以被置于一个体系对待，如果强调准物权与典型物权的区别，甚至将二者对立起来，则可能有必要将二者区分开来。②

① 参见王克稳：《论公法性质的自然资源使用权》，载《行政法学研究》2018 年第 3 期。
② 参见崔建远：《准物权研究》，法律出版社 2003 年版，第 28~32 页。

笔者认为，没有必要把土地与其他自然资源割裂开来。其一，本书并未围绕自然资源使用权，而是从国有自然资源的所有者的地位出发，去分析国有自然资源应该如何配置审批，才能够实现自然资源国家所有的目的，具体衍生出哪些主体应参与配置审批、配置审批方式有哪些、应该做出何种变革、配置审批的适用范围如何等问题。因此，我们不能预设哪种国有自然资源可以配置审批，更不能把最为重要的自然资源——土地排除在外。其二，国有土地在经济社会发展中起到了极为重要的作用，并主要以竞争方式出让使用权，但是采用传统的审批方式配置国有土地，在当下依旧有一定的适用空间。同时，目前国有土地的配置亦并非完美，也同样具有改革的空间。

二、我国国有自然资源的范围

（一）为何要确立我国国有自然资源的范围

我国《宪法》第 9 条第 1 款规定："矿藏、水流、森林、山岭、草原、荒地、滩涂等自然资源，都属于国家所有，即全民所有；由法律规定属于集体所有的森林和山岭、草原、荒地、滩涂除外。"该规定成为我国自然资源所有权的宪法依据。[①]《民法典》《海域使用管理法》《海岛保护法》《野生动物保护法》等法律中亦规定了多种自然资源的国家所有权。但是，时至今日，关于国有自然资源的范围该如何界定，依旧是一个充满争议的话题，同时又因其涉及国家与社会公众的关系、国家

① 但并不是说《宪法》规定了国家所有权，关于这一点后文将详细论述。

与集体的关系，构成一个重要的理论问题。

1. 国家与公民之间的自然资源利益之争

近年来，随着“狗头金”“乌木”“陨石”事件以及气候资源地方立法事件的发生，人们对获得或使用自然资源的问题展开了广泛的讨论。这些事件都至少指向了以下问题：“狗头金”“乌木”是不是自然资源？如果是自然资源，它们和气候资源等是不是属于国家所有的范围？如果属于国家所有，公民获取这些自然资源是否构成侵犯国家所有权？公众使用气候资源等是否需要经过国家的许可？所以，确定自然资源国家所有的范围是协调国家与公民利益关系的前提条件。

以“狗头金”为例，有学者认为，仅从“狗头金”的成分看，“狗头金”是指天然产出的，颗粒极大，形态不规则，质地不纯的块金，它通常由自然金、石英和其他矿物集合体组成。也就是说，“狗头金”非人为加工所形成，是自然界产生的天然孳息，是一种矿产资源，从而属于国家所有的范围。① 但是也有不少学者反对将其定义为国家所有。有的学者认为，“狗头金”可能来自流星陨石，故不属于矿产资源；② 有的学者认为，矿产资源应该达到可以开采的规模，“狗头金”只能是单独的矿石，而不能被称为资源。③ 还有的学者认为，“狗头金”属于矿产资源，但是由于其对于国家而言并不具有重要价值，因此没有必要属于

① 参见余道治：《“狗头金”归谁所有？》，载中国法院网 2015 年 2 月 11 日，https://www.chinacourt.org/article/detail/2015/02/id/1554452.shtml。

② 参见杨三喜：《每日电讯：狗头金归属争议的实质是利益冲突》，载人民网，http://opinion.people.com.cn/GB/n/2015/0209/c1003-26532003.html。

③ 参见何兵文、吴学安：《“狗头金”归属：一堂生动普法课》，载《经济参考报》2015 年 2 月 11 日，第 6 版。

国家所有。①

再以野生植物为例,《民法典》第 251 条规定:“法律规定属于国家所有的野生动植物资源,属于国家所有。”《野生动物保护法》也明确规定珍贵、濒危的陆生、水生野生动物和有重要生态、科学、社会价值的陆生野生动物资源属于国家所有。但是,至今并未有法律明确规定哪些野生植物资源属于国家所有,仅有国务院批准发布的《国家重点保护野生植物名录》,以及部分地方政府如广东省人民政府发布的《广东省重点保护野生植物名录》等。如果各地发布的重点保护野生植物名录可以成为判断野生植物是否属于国家所有的依据,而不同地区对某类野生植物是否列入重点保护名录的规定不一,某类野生植物在某一地区依据规定属于重点保护植物,为国家所有,在另一地区依据规定却不属于重点保护植物,不为国家所有,这样的结论不合逻辑,甚至有些荒谬。

目前,我国没有任何一部现行法律法规规定私人可以成为自然资源的所有权主体。若要使公民个人获得某些自然资源的所有权,至少要根据自然资源国家所有的范围建立不同的取得机制:一是应该确立国家的容忍义务——即使国家享有某自然资源所有权,在某些特殊情况下也应该容忍公民个体自由或者按照习惯使用该自然资源,甚至可能允许公民取得该自然资源(如“狗头金”)的所有权;二是应该建立先占制度,即承认某些自然资源(如“狗头金”)并不属于国家与集体所有,公民可以将其视为“无主物”,并以合法的方式占有。

---

① 参见金可可:《论“狗头金”、野生植物及陨石之所有权归属——再论自然资源国家所有权及其限度》,载《东方法学》2015 年第 4 期。

2. 国家与集体之间的自然资源利益之争

集体也是法律所规定的自然资源所有权主体——尽管其所有权地位无法与国家相提并论。具言之,《民法典》概括性规定,森林、山岭、草原、荒地、滩涂等自然资源,在法律规定的前提下可以属于集体所有;在单行法层面,如《森林法》《草原法》等规定,"由法律规定属于集体所有的除外"。在一定意义上,这是立法的不作为,因为《森林法》《草原法》已经是森林、草原的专门立法,有必要明确集体所有的范围,以落实《宪法》的规定。只是简单地强调集体所有由法律规定,从逻辑上讲,法律没有明文规定的情形下,森林、草原等自然资源只能属于国家所有。而这既与宪法的精神相悖,也与现实情况不符。

我国相关自然资源立法不仅没有确立如何区分国家与集体所有的标准,法律与政策还设置了对集体所有相当不利的认定方式。例如,依据 1950 年发布的《土地改革法》① 及有关规定,凡当时没有将土地所有权分配给农民的土地属于国家所有。《确定土地所有权和使用权的若干规定》第 18 条规定,土地所有权有争议,不能依法证明争议土地属于农民集体所有的,属于国家所有。由于中华人民共和国成立以来不动产登记制度长期未能有效建立,不少自然资源为集体占有、使用,但未通过登记确认其所有权。一旦发生所有权纠纷,集体只能以"占有事实"为依据主张权利,而政府却可以推定的方式主张权利。例如,在宁德市蕉城区三都镇玠溪村第一村民小组等诉宁德市人民政府土地行政确权案中,由于没有滩涂所有权证,相关集体经济组织只

① 《土地改革法》于 1987 年被全国人大常委会《关于批准法制工作委员会关于对 1978 年底以前颁布的法律进行清理的情况和意见的报告的决定》废止。

能主张“祖祖辈辈在管理和利用该滩涂，涉案土地围垦前实际是（集体）的自留地”，而宁德市人民政府的理由是，根据法律规定滩涂首先是“都属于国家所有”，而后才是“法律规定属于集体所有的除外”，在相关集体经济组织未能提供证据证实涉案滩涂属于集体所有的情况下，只能认定属于国家所有。①

（二）国有自然资源的范围与确定标准之争

1. 自然资源国家所有的范围之争

（1）观点梳理

针对应该如何理解《宪法》第9条规定的“等自然资源”，形成了多种观点。一种观点认为，根据《宪法》第9条的规定，国家所有的自然资源具有无限的扩张性。持该观点的学者认为，《宪法》第9条是确立我国自然资源国家所有权的一般性条款，该条之规定意味着，除少数法定特例之外，一切自然资源都为国有，②包括人类已经发现的和未发现的自然资源。③另一种观点认为，《宪法》第9条的规定不应该被认定为一种绝对列举，基于我国生产资料的社会主义公有制，也为了保证自然资源的合理开发利用以及加强对自然资源的保护，将《宪法》第9条中的“等”理解为列举未尽的“等外”具有合理性，但将其理解为绝对的列举未尽，其观点不仅绝对，而且危险。④另外有学者认为，

① 参见福建省高级人民法院行政裁定书，（2017）闽行终819号。相似案例还可参见厦门市集美区杏林街道高浦社区居民委员会诉厦门市集美区人民政府土地权属争议处理案，福建省厦门市中级人民法院（2011）厦行终字第33号行政判决书。

② 参见巩固：《自然资源国家所有权公权说》，载《法学研究》2013年第4期。

③ 参见崔建远主编：《自然资源物权法律制度研究》，法律出版社2012年版，第27页。

④ 参见王克稳：《论我国国有自然资源的范围》，载《南京社会科学》2018年第10期。

自然资源的对象与范围并不固定，随着人类认识能力与开发能力的提高，自然资源的范围也不断扩展，但是，要成为所有权的客体，该自然资源应该符合“稀缺”“能够被比较准确地特定化”“在开发利用的过程中没有外部影响或影响较小”的条件。① 以此为视角，国有自然资源的范围是相对的。

（2）国有自然资源范围认定的困难——以气候资源为例

2012 年黑龙江省发布了《黑龙江省气候资源探测和保护条例》，该条例第 7 条宣布气候资源属于国家所有。此规一出，引起了社会舆论的广泛关注，大部分的民众对此表示反对，甚至调侃今后晒太阳、呼吸空气都要向国家交费。理论界也对此展开了讨论与对话，把对自然资源国家所有的正当性与范围等问题的认识推入一个新的境界。但是，从已有的讨论看，分歧多于共识，反映出自然资源国家所有范围的复杂性。

整体而言，对于气候资源归国家所有，学术界持反对意见者多为民法学者。其基本观点主要有以下四点：其一，气候资源根本无法成为所有权的客体，因为这与民法所有权客体的特定性与可支配性相悖，《黑龙江省气候资源探测和保护条例》规定气候资源为国家所有，目的在于通过行政审批加强行业管理，解决气候资源探测混乱、企业“跑马占荒”、数据不科学等问题。但是，解决这些问题并不需要以气候资源国家所有为前提，而完全可以从监管者的地位，以《行政许可法》第 12 条第 1 项为依据设定许可，也就是从国家管理的角度出发，

① 张璐：《气候资源国家所有之辩》，载《法学》2012 年第 7 期。

对气候资源的探测、利用与保护进行规定。① 其二，从自然资源保护的角度看，气候资源是人类赖以生存的基本条件，保护气候资源为公法上的义务而非权利，把气候资源界定为国有资源，其后果是排除了普通公众的保护义务。② 其三，气候资源不仅无法成为民法上的所有权客体，而且从宪法与国家法层面看，气候资源属于人类共同的资源，“其全球公共物品的属性与生俱来”，不能被某一国所独有。③ 其四，对气候资源“国有化”的立法，背后的原因是力图通过立法为本部门或本集团划定一块垄断性的势力范围，立法也因此蜕变为谋取部门或集团私利的工具。④

不过，也有不少学者认为，气候资源完全可以，也应该属于国家所有。有学者尽管不认同《宪法》第 9 条的规定为绝对开放性，但是认为气候资源具有极强的公共性，关系全民利益，应该属于全民所有即国家所有。⑤ 有学者认为，气候资源属于国家所有并不是民法上的所有，而是全体人民的“共享资源”，属于全体人民的“公共财产”，国家仅作为信托人，出于增进全民福祉的目的对公物予以管理并接受民众的监督。⑥ 另有学者认为，气候资源并非完全不符合所有权的客体特

① 参见张璐:《气候资源国家所有之辩》，载《法学》2012 年第 7 期；何书中:《气候资源国家所有的合法性质疑——兼评〈黑龙江省气候资源探测与保护条例〉》，载《上海政法学院学报(法治论丛)》2012 年第 6 期。

② 参见梁慧星:《生活在民法中》，法律出版社 2010 年版，第 112 页。

③ 参见高利红、程芳:《气候资源的属性及权属问题研究——兼评〈黑龙江省气候资源探测与保护条例〉》，载《重庆大学学报(社会科学版)》2013 年第 5 期。

④ 参见刘武俊:《“风光立法”凸显部门利益法制化倾向》，载《人民法院报》2012 年 6 月 30 日，第 2 版。

⑤ 参见王克稳:《论我国国有自然资源的范围》，载《南京社会科学》2018 年第 10 期。

⑥ 参见侯宇:《“风光”所有权归属之宪法学辨析——以〈黑龙江省气候资源探测与保护条例〉为例》，载《中共浙江省委党校学报》2013 年第 4 期。

征,“气候资源尽管在实体外形上无法固定,但其在观念上是特定的、可测量的并可数字化利用的,其独立性应该得到承认”,实现气候资源国家所有的目的在于防止“公地悲剧”,实现气候资源国家管理与公益保护的社会功能。①

从上文引述的观点不难看出,对于气候资源是否可以甚至应该属于国家所有,形成了完全对立的两种观点。颇为有趣的是,不同观点甚至会把某一共同的材料作为论证己方观点的论据。这导致气候资源是否应属于国家所有显得更加扑朔迷离。

2. 国有自然资源的确定标准之争

如果认为自然资源国家所有的范围并不无限,那么就应该确立一个认定国有自然资源的标准。目前学术界对确定标准的已有观点主要包括是否为公用物的标准和是否具有重要战略意义的标准两种,但是对于这两种观点也存在很多争议。下文笔者将对这两种观点具体分析。

第一种,是否为共用物的标准。根据优士丁尼《法学阶梯》的观点,物被分为五种,分别是公有物、被所有人共同使用的物、团体物、无主物、由个人所有的物。公有物,是指那些属于罗马人民所有的物,有些公有物属于“人民的财产”,被认为是公共财产,有些公有物虽为公众使用,但不属于公共财产,如河流、港口、道路、桥梁、广场等。被所有人共同使用的物包括空气、流水、海洋、海滩等,又被称为“共用

---

① 参见刘超:《气候资源国家所有权的社会功能与权利结构》,载《政法论丛》2014 年第 3 期;施志源:《论气候资源之法律属性与权利归属》,载《福建师范大学学报(哲学社会科学版)》2014 年第 4 期。

物”。[1]“这类物不属于任何一个国家或者个人，是一切人共有的物，为所有人共同使用而不被任何人独有”。[2]

但是，对于罗马法的共用物，也应该用历史的眼光看待。首先，古罗马人特别重视“归属的概念”，但这并不必然体现为“所有权”概念，他们并不探究谁是这些物的所有权人，而是探究谁可以使用这些物。[3]即使是公有物，最初是指归罗马共同体所有的物品，后来也指供公众使用的非交易物。[4]与之不同的是，现代法学更倾向采纳所有权概念。另外，罗马法对于共用物的范围认定也不是完全一致的，例如，杰尔苏认为罗马人控制的海滨为罗马人所有，内拉蒂则认为海滨是公共的，不是国民的可有物，不属于任何人。[5]我们不能完全以罗马法对物的划分为依据，来确定当前国家所有的范围。其次，从国家主权的角度看，第二次世界大战之后，发展中国家在建立国际经济新秩序的斗争中提出并经国际法确认了自然资源国家主权原则。联合国第 29 届大会通过的《各国经济权利和义务宪章》规定，每个国家对其财富、自然资源和经济活动享有充分的永久主权，包括拥有权、使用权和留置权，并得自由行使此项主权。虽然一般不认为自然资源国家永久主权等同于自然资源国家所有权，但这赋予了国家处置本国境内自然资源

---

① 费安玲、〔意〕桑德罗·斯奇巴尼主编：《罗马法·中国法与民法法典化（文选）——从罗马法到中国法：权利与救济》，中国政法大学出版社 2016 年版，第 23~24 页。

② 〔意〕桑德罗·斯奇巴尼：《桑德罗·斯奇巴尼教授文集》，费安玲译，中国政法大学出版社 2010 年版，第 8 页。

③ 参见费安玲、〔意〕桑德罗·斯奇巴尼主编：《罗马法·中国法与民法法典化（文选）——从罗马法到中国法：权利与救济》，中国政法大学出版社 2016 年版，第 24 页。

④ 参见黄风编著：《罗马法词典》，法律出版社 2002 年版，第 219 页。

⑤ 参见〔意〕桑德罗·斯奇巴尼选编：《物与物权》，范怀俊、费安玲译，中国政法大学出版社 2009 年版，第 11 页。

的独享权利。[①] 这与古罗马法公有物的思想已有所不同。最后，我们可以推测，空气、海洋等资源之所以不为任何人所有，一是因为这些物不仅重要，而且难以支配与控制；二是因为这些资源的经济价值在当时尚未显现，而且人们使用这些物也未发生拥挤的现象。诚如意大利法学家彼德罗·彭梵得所言，"那些不易被获取的物（如星球、空气等）既无经济价值，也无法律价值，而且在其用途上也是不明确和含混的"。[②] 然而，时至今日，随着科技的发展与进步，人类控制、开发使用这些物的能力不断提高，其经济价值、稀缺性也开始显现。其成为所有权的客体，既有可能也有必要。

第二种，是否具有重要战略意义的标准。有观点认为，从《宪法》与《物权法》[③] 等相关法律的制定目的看，判断某自然资源能否进入国家所有的范围，应该看该自然资源是否具有长远利益和整体利益的战略意义，[④] 不具有此种意义的自然资源如普通的野花、野草、砂石、乌木等皆非国家所有权之客体。[⑤] 其论据之一是 1982 年彭真在五届全国人大第五次会议上所做的《关于中华人民共和国宪法修正草案的报告》："保证劳动群众集体所有制经济沿着社会主义方向前进，保证个体经济为社会主义服务，保证整个国民经济的发展符合于劳动人民的

---

① 参见宋秀琚、史佳卉：《自然资源的永久主权原则与其全球公共物品属性：问题及思考》，载《社会主义研究》2011 年第 4 期。

② 〔意〕彼德罗·彭梵得：《罗马法教科书》，黄风译，中国政法大学出版社 1992 年版，第 186 页。

③ 《物权法》已于 2021 年因《民法典》的施行而废止。

④ 参见王旭：《论自然资源国家所有权的宪法规制功能》，载《中国法学》2013 年第 6 期。

⑤ 参见金可可：《论"狗头金"、野生植物及陨石之所有权归属——再论自然资源国家所有权及其限度》，载《东方法学》2015 年第 4 期。

整体利益和长远利益的决定性条件。”此外，立法参与者在解释《物权法》有关自然资源国家所有权的规定时也持有类似的观点——矿产资源是国民经济和社会发展的重要物质基础，水流是我国最宝贵的自然资源之一，是实现可持续发展的重要物质基础，只有严格依照《宪法》的规定，坚持矿产、水流属于国家所有，即全民所有，才能保障我国水资源的合理开发、利用、节约、保护和满足各方面对水资源的需求，适应国民经济和社会发展的需要。①

鉴于这种认识，有学者认为，对于国家发展具有战略意义的作为生产资料使用的自然资源应该属于国家所有，“某些不具有整体利益和长远利益特征的自然资源也可以经由立法裁量不归于国家所有和集体所有，而允许私人所有”。②

对于这种认识，也有学者提出异议，是否为国家所有，不能以是否为重要的生产资料为标准，相反，作为重要生活资料的“水、大气、海洋、湿地等资源具有极强的公共性，它们构成一切生物繁衍生息与人类生存的基本条件，关系全民利益，应归属全民所有，因而在法律上有必要设定为国家所有”，而矿产、森林等自然资源，经济属性强，且与特定区域的民众关系紧密，与全民利益关联度较低，将其作为国家所有的迫切性并不明显。③如此看来，仅将凸显经济特征与经济价值作为判断自然资源是否应属于国家所有的标准，确实容易遭到诘难。毕竟，不少自然资源还有极为重要的生态价值、科研价值等。而且，自然

① 参见全国人大常委会法制工作委员会民法室编：《中华人民共和国物权法条文说明、立法理由及相关规定》，北京大学出版社 2007 年版，第 71 页。

② 王旭：《论自然资源国家所有权的宪法规制功能》，载《中国法学》2013 年第 6 期。

③ 参见王克稳：《论我国国有自然资源的范围》，载《南京社会科学》2018 年第 10 期。

资源属于国家所有的规定，除了《宪法》中的规定外，《民法典》以及其他单行法还增加了国家所有的自然资源类型。例如，《民法典》第251条规定："法律规定属于国家所有的野生动植物资源，属于国家所有。"而某些野生动植物资源之所以被规定属于国家所有，绝不是因为它们具有重要的经济价值，可以作为生产资料，而是因为这些自然资源对于生态环境的平衡具有重要的意义。如果有人提出，只要有重要价值的自然资源——无论是经济价值还是生态价值，都应该归入国家所有的范围，那么，问题又会进入"气候资源是否应该为国家所有"的争论之中。

此外，有学者认为，将自然资源纳入国家所有范畴必须符合三个原则：一是有利于全体人民的共同利益；二是有利于自然资源的有效管理，即利用国家权力手段使自然资源得到合理保护和高效利用；三是有利于实现社会的公平正义，要通过合理界定国家所有权，实现自然资源的平等共享，避免出现国家与民争利的局面。[①] 从价值层面考虑，这样的观点是正确的，但是在技术层面，其无法为如何界定国有自然资源范围提供帮助。

（三）本书的主张

笔者也曾对国有自然资源的范围问题做过研究，并认为《宪法》第9条的"等自然资源"中的"等"为"绝对列举未尽"，即除了集体所有以及极少数情况下的个人所有外，其他自然资源都属于国家所

① 参见叶榅平：《自然资源国家所有权的理论诠释与制度建构》，中国社会科学出版社2019年版，第114~115页。

有。这种认识有利于自然资源的管理使用、维护宪法权威与法律制度的稳定，实现社会的公平正义。① 这种观点会招致诸多的反对意见，理由包括某些自然资源不符合民法所有权之物的属性、不具有稀缺性的自然资源无必要成为国家所有等。即使从体系解释的角度看，“绝对列举未尽观”也存在缺陷。有学者指出：“‘等’字不局限于法律所列举的种类，并不表明所有的自然资源类型都应该认定属于国有自然资源，否则法律条文就不必列举具体的自然资源类型，可以简洁地规定为‘自然资源属于国家所有，即全民所有’。”② 此外，从《民法典》相关规定看，立法者也没有将所有自然资源都纳入国家所有的意图，除了重复《宪法》规定的七类自然资源归国家所有外，又特别规定海域、无居民海岛、无线电频谱资源、野生动植物资源归国家所有。尤其值得注意的是，无论是《民法典》还是《野生动物保护法》，并没有把所有的野生动植物都纳入国家所有的范围，前者强调“法律规定属于国家所有的”，后者虽然规定“野生动物资源属于国家所有”，但是又把野生动物限定为“指珍贵、濒危的陆生、水生野生动物和有重要生态、科学、社会价值的陆生野生动物”。换言之，立法者并不认为所有的野生动植物资源都属于国家所有。

如今，笔者改变了原有观点，认为对于国有自然资源的范围，应该从两个层面予以理解：在宪法层面，国有自然资源的范围是开放的；在其他法律层面，国有自然资源的范围是有限的。

---

① 参见欧阳君君：《论国有自然资源的范围——以宪法第 9 条为中心的分析》，载《中国地质大学学报（社会科学版）》2014 年第 3 期。

② 施志源：《生态文明背景下的自然资源国家所有权研究》，法律出版社 2015 年版，第 110 页。

1. 宪法上的国家所有与其他法律规定的国家所有并非同一含义

目前有关自然资源国家所有权的讨论中的主流观点把宪法上的国家所有与其他法律上的国家所有理解为同一意思。产生这种认识实属正常，因为《民法典》有关自然资源所有权的规定与《宪法》第9条自然资源国家所有的规定过于相似，以至于不少人认为前者是对宪法规范的承继。

“发现个别法规范、规整之间，及其与法秩序主导原则间的意义脉络，并以得以概观的方式，质言之，以体系的形式将之表现出来，乃是法学最重要的任务之一。”① 这就是所谓法律体系化。形成法律体系对于法律解释和适用非常重要：“体系内的推演结论在逻辑上达到一致，从而避免结论矛盾及防止法官适用法律的任意性”。② 或许，正是受到法律体系的影响，让学者不自觉地将宪法上的国家所有等同于《民法典》(原《物权法》)、自然资源单行法上的国家所有。然而，尽管目标一致，《宪法》与《民法典》仍属于不同的法律部门，其内在构造、立法逻辑、价值判断等都存在重大区别。将宪法上的国家所有解释为国家所有权会存在逻辑上的障碍，将宪法上的国家所有权转化为民法上的所有权具有难以跨越的鸿沟。

笔者对二者关系有不同的理解。《宪法》规定的国家所有，是自然资源国家所有制，而非自然资源国家所有权。对于这一论断，在本书第三章第二节有关国有自然资源配置审批制度改革的法理基础部分会做详细的论述，在此只是先表明观点。而《民法典》规定的自然资源

① 〔德〕卡尔·拉伦茨：《法学方法论》，陈爱娥译，商务印书馆2003年版，第316页。
② 李永军：《民法典编纂中的行政法因素》，载《行政法学研究》2019年第5期。

国家所有，乃所有权。尽管一般认为所有权是所有制的法律表达，但所有权与所有制毕竟属于不同的概念，有不同的内涵与功能。

2. 所有制层面上的自然资源国家所有是开放的

所有制的客体是生产资料。宪法上的自然资源国家所有，就是作为生产资料的自然资源归国家所有。这与中国共产党建立中华人民共和国政权的目的是一致的："社会主义公有制消灭人剥削人的制度，实行各尽所能、按劳分配的原则。"①

一般来说，生产资料国家所有制会相应地建立生产资料国家所有权，但是生产资料的国家所有制，是从生产关系的角度强调国家占有生产资料并对其实行统一管理和控制的所有制形式，这与所有权追求物的归属与利用有所不同。从理论上说，某生产资料国家所有制，可能并没有建立起对应的国家所有权，而是形成了一种无所有权的体制，即该生产资料不归任何人所有，当然地排除私人所有与其他主体所有，但是，该生产资料如何进入生产环节，以及如何被分配利用等，完全是由国家控制，从而达到公用之效果，以避免剥削。

正因如此，宪法上的自然资源国家所有具有较为明显的主权宣示特征。《宪法》规定某类自然资源归国家所有，是对国家领域内该类自然资源概括、抽象的宣示，无论是当前存在的，还是未来才能被发现的，该类自然资源都是国家所有，不能建立私人所有制或集体所有制，不能因此形成私人所有权或集体所有权。也正是因为宪法上的自然资源国家所有不是所有权，所以国家不能以所有者的身份来主张权利，

① 《宪法》第6条第1款。

相反，国家有义务“保障自然资源的合理利用”，“禁止任何组织或者个人用任何手段侵占或者破坏自然资源”。①

因此，只要在功能上能够与生产资料国家所有制保持一致，那么即使是我国《宪法》第9条没有明文列举的自然资源，也可以被解释在“等自然资源”的范围之内。作为生产资料的国有自然资源欲转化为国家所有，还需要《民法典》或者自然资源单行法的规定，也就是说需要立法者的专门立法。而立法者在考虑某项自然资源成为国家所有权的客体时，该自然资源必须符合物权客体的要求。

3. 所有权层面上的自然资源国家所有是相对封闭的

既然自然资源所有权规定于《民法典》，就必须符合民法物权理论的基本要求，不能在民法规范之外又塑造出一种新的、主要特征不同于已有所有权的所有权。

其一，根据《民法典》的规定，所有权的客体应该是特定的、可支配的。随着现代技术的发展，关于特定物的理解会有所变化，其范围会不断扩大。但无论某自然资源是否成为所有权客体，至少在当前的条件下，其应具有特定性与可支配性，这是一个基本前提条件。2019年自然资源部等多部门联合印发的《自然资源统一确权登记暂行办法》第3条规定：“对水流、森林、山岭、草原、荒地、滩涂、海域、无居民海岛以及探明储量的矿产资源等自然资源的所有权和所有自然生态空间统一进行确权登记……”这表明，水流在当前是可特定化的自然资源。

① 《宪法》第9条第2款。

其二，应符合必要性原则。即使符合所有权之物的特定性特征，也不表明该自然资源应该纳入所有权的客体范围。立法者还应该考虑是否有必要为之。即通过设立所有权，能够有效实现该自然资源的物权效益——或者能够增加所有者权益，或者可以更好地保护使用者的权益。易言之，如果在某自然资源之上建立所有权的目的与国家行使监管权的目的无异，则需要评估建立所有权的必要性。

其三，根据物权法定原则，某自然资源能否为国家所有，应该要有法律的明确规定，因此，无论是行政法规还是地方性法规，都不能宣布某类自然资源属于国家所有。某些物如乌木、“狗头金”等是否应该属于国家所有，应该通过法律解释，观察其是否能够被“自然资源”“国有自然资源”包括进去。如果不属于自然资源，亦无须考虑自然资源国家所有；如果是自然资源，则需要考虑是否属于某类国有自然资源，如矿产资源。①

鉴于上述原因，所有权层面的自然资源国家所有的范围应该是相对封闭的，其在生产资料国家所有的基础上，由立法者予以审慎评估，以法律形式决定某自然资源是否应该成为国家所有权的客体。

---

① 诚如学者所分析，当下我国民法学上关于乌木、陨石等新类型物归属争议的讨论，普遍缺失该物是否已进入可有物范畴的前置性讨论，而是径行进入可有物与私法（物权法）范畴，做出要么属于国有（国家私产），要么属于孳息、埋藏物或无主动产的选择。无论其结论是否认可先占取得，无论在有关物上形成国家、集体还是私人所有权，都因缺乏讨论的前置条件而难以作为相关立法的有效参考。面向分配正义，完善可有物与不可有物的区分法制、实现先占取得制度重构，就应当以公法为主、私法为辅。（参见张力：《先占取得的正当性缺陷及其法律规制》，载《中外法学》2018 年第 4 期。）

第二节　国有自然资源的法学分类

一、国有自然资源法学分类的意义

“当抽象的一般概念及其逻辑体系不足以掌握某生活现象或意义脉络的多样表现形态时，大家首先会想到的辅助思考形式是‘类型’”。①从上文述及的问题可以发现，站在不同立场、基于不同学科，把国有自然资源作为一个整体看待，容易产生意见的分歧。换言之，采取类型化的观察与思维方法，或许是研究国有自然资源的更好选择。

（一）在理论层面可以克服学科视域的局限

学者倾向基于学科立场对国有自然资源的相关问题提出相关观点。最为典型的是关于自然资源国家所有权的性质之讨论。民法学者普遍认为，所有权就应该是民法上的所有权，应该按照民法物权理论建立自然资源国家所有及其使用权体系。这一视角及知识体系建构有其优点与正当性。例如，可以根据民法理论改造目前我国自然资源国家所有权主体及其行使主体，改变所有权虚置的状况；可以有效实现自然资源使用权的用益物权体系构造，从而与国有自然资源的有

① 〔德〕卡尔·拉伦茨：《法学方法论》，陈爱娥译，商务印书馆2005年版，第34页。

偿使用相衔接；等等。但是，把国有自然资源作为一个整体置于民法的视野之下，也有不少弊端。例如，容易把自然资源孤立看待、切割管理——这是由民法物权客体要求特定化、可支配性的特征所决定的，而这容易忽略自然资源作为整体所具有的功能。又如，民法是市场经济的基本法，这已成为一个基本理念，其内涵是指“只要是属于市场行为，只要是民事法律关系，就应当由民法来调整。并通过贯彻和奉行民法优先的精神，让民法的原则和理念变成经济主体的基本理念和行为规范”。[①] 但是，过于强调自然资源国家所有权的民法属性，自然资源的经济属性就可能被无限放大以及把国家塑造为纯粹的民事主体，带来一系列的理论与实践困惑。[②]

类似的情形也发生在公法学者的相关观点上。一些学者为了突出自然资源国家所有权的公法色彩，更多强调其“管理”属性与特征，以及其所承载的公平价值与理念。因此，即便在民法学者看来属于典型民法所有权客体的矿产资源，在持自然资源国家所有权公权说的学者眼中，矿产资源国家所有权肩负“消灭剥削”的价值，其“权能设置应能体现全体人民的意志和利益”，“权利内容首先要保证全民对矿产资源的控制和支配，其次要能够有效实现资源效益”。[③] 而且持自然资源国家所有权公权说的学者亦容易走向另一极端，把自然资源国家所

① 蒋德海：《推进市场经济应以民法为主导》，载《北方论丛》2019 年第 2 期。

② 例如，有学者提出这样的疑问：“物权法第 46 条规定矿藏、水流、海域属于国家所有，那么，居民从河里取水是否侵犯了国家的财产所有权？”（柳经纬：《“我家住在小河边……”——关于民商事立法中的国有财产情结问题》，载张士宝主编：《法学家茶座》第 19 辑，山东人民出版社 2008 年版，第 55~58 页。）

③ 王士亨：《我国矿产资源所有权制度建设研究》，山西大学 2020 年博士学位论文，第 99~100 页。

有权完全视为国家干预之权，“通过立法、行政和司法加以行使，并为这三种权力施加规范与限制”。[①] 如此一来，该观点在逻辑上至少有两处硬伤。其一，既然国家所有权具体表现为立法权、行政权、司法权，那么为什么还要确立自然资源国家所有权？因为基于主权，国家也能够从立法、行政、司法三个方面对自然资源实施管理。其二，公民的自然资源使用权——被《民法典》所确认的各类用益物权（准物权）无法找到“母权”。无论如何，作为管理权、干预权的国家所有权，是无法衍生出私的用益物权（准物权）的。为此，论者不得不提出这样的观点：“作为公权行使者的管理部门的行政行为（如许可、划拨），对只能由资源利用者享有和行使的民事权利的‘原始取得’，是公法行为催生的私权果实”。[②] 这一观点在理论上能否成立，以及能否真实解释改革与实践，都需要再斟酌。

（二）在实践层面可以要求政府对不同的自然资源实施不同的管理

法学理论是学者对社会现象的法学归纳、总结与抽象，一套成熟的法学理论能够有效解释各种社会问题，并为司法实务提供指导。然而，我们也需看到，接受一套成熟的法学理论，也很可能形成较为刻板的或者定式化的观察视角与思维方式。

在所有权理论方面，有学者认为，“大陆法系的法国和德国近代以来的民法典直至现当代的日本、瑞士与中国民法均采罗马法模式，

① 巩固:《自然资源国家所有权公权说再论》，载《法学研究》2015 年第 2 期。
② 巩固:《自然资源国家所有权公权说》，载《法学研究》2013 年第 4 期。

将所有权解释为一种对物的完全、排他、专属、绝对的支配权”。① 王泽鉴先生更为直接地指出:“民法上的所有权,系以物为客体,指私的所有权而言。”② 换言之,我们所言的所有权,就是发端于罗马私法的一项权利。因此,尽管在所有权理论发展历史过程中有学者提出了公法所有权的概念,例如,行政法学鼻祖、德国学者奥托·迈耶就把公法物权作为其理论体系的一部分。另一德国学者莱耶也承认公法所有权,根据作为其基础的利益区分公法所有权与私法所有权。③ 日本学者美浓部达吉认为,公法与私法关系密切,“某单一的权利亦不是非专属于公法或私法之一方不可的,专属于公法或私法之一方,并非权利之必然的性质”。④ 在实践层面,有的国家如法国通过判例认为,公产的公共使用是所有权的一种表现,其设定与废止不受私法规则的约束,因此公法所有权是一种不同于私法所有权的所有权类型。不过,与主流观点相比,公法所有权无论是在理论上还是在实践中,影响都非常有限。在我国,公法所有权的观点亦被权威学者强烈批评与否定。⑤ 或许出于这些方面的原因,公法所有权在我国学术界影响式微,至于在实务中,知晓或承认该理论的甚少,更勿论该理论发挥指导作用。

因此,自然资源国家所有权在大部分政府工作人员的眼中,只是

① 马新彦:《罗马法所有权理论的当代发展》,载《法学研究》2006 年第 1 期。

② 王泽鉴:《民法物权》(第 2 版),北京大学出版社 2010 年版,第 111 页。

③ 参见〔德〕格奥格·耶利内克:《主观公法权利体系》,曾韬、赵天书译,中国政法大学出版社 2012 年版,第 70 页。

④ 〔日〕美浓部达吉:《公法与私法》,黄冯明译,中国政法大学出版社 2003 年版,第 160~161 页。

⑤ 参见崔建远:《所有权的蜕变?》,载《河南省政法管理干部学院学报》2005 年第 3 期。

“权利”而无“义务”,具有绝对性与排他性。在经济利益的驱动下,国有自然资源甚至连一般财产权可能要承担的社会义务都不承担,以至于曾经发生的不少自然资源所有权相关案件与公众基本情感难以兼容。例如,有的地方规定海域为国家所有,因此完全采用竞争性方式出让海域使用权,在强势资本面前传统渔民几乎没有抵抗之力。又如,某些时候过于强调自然资源国家所有权的绝对性,还会带来进退维谷的尴尬情况。2012 年,江苏盐城一海滩发生鲸鱼搁浅死亡事件,当地居民半夜偷割鲸鱼肉被行政拘留。但是,如何处理这一事件却让当地警方犯了难:从保护野生动物的角度出发,鲸鱼已经死亡;从保护国家所有权的角度出发,却会造成可以就地掩埋但不许公民割取的结果。①

出于实践管理的需要,国有自然资源也应该作出必要的分类。观之于历史,粗放的管理、所有权主体的缺位导致国有自然资源的浪费和国有资产的流失,那么尽量按照民法所有权理论要求建立严格的国有自然资源所有权体系,凸显所有权主体的权利,在较大程度上实现该类自然资源所有权的排他性等,就有其必要性。感知于现实,政府作为自然资源国有所有权的直接行使者,又往往忽略自然资源的生态属性、社会属性而完全视自然资源为生产要素、经济要素,没有认识到某些自然资源国家所有的目的并不只是谋利,而更多的是作为国家实施公共管理的依据。

---

① 参见《4 头搁浅死亡鲸鱼半夜被人割肉》,载《沈阳日报》2012 年 3 月 19 日,B3 版;针对该事件展开的深入研究,参见陈仪:《保护野生动物抑或保护国家所有权——从私割鲸肉应否处罚谈开去》,载《法学》2012 年第 6 期。

二、已有的法学分类观点

（一）国有自然资源已有的法学分类

国有自然资源的法学上的分类，较有影响力的主要有法国法、德国法上的公产与私产之分类（以下简称公产理论），以及英美法上的公共信托财产与普通财产之分类（以下简称公共信托理论）两种，分述如下。

1. 公产理论

“公产与私产的区分早在罗马法就已体现出来。只是罗马法不采用公产而是用‘公有物’的概念。这种区分直到19世纪以后才由学说提出，以后由法院的判例所接受，最后出现在成文法中。”① 公产，原则上由行政法支配和行政法院管辖；私产指的不是属于个人所有的私有财产，而是指属于公法人所有但又不属于公产的那些财产，② 原则上受私法支配和普通法院的管辖。③

关于法国法中的公产，可以从以下几个方面予以理解：首先，公产与私产的区分没有明确的标准，即使是《法国国家财产法典》也没有解决这一问题。④ 后来通过学术界的努力与司法实践的认可，公众直接

---

① 王名扬：《法国行政法》，北京大学出版社2007年版，第236页。

② 参见〔法〕弗朗索瓦·泰雷、〔法〕菲利普·森勒尔：《法国财产法》，罗结珍译，中国法制出版社2008年版，第666页。

③ 参见王名扬：《法国行政法》，北京大学出版社2007年版，第236页。

④ 《法国国家财产法典》第2条规定：“国家财产中，由于本身性质或由于政府指定的用途而不能作为私有财产的属于公产。其他财产属于私产。”这一分类被法国学术界所批评，因为没有财产在性质上不能作为私有财产。（参见王名扬：《法国行政法》，北京大学出版社2007年版，第239页。）

使用的财产，以及公务作用的财产，被认定为公产。其次，关于公产之上是否有所有权以及该所有权是否为公法所有权的问题，19世纪法国学术界认为，行政主体对公产无所有权而仅有管理权，直到20世纪之后法国法院的判例才承认行政主体对公产的所有权。并且，法国现在的通说认为，公产“所有权的观念来自民法，因而和民法上的所有权有相似之处。但是已由行政法加以改造，使它具有公共使用因素，成为行政法上的公所有权”。① 最后，对于公产的管理与使用有一些特殊规则。行政主体行使公产的所有权既可能在某些方面体现所有权人的意志，也会受到诸多的限制，如在公共使用目的被废除之前，公产所有权不能转让。私产所有权主体的物权请求权需要经过司法机关认可才有可能得以实现，与之不同的是，为了保护公产的物之完整、不被损害和侵占，公产管理机关具有警察权力。至于使用方面，公产使用规则较为复杂，某些公产可能会有独占使用的情形，但是这种经济效益以不妨碍公共使用为前提。②

德国的公产理论与法国的公产理论具有较大的相似性，尤其是在公产的设立、管理、使用等方面。但是，在法律属性方面，德国公产被定位于私法与公法之间，并由此产生了所谓的“修正的私有财产权”。其主要内容是：其一，公产应当适用《德国民法典》中有关所有权的规定，也就是说，德国并未建立类似法国的公法所有权。其二，确立了部分的公法支配权。即为了实现公务目的，公产上的第三人使用权和所有权人的公法管理义务会排斥私法的适用。“公共利益产生的对私法

① 王名扬：《法国行政法》，北京大学出版社2007年版，第248页。
② 参见王名扬：《法国行政法》，北京大学出版社2007年版，第249页。

权利的限制，尤其是对财产所有人处分权的限制可能使私有财产权变成无实质内容的权利”，当然，严重限制私有财产权的情形，必须要有法律的明确规定才能实现。①

2. 公共信托理论

公共信托可以被定义为：政府作为受托人，以自己的名义管理人民委托的公共财产。公共信托理论同样源自罗马法，当今主要在英美法系国家得到较为普遍的承认与运用。顾名思义，以公共信托理论为基础的财产为公共信托财产，为国家或政府等公主体所有但不属于公共信托财产的，则为普通财产。普通财产受普通法的调整，相关纠纷亦由普通法院管辖。

在美国经过发展演变，公共信托理论成为限制政府权力、保护自然资源的重要理论。在奥杜邦案中，布鲁萨德法官诠释了公共信托理论的功能，他指出，公共信托不仅肯定了国家为了公共目的而使用公共财产的权力，也肯定了国家保护人们共同拥有的河流、湖泊、沼泽地以及潮汐地等遗产的义务。②

公共信托理论的适用对象在美国有一个不断拓展的过程。在19世纪早期，公共信托理论主要集中于水路航行等问题。经过阿诺德诉芒迪案（Arnold *v.* Mundy）③、伊利诺伊州中央铁路公司诉伊利诺伊州案（Illinois Central Railroad *v.* Illinois）④ 等重要案件之后，公共信托理

---

① 〔德〕汉斯·J. 沃尔夫等：《行政法》（第2卷），高家伟译，商务印书馆2002年版，第474~475页。

② 参见肖泽晟：《公物法研究》，法律出版社2009年版，第97页。

③ See Arnold v. Mundy, New Jersey Supreme Court, 6 N.J.L. 1 (1821).

④ See Illinois Central Railroad v. Illinois, U.S. Supreme Court, 146 U.S. 387 (1892).

论的适用范围扩张到野生动物保护、环境资源保护等领域。立法上，《美国宾夕法尼亚州宪法》直接宣称："人们有权获得洁净空气、纯净淡水，以及保护自然的、景观的、历史的、审美价值的环境。宾夕法尼亚的公共自然资源是包括子孙后代在内的全体人民的共同财产。作为这些资源的受托人，政府应该为了人们的利益而发挥保护与维持之职责。"① 此后，夏威夷州、佛罗里达州、伊利诺伊州等州的宪法纷纷效仿，把公共信托作为一项宪法原则予以规定。②

近些年，虽有反对声音，但美国更多州对公共信托理论持支持扩张的态度，认为该理论不应局限于航行水路、潮汐地传统领域发挥作用，而应扩展到包括非航行水资源、饮用水、地下水、湿地、水下陆地等领域。加利福尼亚州、新泽西州、佛蒙特州等一些州的最高法院甚至宣称公共信托理论可以适用于人们的各种利益需要。在这种背景下，美国一些评论员甚至主张公共信托理论可以适用于不受限制的自然资源。③ 实践中，尽管没有得到法院的支持，但是已有人主张大气层应按照公共信托原则受到保护而向法院起诉。④

（二）对上述理论分类的简要评价

为了更有效地管理国有自然资源，上述两种分类理论在我国都有

① PA. CONST. art. I, § 27.

② 参见王灵波：《美国自然资源公共信托制度研究》，中国政法大学出版社 2016 年版，第 27 页。

③ See David L. Callies & Katie L.Smith, *The Public Trust Doctrine: A United States and Comparative Analysis*, Journal of International and Comparative Law, Vol.7, p.41–70 (2020).

④ See Sanders–Reed *v.* Martinez, New Mexico Court of Appeals Decisions, March 12, 2015, No.33, 110.

较为广泛的支持者。

1. 公产理论在我国的引入及简要评价

此分类理论的支持者认为，应借鉴法国、德国的公产理论，区分自然资源公权和私权两种不同属性——尽管可能在称谓上存在不同。[①]一方面，把具有公共服务性质的自然资源纳入公物的范畴。对于这部分自然资源，国家要明确其公共服务职能，将其用以满足公众需要，而不能用以营利目的。对于此类自然资源，“社会共同体的全体成员都享有共同且平等的权利，包括国家在内的任何人都不得干涉……国家只是名义上的所有人，并不享有排他性的民事权利”。[②]此外，为了实现公物类自然资源的功能，有必要建立与之配套的公物管理机制。另一方面，把可以通过市场化运作的自然资源视为国家私产，为减少政府寻租空间，应当根据市场运行原则和规律实现私产类自然资源使用权的配置与流转。[③]有学者如徐国栋教授甚至明确地主张采用列举式的方法来区分公产类自然资源与私产类自然资源。前者包括领海、内海、海湾、锚地、江河、河床、顺天然水道奔流的其他水体，其他一切能够满足公共利益的水体、海滩和江河的近岸、湖泊及湖底、新形成的或可能形成的岛屿，以及具有科学价值的考古学上的以及古生物学上的废墟和矿层；后者主要有无主不动产、金、银、铜、宝石矿等。[④]

---

① 例如，有的学者把国有自然资源分为“公共自然资源”与“国有自然资源”，有的学者分别称之为“可交易、可以被商业化利用的自然资源”与“不可交易的自然资源”，还有的学者称之为“国家公共财产”与“国有财产”等。

② 邱秋：《中国自然资源国家所有权制度研究》，科学出版社 2010 年版，第 190 页。

③ 参见叶榅平：《自然资源国家所有权的理论诠释与制度建构》，中国社会科学出版社 2019 年版，第 127~128 页。

④ 参见徐国栋：《绿色民法典草案》，社会科学文献出版社 2004 年版，第 302~393 页。

公产理论对于我国国有自然资源的使用配置可以产生有意义的启示。但是其可能会存在这样几个问题:

第一,缺乏区分上的依据。《民法典》并没有明晰自然资源国家所有权的类型,除了对《宪法》第 9 条、第 10 条的内容进行了承继外,还把《宪法》没有规定的海域、无居民海岛、野生动植物资源、无线电频谱资源等亦明确规定为国家所有。如果说《宪法》对国家所有的相关规定还存在性质的分歧,那么《民法典》对国家所有权的规定无论如何都应该被解释为民法上的所有权即私所有权,而不可能成立公法上的所有权。这说明至少在我国法律体系层面,要区分公产类自然资源与私产类自然资源,是存在法律障碍的。

第二,公产理论不足以全方位保护我国的自然资源。“如果说空气、阳光等自然因素,人力无法支配、不能作为私有财产的话,这些因素同样也不受政府支配,不能作为公产”。[1] 也就是说,继承罗马法物之分类的公产与私产理论把罗马法中的“共用物”排除在公产的范围之外。然而,笔者发现,国家对各类自然资源实施全方位的管理保护以及必要配置时,公产理论就不足以囊括所有的自然资源。如果说如今把阳光纳入国有自然资源的范围,似乎在情感上还比较难以让人接受,那么,我们必须看到,古罗马人眼中的共用物——“流水”“海洋”“海滩”,有的已完全成为国有自然资源,有的至少部分成为国有自然资源,不再是“万民法”调整的对象。事实上,我国有学者虽然力主以公产与私产分类区分不同类型的国有自然资源,但是在具体的论

① 王名扬:《法国行政法》,北京大学出版社 2007 年版,第 239 页。

述中，却不自觉地把《宪法》《民法典》等法律未明确，且不属于公产范围的某些自然资源，如“阳光”“空气”，甚至是“自然环境”纳入国有自然公物（产）的行列。① 故而，长远观之，除非我们进一步改造公产理论，有意识地扩大其涵射范围，否则不足以应对我国国有自然资源的配置与管理。

第三，公产理论在一定程度上被我国学者所误读。此分类理论为法、德两国理论，但两国的具体理论之间还是存在一些差别，如私人财产能否成为公产，以及公产的法律性质等。但是，公产理论的根本目的是有效解决物的使用与配置，公产大多以自由使用为前提，“自由使用是公共用物的使用形态的原型，这里存在着公共用物的最大特色”。② 只有为了解决公共产品的拥挤效益，才产生许可使用以及特许使用等方式，并且仅是自由使用方式的补充。因此，公产以非消耗物为成立条件，如果利用的结果是被消耗掉的物则其也不是公产。以此观之，矿物、石油、地下水、渔业资源、野生动植物等使用后被消耗掉的物也不能成为公产。③ 整体而言，域外国家的公产真正指向自然资源的并不多，或者说公产理论主要针对的是供公共使用的人工物，如政府建设的道路、桥梁、图书馆等，因此，笔者认为，公产理论在自然资源的保护与利用方面的作用还是比较有限的。

2. 公共信托理论在我国的引入及简要评价

公共信托理论支持者认为，较之公产理论，公共信托理论可能更值

---

① 参见马俊驹：《国家所有权的基本理论和立法结构探讨》，载《中国法学》2011 年第 4 期。

② 〔日〕盐野宏：《行政法》，杨建顺译，法律出版社 1999 年版，第 773 页。

③ 参见王克稳：《论自然资源国家所有权权能》，载《苏州大学学报（哲学社会科学版）》2018 年第 1 期。

得我国借鉴。首先，公共信托理论源于对土地、可航行河道等自然资源的有效管理，目前在英美国家也是广泛地适用于各类自然资源的管理，形式上与我国国有自然资源的管理更加契合。其次，公共信托理论最大的特色就是所谓的双重所有权，全体公民是真正的所有权人，是信托财产的委托人，国家（政府）则是受托人。根据我国《宪法》的规定，矿藏、水流等自然资源属于国家所有，且国家所有即全民所有，因此也构成双重所有。有学者直言："自然资源国家所有意即自然资源法律上归属国家所有，自然资源全民所有意即自然资源实质上属于全民所有，国家所有即全民所有意即自然资源'法律上（形式上）国家所有，实质上全民所有'，这种双重所有权制度实际上是公共信托理论在自然资源管理领域的适用。"① 最后，公共信托的目的更易被人们接受。公共信托理论认为，国家享有自然资源所有权并不是为了追求自身利益或经济利益，而是为了更好地维护委托人——人民的利益，"国家是公益代表人而且负责监督公务目的的实现"。② 我国《宪法》第 9 条第 2 款规定："国家保障自然资源的合理利用，保护珍贵的动物和植物。禁止任何组织或者个人用任何手段侵占或者破坏自然资源。"一般认为，这是《宪法》要求国家作为自然资源保护人所要履行的义务。

从形式上看，我国的自然资源国家所有权与公共信托确实有高度相似之处。在一定程度上，公共信托的双重所有权能够有效解决"自然资源国家所有—全民所有"的理解与适用难题。借鉴公共信托双重

① 王克稳：《论自然资源国家所有权的法律创设》，载《苏州大学学报（法学版）》2014 年第 3 期。

② 侯宇：《美国公共信托理论的形成与发展》，载《中外法学》2009 年第 4 期。

所有权，可以让人们既无须过多纠缠“所有”与“所有制”等概念的不同，也不用争执于全民所有是共有或总有等问题。但是，引入公共信托理论来解决我国国有自然资源的管理与保护，至少存在以下几个方面的问题。

第一，公共信托理论并不指向所有自然资源。美国学者萨克斯教授评论道，公共信托问题将形成于一个更宽泛的领域——举凡用来保护公共利益、对抗利益团体的情形，公共信托就有可能得到适用。① 但是，公共利益这一标准过于抽象，很难以此来判断河流、湖泊、草原、森林、土地、沼泽、野生动物、自然风景等是否存在公共权利。② 尤其是矿藏等经济属性较为明显的自然资源，一般被认为并不适用该理论。然而，我国的情况与美国有所不同，主要自然资源基本属于国家所有。有学者认为，我国各种国有自然资源都可以借鉴公共信托理论，因为即使经济属性较强的自然资源，其最终目的也是服务于全民利益。但是，笔者认为，这种观点泛化了公共利益的含义，反而使公共信托理论的价值大打折扣。

第二，公共信托理论的基础本身并不稳固。在美国，有学者对公共信托理论提出疑问：“公共信托理论过分依赖于法律拟制，缺乏历史根基，是学者凭空想象的产物。”③ 学者的质疑并不奇怪，因为作为公共信托理论的根基的社会契约论，在欧美国家长期以来也饱受各种批评。此外，财产之所以信托，前提是委托人对财产拥有所有权，但是，无论

---

① See Joseph L.Sax, *The Public Trust Doctrine in Natural Resources Law: Effective Judicial Intervention*, Michigan Law Review, Vol.68, p.475-565 (1970).

② 参见李冰强:《公共信托理论批判》，中国海洋大学 2012 年博士学位论文，第 80 页。

③ 李冰强:《公共信托理论批判》，中国海洋大学 2012 年博士学位论文，第 98 页。

是全体人民，还是作为受托人的政府，是如何拥有各类自然资源所有权的，存在颇多争议。无论如何，公共信托理论是产生于普通法系的一种理论，将该理论用来解释我国法律的规定，其正当性并不牢靠。

第三，公共信托理论支持者的观点存在内在矛盾。有学者如王克稳教授积极主张引入英美国家的公共信托理论，认为我国《信托法》的制定标志着信托制度在我国落地生根，在自然资源领域植入信托理论并建立符合中国国情的公共信托制度没有法律障碍。但是，在论及创设自然资源国家所有权时，王克稳教授又认为应该考虑该资源是否具有稀缺性、资源与公共利益的关联程度、创设国家所有权的成本和效益、公益与私益的平等等因素。[①] 笔者认为，在引入公共信托理论与创设自然资源国家所有权方面，王克稳教授的观点存在矛盾。因为公共信托理论认为，以国家所有权的名义可以更好地维护公益、保护自然环境，而受传统观点的影响，我们似乎还是倾向于认为，自然资源国家所有权的设立目的是更好地实现所有权的“占有、使用、收益、处分”权能，自然资源国家所有权的设立当然应该受到相关因素的限制。

三、本书分类

（一）基本类型

2017年国务院印发的《全国国土规划纲要（2016–2030年）》明确提出，“着力建立健全公益性自然资源资产国家统一管理制度，坚持和

---

① 参见王克稳：《行政许可中特许权的物权属性与制度构建研究》，法律出版社2015年版，第271~291页。

完善经营性自然资源资产有偿使用制度”。在此基础上，按照自然资源的属性可以将国有自然资源分类为：民众高度依赖型自然资源、公众普遍使用型自然资源、经济利益型自然资源、生态维持型自然资源。

1. 民众高度依赖型自然资源

所谓民众高度依赖型自然资源，是指某些自然资源对当地民众的生产生活具有重要影响，或者说民众对该自然资源具有高度依赖性，是维持其生活不可缺少的因素。俗语所言的“靠山吃山、靠海吃海”即为对这种自然资源作用的形象表达。因此，即使宣称“普天之下莫非王土”的封建皇权社会，统治者也不能以所有者的身份排除民众对特定自然资源的利用。

该类自然资源至少应该有如下特征：(1)国家不可随意处分该类自然资源。虽然我国国有自然资源无法实现所有权的转移，但是可以设立债权或(准)物权。对于民众高度依赖的自然资源，为保证民众的生存权，国家不应该通过竞争的方式出让使用权。(2)资源使用人的权利非经正当程序不可剥夺。现代社会的迅猛发展以及信息科技的广泛运用，使人类的生活生产方式、经济结构发生了颠覆性变化，人们对自然资源的依赖程度也有所降低。但是，我们有必要在制度层面承认特定民众与特定自然资源之间的紧密关系，不能因为自然资源国家所有权而随意剥夺这部分民众的资源使用权。① 即使出于特定的管理目的要剥夺或限制民众的资源使用权，国家也必须给予合理的补偿——尽管民众获得这种使用权是基于习惯、传统，且是无偿的。

---

① See E. Goodman, *Protecting Habitat for Off-reservation Tribal Hunting and Fishing Rights: Tribal Comanagement as a Reserved Right*, Environmental Law.Vol.30, p.279-358(2000).

2. 公众普遍使用型自然资源

自然资源国家所有即为全民所有，这决定了国家管理自然资源以及行使自然资源所有权的最终目的是保障全民利益，即使政府以开发自然资源经济属性、增进财政收益的方式配置使用国有自然资源，这些收益也应该让社会公众受益而不是仅仅让政府受益。这也说明，政府满足与增进公共利益之目标，并不意味着公众对资源的直接使用。

因此，所谓公众普遍使用型自然资源，是指原则上以公民自由免费使用为主，以许可使用为例外调节方式的国有自然资源。例如，河道、海域等应满足人们的航行需求；又如，设立国家公园是为了“保护一部分有独特自然文化价值的地区，排除更多的人为干扰，满足当代人欣赏、了解自然文化价值的需要，并且为子孙后代尽可能地保留下一份未被人为改变的遗产资源”。[①] 从自然资源伦理的角度来说，每一个人都有权利公平使用自然资源，也有义务保护自然资源。但是，当资源使用产生拥挤时，对使用行为予以必要规制与调整就不可缺少，公众的自由免费使用就可能被限制。

3. 经济利益型自然资源

经济属性是自然资源的重要属性之一，土地、矿产资源等的经济属性尤为突出。对于这一类国有自然资源，“应以有偿使用为原则，其中对于竞争性的资源使用，应以市场化的配置为主”。[②]

经济属性突出意味着该类自然资源具有较为明显的财产特征。

---

① 陈耀华、黄丹、颜思琦：《论国家公园的公益性、国家主导性和科学性》，载《地理科学》2014 年第 3 期。

② 张牧遥：《国有自然资源使用权分类新论》，载《内蒙古社会科学（汉文版）》2017 年第 1 期。

为定分止争，在确立自然资源国家所有权的前提下，还必须建立明确的分配管理机制与公平合理的使用机制。国家作为所有权主体，既可以建立国有企业开发利用该自然资源，也可以允许社会公众与非国有企业开发利用该自然资源。方式上，中共中央、国务院于 2015 年 9 月 21 日印发的《生态文明体制改革总体方案》规定，“除生态功能重要的外……明确占有、使用、收益、处分等权利归属关系和权责，适度扩大使用权的出让、转让、出租、抵押、担保、入股等权能”。换言之，无论何种性质的企业对自然资源进行开发，经济效益的最大化是经济利益型自然资源开发利用的最大目标。

需要注意的是，所谓经济效益最大化，是在该自然资源承担了国家社会义务和实现生态保护功能基础上的目标追求。以经济效益和生态保护功能关系为例，因任何自然资源都有生态保护的价值与功能，故而，经济利益型自然资源的开发必定会对生态环境产生负面影响，这就要求该类资源开发必须要以生态环境所能承受的最大压力为限度。又如，城市国有土地用于商业、住宅建设，出让行为当追求最大的经济利益，这也是通过市场实现正义的结果。但是，各级政府不能忽视的是，城市土地还是保障民生、稳定经济的基础。再如，矿产资源开发利用应以市场为基本导向，然而在某些特定时期和历史背景下，某些矿产资源可能涉及国家安全与战略，因此需要特别的政府管制。

4. 生态维持型自然资源

任何自然资源都有生态功能，但是生态维持型自然资源强调该国有自然资源的基本功能是为了维持生态平衡。因此，对于该类自然资源禁止实施大规模的开发利用。不过，在不影响生态维持功能的前提下实施适度开发，尤其是满足人们的旅游娱乐需求的开发，亦并非不可——湿地公园的特许经营项目即为典型。

近年来，党中央、国务院对生态保护工作的重视提升到前所未有的高度，生态文明亦被明确写入《宪法》。在这一历史背景下，有越来越多的自然资源被确定为生态维持型自然资源。例如，中共中央、国务院于2015年4月25日印发的《关于加快推进生态文明建设的意见》，明确要求“对不同主体功能区的产业项目实行差别化市场准入政策，明确禁止开发区域、限制开发区域准入事项”，“加快生态安全屏障建设，形成以青藏高原、黄土高原－川滇、东北森林带、北方防沙带、南方丘陵山地带、近岸近海生态区以及大江大河重要水系为骨架，以其他重点生态功能区为重要支撑，以禁止开发区域为重要组成的生态安全战略格局”。

（二）必要说明

自然资源都有多元属性，因此，对自然资源实施特定化分类注定是不完美的。但是，实施上述分类至少有以下的意义与价值：首先，这一分类能够涵盖各类国有自然资源；其次，不同自然资源在不同区域、不同时期，其功能有所不同，这一分类也应根据自然资源的功能变化作出相应的调整；最后，也是最为重要的，这一分类至少在形态上比公产理论的分类更多样，比公共信托理论所涵盖的自然资源类型更明晰，可以更为细致地反映公众在不同自然资源面前所具有的地位与权利，可以对政府实施何种配置审批管理方式形成相应的约束，成为评价政府行为的重要依据。

需要特别注意的是，国家在自然资源管理方面的理念在发生嬗变，其中就包括实施系统化管理的思维转变，从过去的特定自然资源管理向国土空间规划、生态空间管理转变。例如，2019 年自然资源部等部门联合发布的《自然资源统一确权登记暂行办法》第 13 条规定："自然资源统一确权登记以自然资源登记单元为基本单位。自然资源登记单元……在自然资源所有权范围的基础上，综合考虑不同自然资源种类和在生态、经济、国防等方面的重要程度以及相对完整的生态功能、集中连片等因素划定。"因此，作为登记单位的国家公园、自然保护区、自然公园等各类自然保护地，其本身就是一个较为完整的自然资源体系，判断依据是"其所蕴含的生态功能是否具有整体性和独立存在的价值，而非组成该空间的各资源要素的独立性"，"具有区别于其他空间的生态功能"。[①] 但是，这些自然生态空间本身包含了森林、草原、荒地、水流、湿地、野生动植物、矿产资源等功能各异的自然资源，而作为组成部分的单独自然资源，与作为系统性、整体性的生态空间，其功能可能并不一致。

第三节　国有自然资源配置审批的概念界定

一、行政许可与行政审批关系的必要说明

行政许可与行政审批的含义存在何种差别，在《行政许可法》制

---

① 邓海峰：《生态文明体制改革中自然资源资产分级行使制度研究》，载《中国法学》2021 年第 2 期。

定之前就有不少争论，反而是立法机关认为两个概念在含义上并无二致，认为行政许可就是通常所说的行政审批。① 不过，按照《行政许可法》的规定，“行政机关根据公民、法人或者其他组织的申请，经依法审查，准予其从事特定活动的行为”，是行政许可；“有关行政机关对其他机关或者对其直接管理的事业单位的人事、财务、外事等事项的审批”，不属于行政许可。对此，可以有两种解释：一是将行政许可与行政审批作为两种不同的行为，行政许可是针对外部管理的行为，行政审批是针对行政机关内部事务管理的行为；二是将行政审批作为上位概念，具体内涵上包括行政许可和行政机关内部事务审批。

行政审批是与行政许可并列的概念，还是作为其上位概念，并不是多么困难的选择。然而，截至本书写作时，二者关系依旧充满争议，其根源是政府在改革过程中没有按照《行政许可法》的规定与精神来使用行政许可或行政审批概念，相反，行政审批概念成为掩盖政府法外创设许可的一种手段。《行政许可法》实施不久，国务院办公厅发布《关于保留部分非行政许可审批项目的通知》（国办发〔2004〕62号）②，在保留并设定500项行政许可的基础上，“根据现阶段政府全面履行职能和有效实施管理的需要”，对211项“非行政许可审批”暂予保留，“这些项目，主要是政府的内部管理事项，不属于行政许可”。从逻辑上讲，改革政策把行政审批视为行政许可的上位概念，包括行

---

① 参见杨景宇：《关于〈中华人民共和国行政许可法（草案）〉的说明》，载明德公法网2002年12月22日，http://www.calaw.cn/article/default.asp?id=3256。

② 《关于保留部分非行政许可审批项目的通知》于2015年因国务院《关于宣布失效一批国务院文件的决定》发布而失效。

政许可审批与非行政许可审批。[1]这与《行政许可法》的规定并不相悖，非行政许可审批完全可以指向《行政许可法》第3条第2款所规定的内部审批。问题在于，该文件所列举的非行政许可审批项目包含了面向行政相对人、本应被《行政许可法》调整的项目。如“暂住证核发、车辆进京通行证核发、易制毒化学品生产经营备案证明核发、开办保安服务企业审批、享受政府特殊津贴审批”等。

更为严重的是，该文件发布之后，“面向公民、法人或者其他组织的非行政许可审批不断被部门规章、地方政府规章及其他规范性文件创设出来，非行政许可审批逐渐外化为对公民、法人或者其他组织的审批行为。脱离了行政许可法的规范，这些审批从设定到实施都处在失控状态”。[2]或者说，非行政许可审批概念成为一个极好的“挡箭牌”，把许多本属于《行政许可法》调整与规制的许可行为转变为政府内部审批行为，从而脱离法律的控制。这种“暗度陈仓”式的管理，使“非行政许可审批”概念承受了其难以承受、也不应承受之重。作为一个“历史性概念”，“非行政许可审批”直到2015年完成其使命，国务院正式以“政府内部审批事项”取而代之。但是，关于“非行政许可审批”概念所引发的争议却没有随之消失。某些审批事项如享受政府特殊津贴的审批，其性质就难以界定，并且没有专门法律规定，可能出现行为脱离控制以及权利救济困难的问题。

此外，《行政许可法》第3条第2款的排除规定该如何界定，本身

① 严格地说，行政许可审批或非行政许可审批在表达上是存在问题的，更为准确的表达应该是行政许可类审批与非行政许可类审批。

② 王克稳：《行政审批（许可）权力清单建构中的法律问题》，载《中国法学》2017年第1期。

就有非常大的讨论空间。因为“有关行政机关对其他机关或者对其直接管理的事业单位的人事、财务、外事等事项的审批”中的“等事项”，范围并不明确。行政机关对其直接管理的事业单位在“人事、财务、外事”等方面可以说存在隶属关系，因此相关事项的审批属于内部管理，但是，高等学校面向全国招生和跨省招生生源计划等事务应该属于高等学校的事务，教育部对该事务的管理是外部性事务管理，该事务审批更应被界定为一般性的行政许可而非政府内部审批。① 至于糖精年度生产计划审批、卷烟生产限额年度计划审批等是否属于政府内部审批，同样不无疑问。②

需要注意的是，“许可”与“审批”的概念在国务院发布的不同文件中所规定的范围有所不同。国务院办公厅《关于保留部分非行政许可审批项目的通知》把行政审批作为行政许可的上位概念，但是，国务院《关于取消和下放一批行政许可事项的决定》(国发〔2019〕6号)规定，“审批”“核准”“核发”“资格认定”“签发”“备案”等都是许可的形式。换言之，行政许可似乎又成为行政审批的上位概念。在上述《关于取消和下放一批行政许可事项的决定》的附件1“国务院决定取消的行政许可事项目录”中，“国内干线传输网(含广播电视网)建设项目核准”属于被取消的行政许可事项之一，国务院同时强调，“取消

① 不能因为教育部与高等院校之间有管理与被管理关系，且后者属于事业单位，就把前者针对后者的所有审批项目都视为政府内部审批项目，否则，事业单位就完全成为行政机关的附庸组织而无任何自主性。事实上国家也没有采取这一认知。2016年修订的国务院《对确需保留的行政审批项目设定行政许可的决定》中规定，高等学校教授、副教授评审权审批属于教育部保留的行政许可事项之一。

② 国务院《关于取消非行政许可审批事项的决定》(国发〔2015〕27号)把高等学校面向全国招生和跨省招生生源计划审批、糖精年度生产计划审批、卷烟生产限额年度计划审批等，都视为政府内部审批项目。

审批后，工业和信息化部要通过以下措施加强事中事后监管……”换言之，在国务院看来，取消该核准事项，就是取消许可事项，也是取消审批事项。因此审批就是许可。

尽管关于行政许可与行政审批的关系的争论还会持续下去，但本书主张行政许可与行政审批作为同一个概念来使用。我们应该把更多的工作放在界定哪些行为属于《行政许可法》调整的许可（审批）事项，哪些行为不属于《行政许可法》调整的（许可）审批事项，不属于《行政许可法》调整的（许可）审批事项应该采用何种方法予以规制等。鉴于政府文件不会把政府内部审批称为许可，人们也更习惯使用行政审批改革而非行政许可改革的概念，且自然资源单行法中也更多地用审批来表示政府的配置行为，[①] 故本书也选择用“审批”而非“许可”一词，但是在论述过程中引用他人成果或法律法规时，以及为了顾及前后文的语境时，可能会使用“许可”一词。

二、国有自然资源配置审批的依据

（一）国有自然资源配置审批的依据是国家所有权

根据《行政许可法》第 12 条第 2 项的规定，有限自然资源开发利用、公共资源配置以及直接关系公共利益的特定行业的市场准入等，需要赋予特定权利的事项，可以设定行政许可。其中，“有限自然资源开发利用”的许可，即特许，也就是我们所说的国有自然资源配

① 不过，对于审批取得的证件，法律都使用“××许可证”而非“××审批证”。这也表明，许可与审批在用词上没有本质区别，更多的是一种表达习惯的选择。

置审批。

有学者认为，国家行政许可的根据，并不是出于自然资源所有者的身份，而是出于社会公共事务管理者的身份，物权的设立无须经过行政许可。① 还有学者认为，国家对公共资源予以分配，完全没有必要借助所有权来实现，行使管制权可以达到相同的目的。②

本书的观点是，国有自然资源配置审批的依据是国家所有权。这可以从行政特许与一般许可的区别、自然资源管理权与自然资源警察权的区别，以及自然资源使用规范与自然资源税收的区别等予以判断。③ 除此之外，还有一个容易被人忽略的理由：自然资源单行法中关于自然资源属于国家所有规定的立法功能。《土地管理法》《矿产资源法》《水法》《海域使用管理法》等都在总则部分规定了自然资源的国家所有权，在分则部分一般都规定了自然资源配置审批（或出让）制度。因此，自然资源国家所有权与自然资源配置审批（或出让）制度之间的关系要符合总则与分则之间的关系。根据法理，总则在法律中处于统率地位和核心地位，理所当然地对分则的具体规范和制度具有统辖的效力，分则对总则处于遵从的地位。④ 以此逻辑，自然资源国家所有权的规定对自然资源配置审批规定具有规范效力。

---

① 参见梅夏英：《特许物权的性质与立法模式的选择》，载《人大法律评论》2001 年第 2 期。

② See Frank J. Trelease, *Government Ownership and Trusteeship of Water*, California Law Review, Vol.45, p.644–645（1957）.

③ 具体分析可参见欧阳君君：《自然资源特许使用的理论建构与制度规范》，中国政法大学出版社 2016 年版，第 96~103 页。

④ 参见孙宪忠：《中国民法典总则与分则之间的统辖遵从关系》，载《法学研究》2020 年第 3 期。

(二)厘清国有自然资源配置审批依据的意义

1. 是正确理解与运用《行政许可法》的重要基础

《行政许可法》第53条第1款的规定:“实施本法第十二条第二项所列事项的行政许可的,行政机关应当通过招标、拍卖等公平竞争的方式作出决定。但是,法律、行政法规另有规定的,依照其规定。”这是关于特许竞争式出让方式的规定。

为什么《行政许可法》只强调特许事项应该用竞争方式作出决定?根源在于特许事项与其他许可事项存在本质区别,特许的基础与其他许可的基础完全不同。特许是一种“赋权”性的行为,即国家把某些特殊的资源使用权赋予合格的使用者,它实现了权利的转移。国有自然资源配置审批,就是国家将国有自然资源的使用权予以出让,在一定期限内公民、法人或其他组织获得这一使用权。而其他许可是一种权利恢复或禁止解除的行为,即每个公民或组织都有机会获得某一权利或恢复某一自由,但是,国家为了维护公共秩序、安全等,设置了一定的条件,只有达到这一条件,政府才同意解除禁止性条件。

可能会有人质疑,国家在根本上是人民让渡权利而组建的共同体,国家所拥有的自然资源国家所有权,终归为人民的自然资源所有权,公民申请使用国有自然资源,性质上应该和其他许可申请一样,都是追求对应有权利的恢复。这在我国《宪法》上也有充分的依据与理由。如《宪法》第2条第1款规定“中华人民共和国的一切权力属于人民”。这确立了人民主权原则。《宪法》第9条第1款也规定“矿藏、水流、森林、山岭、草原、荒地、滩涂等自然资源,都属于国家所有,即全民所有”。对此，可以从如下几个方面对上述疑问作出回应：首先，从权利让渡的角度，我们可以论证为了社会管理的需要，公民把剥夺生命的权利让渡给了国家，国家机关经过正当程序可以剥夺罪犯的生命。但是，让渡权利的前提是拥有权利。换言之，国家有剥夺罪犯生命的权利，前提是公民有生命权，且愿意把剥夺生命权的权利适度让渡给国家并由政府行使。这在逻辑上可以成立。但是，我们很难说每一个公民都天然地享有自然资源所有权或者说可以随意使用自然资源。相反，从古至今，我们看到的都是自然资源因其稀缺性而难以平均分配，无土地者只能依附地主生存，如果人人都天然地、无障碍地享有自然资源使用权，就不会因为自然资源发生争夺、纠纷甚至战争了。从这个意义上讲，国家享有的自然资源所有权，并不能说是每一个公民把其享有的自然资源所有权予以让渡而形成的。既然如此，国家允许特定人使用国有自然资源，便不能解释为对公民权利的恢复。其次，我国实行生产资料公有制，因此自然资源为国家或集体所有，国家享有自然资源所有权，是代表人民占有、使用、收益与处分自然资源，也是代表人民管理自然资源。国家行使自然资源国家所有权，应该体现人民的意志，最终为人民的利益服务。众所周知，人民不等于公民个体，“全体人民”只是一个整体的概念，任何单个人都不能被称为“人民”，任何个体不能行使“人民”整体的权利，“人民”整体的权利也无法量化给单个成员个体。“人民”整体所享有的权利和行使权利的方式，都不能量化为人民中的单个个体。[①] 故而，国有自然资源配置

① 参见孙宪忠等:《国家所有权的行使与保护研究》，中国社会科学出版社 2015 年版，第 11 页。

审批的目的是实现人民的整体利益。作为个人的公民使用自然资源，不能被解释为个体公民权利的恢复。

对于其他行政许可的性质，也可以从宪法角度予以认识。我国《宪法》规定了公民广泛的基本权利，并强调“国家尊重与保障人权”。虽然如此，公民权利也是要受限制的，公民权利是对个人的保障，也可称为个人权，但因为个人不可能无视与社会的关系而生存，公民权利尤其在公民个体与他人的权利之关系上受到制约，也是当然。[①] 由此产生了基本权利限制的有关理论和学说。不过，学术界大多关注基本权利限制的方式、特性、正当化以及限度等问题，[②] 而忽视了基本权利限制的解除。在笔者看来，其他行政许可就是对公民权利限制解除的方式。易言之，《宪法》规定了公民的某种权利，但是基于公共利益或保护他人基本权利的需要，立法者认为应该对该公民权利实施某种限制，但是这种限制不是绝对的和无限期的，只要达到一定的条件，公民就可以行使这一权利。其中，国家对于公民是否达到某种条件的审查，就是我们所称的除资源配置审批以外的其他行政许可。例如，我国《宪法》第 35 条规定：“中华人民共和国公民有言论、出版、集会、结社、游行、示威的自由。”虽然《宪法》对于政治自由没有做直接的限制，但是为了维护公共利益、社会秩序，这一自由也必须受到合理的法律限制。因此，我国建立了出版许可、社团登记许可、集会游行示威许可等制度，只

① 参见〔日〕芦部信喜著，〔日〕高桥和之补订：《宪法》，林来梵等译，清华大学出版社 2018 年版，第 74 页。

② 参见林来梵：《宪法学讲义》(第 3 版)，清华大学出版社 2018 年版，第 344~360 页。

有满足相应条件获得许可，宪法上的公民权利才得以恢复圆满的状态。

理解特许与其他许可的依据问题，对于现实问题的观察与解决也具有重要价值。如前所述，除法律、行政法规另有规定的外，特许决定都应该以竞争方式作出，效果之一是可以为政府带来可观的经济收益。《行政许可法》实施以来，我国地方政府的许可行为总体上规范了许多，但是也出现了新的问题。如一些地方政府有意或无意扩大特许事项，把不应该以竞争方式作出许可决定的事项也纳入特许范围；有的地方政府在公用事业民营化过程中，不区分自然垄断行业中的非垄断环节，一律采用特许方式来决定行业的经营者；有些地方把社会资源转化为政府享有的公共资源，以特许的方式予以出让。“在特许范围不明确的前提下，强调特许事项的市场化配置，引发了政府机关借特许经营之名，行管理收费之实，使‘管理就是收费’这种广受诟病的做法堂而皇之地借改革名义卷土重来。”①例如，笔者在多年前就对上海市政府以拍卖方式发放机动车牌照的做法予以批评，理由即机动车牌照根本不是政府所享有的公共资源。②道理非常简单，如果承认上海市以竞争方式予以许可机动车牌照是正确的，那么，全国其他城市以传统的“申请—批准”方式发放机动车牌照的做法就是错误的，甚至可以以此追究地方政府在国有资产流失上的法律责任。

---

① 王智斌：《行政特许的私法分析》，北京大学出版社2008年版，第3页。

② 参见欧阳君君：《行政许可法中的“公共资源”界定及其合理配置——基于公物理论的分析》，载《城市问题》2012年第11期。

2. 是理顺国有自然资源配置改革的基础

曾经，行政审批成为不少人心中“落后”的象征，不少学者甚至有“除之而后快”的心态。究其原因，一是我国行政审批作为政府管制的手段，很长时间内确实过于泛滥。建造一个养殖场盖数十个公章的故事被广泛传播。二是近几届中央政府都把行政审批改革作为转变政府职能的重要切入点，而行政审批改革的重要方式就是取消或下放行政审批事项。2017 年《中国人权法治化保障的新进展》指出，党的十八大以来，国务院部门累计取消行政审批事项 618 项，中央指定地方实施行政许可事项目录清单取消 269 项，国务院行政审批中介服务清单取消 320 项，国务院部门设置的职业资格许可和认定事项削减比例达 70% 以上，3 次修订政府核准的投资项目目录，中央层面核准的投资项目数量累计减少 90%。① 大幅度地削减行政审批事项给不少人带来这样的印象：取消审批是行政审批改革的最好方式。

在国有自然资源配置领域，传统审批也几乎成为被众人“唾弃”的方式。例如，有学者批评道，《行政许可法》规定的通过招标、拍卖等竞争方式取得自然资源使用权是象征性的，实质还是行政配置，“国土资源部门发给采矿权人的是行政权力的采矿许可证，而不是民事财产权的产权证”。② 另有学者持相似观点，认为目前国有自然资源配置审批改革是不彻底的，“审批 + 合同”的方式让法律关系更加复杂，应

① 《十八大以来国务院部门累计取消行政审批事项 618 项》，载中国新闻网，https://www.chinanews.com.cn/gn/2017/12-15/8401154.shtml。

② 康纪田：《市场外配置是资源大量浪费的根源》，载《湖南行政学院学报》2007 年第 1 期。

该彻底以合同制取代审批制。① 即使是带有极强公益属性的水资源配置，也有学者提出应该以合同制代替审批制。在学者眼中，审批制仅体现政府单方意志，无法让公众参与其中，而合同制可以让政府与公民之间的地位平等化，可以更加灵活的违约责任代替相对僵化的行政责任等。②

需要特别注意的是，对特许的这一偏颇认识延续至今。近年来中央开始推进自然资源资产产权改革，自然资源国家所有权如何行使、所有者权益如何更有效地实现，成为改革的重点。在党的十八届三中全会上，习近平总书记明确指出，"全会决定提出健全国家自然资源资产管理体制的要求。总的思路是按照所有者和管理者分开和一件事由一个部门管理的原则，落实全民所有自然资源资产所有权，建立统一行使全民所有自然资源资产所有权人职责的体制"。③ 中共中央、国务院于 2015 年 9 月印发了《生态文明体制改革总体方案》，中共中央办公厅、国务院办公厅于 2019 年 4 月印发了《关于统筹推进自然资源资产产权制度改革的指导意见》，为如何实现自然资源国家所有权提出了新的改革方案。学者也都普遍认为，实现国家所有权权益，就必须区分国家作为所有权人的职责与国家作为管理者的监管职责。但是，需要注意的是，有学者把自然资源单行法中所规定的审批一律视为国家作为管理者所行使的监管权，认为过去行使审批许可的

---

① 参见王克稳：《论行政审批的分类改革与替代性制度建设》，载《中国法学》2015 年第 2 期。

② 参见裴丽萍、王军权：《水资源配置管理的行政许可与行政合同模式比较》，载《郑州大学学报（哲学社会科学版）》2016 年第 3 期。

③ 习近平：《关于〈中共中央关于全面深化改革若干重大问题的决定〉的说明》，载《求是》2013 年第 22 期。

方式配置国有自然资源使用权，实质就是以行政权的方式在管理自然资源。①

目前学术界不少学者认为，国有自然资源配置审批就是行政权的行使过程，与国家所有权并无关联。因此改革应该取消审批，代之以合同的形式行使国家所有权。对此，笔者有不同的观点。

其一，国有自然资源配置审批权即为行政权，并无法律上的依据。如果把资源配置审批权视为行政权，那么《行政许可法》规定以竞争性方式作出许可决定，等于在用竞争方式处置行政权，这为现代法治国家精神所不允许——权力岂能让与和拍卖？以国有土地使用权出让为例详论之，我国国有土地使用权的出让在很长时间内都是以申请—审核—划拨的方式予以实施的，直至 1987 年深圳市实行拍卖，之后在全国推行。但是，即使到今日，国有建设用地使用权的出让，除了原则上应该采用“招拍挂”的竞争方式外，还保留了协议、划拨等方式。换言之，传统的审批依旧作为一种与竞争并存的方式在使用，尽管其发挥着补充性作用。须知，在“招拍挂”方式与划拨方式之间，主要体现的是目的差异。在出让主体、建设用地使用权的取得方面，二者没有太多区别。② 而且，《土地管理法》仅明确“全民所有，即国家所有土地的所有权由国务院代表国家行使”，并无明确规定地方政府有权代表国家行使所有权。该法第 53 条与第 54 条规定，建设项目需要使用国有建设用地的，由县级以上人

① 参见郭志京：《穿越公私法分界线：自然资源国家所有权委托行使模式》，载《法制与社会发展》2022 年第 1 期。

② 《民法典》第 347 条第 1 款规定：“设立建设用地使用权，可以采取出让或者划拨等方式。”

民政府批准，竞争方式与划拨方式皆为审批方式。既然如此，何以认定一种是行使国家所有权的方式，另一种是行使国家行政权的方式？

由此可见，把审批出让行为视为行政权而与国家所有权无关的观点缺乏基本的逻辑——尽管通过划拨所取得的国有建设用地使用权由于被严格限定于公益使用用途，并且未缴纳土地使用出让金，其物权属性较之通过竞争方式设立的建设用地使用权的物权属性更弱。再以《矿产资源法》的修法动向为例，现行《矿产资源法》仅规定“矿产资源属于国家所有，由国务院行使国家对矿产资源的所有权”，并未规定地方政府行使所有权。但是，该法第16条规定了各级政府地质矿产主管部门的审批权。2019年《矿产资源法（修订草案）》（征求意见稿）第22条改审批制为矿业权竞争出让制度，且出让权与现行法第16条审批权分配并无本质区别。该修订草案已于2023年12月1日通过。这同样无法证明——仅是出让形式发生了改变，就可认定出让的依据（国家所有权或行政权）有所不同。

其二，许可绝不是行政法的专有概念，在民商事法律上同样存在许可制度。从本源上考究，许可是普通法上关于土地通行的一个概念。任何人没有进入他人土地，或者在他人土地上从事某种活动的自由。一个人要进入另一个人的土地从事活动，须得到所有权人的准许。一旦获得许可，被许可人就获得了进入土地活动的“特权”。①

我国《民法典》也有关于“许可”的规定。《民法典》第444条规

① 参见王智斌：《行政特许的私法分析》，北京大学出版社2008年版，第11页。

定，“……出质人转让或者许可他人使用出质的知识产权中的财产权所得的价款……”第785条规定，“承揽人应当按照定作人的要求保守秘密，未经定作人许可，不得留存复制品或者技术资料”；第862条到第877条是“技术许可合同”的大量规定；第四编人格权编规定了姓名、名称、肖像等许可使用制度；第1243条规定，“未经许可进入高度危险活动区域或者高度危险物存放区域受到损害，管理人能够证明已经采取足够安全措施并尽到充分警示义务的，可以减轻或者不承担责任”；等等。民法上的许可与行政法上的许可至少有两点相同之处：一是含义基本一致，都是“同意”之意；二是民法上的许可也有两种用法，即基于管理的同意与基于权利的同意。如《民法典》第444条、第785条、第862条等所规定的许可都是基于权利人的身份所作出的决定，这与行政特许具有相似性，可以称为民商事特许；第1243条规定的许可，则是基于管理人的身份所作出的决定，这与其他行政许可具有相似性。

有学者针对行政特许与民商事特许进行比较，认为二者具有极大的共性——特许人与被特许人之间具有“相似性”。民商事特许中，特许经营最显著的特征是所有的受许人都在一个运作模式下提供同质服务。特许经营要求每一个加盟单位在商标、店面、布局、装饰、服务等方面体现一致性。因此，尽管各地的麦当劳、肯德基并不属于同一所有者，但均使用特许人的外观、产品或经营模式。行政特许有多种类型，公物特许使用的结果是被特许人获得了与特许人一样的独占地位，其他人不得使用这一公物；公用事业特许经营的结果是被特许人可以私法形式提供服务，但需承担类似政府的公共义务。[①]

这一观点可以给我们一定的启示。“相似性理论”表明，一方面，通过国有自然资源配置审批之后，国有自然资源使用权人在一定程度上取得了与作为所有权人的国家相似的地位。例如，国有建设用地可以由国家自己使用开发，但是为了激发民间经济的活力而允许个人或商业组织使用这一资源，商业组织如房地产开发商在追求商业利润的同时，其实也在实现国有土地为公众提供住房的功能——或者说，如果没有商业组织的开发，政府就必须承担起建造房屋的公共职责，而这也符合我国房地产市场形成之前的城市房屋提供模式。“相似性理论”也可以解释为何商业组织未能在规定时间内开发土地的政府有权无偿收回，因为这相当于商业组织没有完成政府赋予的公共职责，政府在代替社会公众向商业组织“问责”。[②] 正因如此，政府收回闲置土地的性质应该被定性为公法上的处罚行为而非私法上的违约追责行为。另一方面，民商事特许的基础是“权利”，特许人必须享有某种权利方可许可相应的权利，只有这样才能让特许人与被特许人具有相似性。国有自然资源配置审批是一种特许类型，被许可人获得了国有自然资源使用权，毫无疑问，这必须是以特许人享有国有自然资源使用权为前提。“行政特许被特许人享有的与行政主体‘相似的权利’，是

① 参见翟翌:《基于“相似性”本质的行政特许界定及其应用》，载《中国法学》2016 年第 1 期。

② “相似性理论”也表明，国有自然资源配置审批及其改革，不能把国有自然资源使用关系完全视为私法关系，如果这样，国有自然资源出让人就不再承担公法上的法律责任。相关研究可参见翟翌:《论“行政特许”对“民商事特许”的借鉴》，载《法学评论》2016 年第 3 期。

'本不属于被特许人'且'源于行政主体'的权利"。[①] 相反,其他行政许可并不存在许可人与被许可人之间的"相似性",行政机关许可相对人从事特定活动的资格,并不源自政府所享有的"资格"。易言之,国有自然资源配置审批使相对人获得了某种财产性的权利,并可以在法律法规规定的条件下有序流转,这可以反推出审批权人享有(至少是代表国家享有)这种可以流转的财产性权利,而这种权利就是自然资源国家所有权。

① 翟翌:《基于"相似性"本质的行政特许界定及其应用》,载《中国法学》2016 年第 1 期。

第二章

国有自然资源配置审批制度的演变与现状

我国的行政体制改革史可以说就是行政审批改革史。因为计划经济的实质就是审批经济，即国家通过“自下而上地呈报各种计划”以及“自上而下地批准与下达各种任务”的方式实施经济与社会事务的管理，以至于有学者产生了“行政审批是计划经济体制的产物”的认知。① 建立社会主义市场经济，关键在于通过行政审批改革撬动政府职能转变，重塑政府与社会、市场的关系。要深化我国国有自然资源配置审批制度改革，有必要回顾历史，梳理该制度的变革历程，并分析制度改革的内在逻辑，以作为当前改革的认知基础。

第一节 国有自然资源配置审批改革的演变

分析我国国有自然资源配置审批改革的演变，可以有两种方法。

---

① 有学者指出，“计划经济的本质是彻底消灭市场、竞争和自由，审批则是消灭自由经济活动的主要手段，以审批为中心建构的计划经济体制是一个没有市场、没有生产要素的市场价格、没有竞争、取消一切自由的制度”。（王克稳：《行政审批制度改革中的法律问题》，法律出版社2018年版，第2页。）不可否认，计划经济以行政审批为主要管理方式，但并不能把行政审批与计划经济相等同，因为行政审批作为规制手段，除了对经济资源予以配置，它还是管理社会秩序、维护公共利益的重要手段。另外，还有学者认为，行政审批作为一项制度并不是产生于计划经济时代，而是产生于改革开放之后。在计划经济时代，政府管理的基本手段是行政命令和行政指导，只有在少数领域和部门才存在行政审批，而且运用得并不是很多，还不能称为一项制度。（参见张康之：《行政审批制度改革：政府从管制走向服务》，载《理论与改革》2003年第6期。）

一种方法，是对国有自然资源配置审批改革历程做整体性的描述与梳理，其素材包括各类国有自然资源的配置审批改革。其存在的问题是，不同的国有自然资源配置审批改革节点并不完全一致。另一种方法，是以几类典型的国有自然资源配置审批改革做个别化的描述与梳理。虽然此方法无法对改革做整体的描述，但是，这种典型性分析更具有针对性，并可以把改革动因、进程、取得成绩等因素更清晰地勾勒出来。为此，本书选择后一进路，并把国有土地、矿产、水资源配置审批作为研究对象。

一、国有土地配置审批改革演变

国有土地是一个相对较为宽泛的概念，国有的林地、农场、森林、草原甚至滩涂等，都可以纳入国有土地的范畴。不过一般情况下，国有土地主要指向国有建设用地，国有土地使用配置审批，主要指的是国有建设用地的配置审批。以此为分析对象，其改革历程大致可以分为如下两个阶段。

（一）1949年至20世纪80年代末

1. 这一阶段土地所有权状况

（1）农村土地所有权的变化

土地问题是中国革命的核心问题。推翻封建地主土地所有制，实现“耕者有其田”，是中国共产党在民主革命时期的基本任务，也是中国共产党领导农民开展革命的政治承诺。1949年中华人民共和国成立之后，党和政府把土地问题放在稳定和发展的重要位置，并把重塑土地所有权体制、重造土地管理秩序作为政府最为重要的任务之一。

1949 年发布的《中国人民政治协商会议共同纲领》[①] 第 3 条规定，“有步骤地将封建半封建的土地所有制改变为农民的土地所有制”。此后，1950 年发布的《土地改革法》第 1 条规定了“废除地主阶级封建剥削的土地所有制，实行农民的土地所有制，藉以解放农村生产力，发展农业生产，为新中国的工业化开辟道路”的立法目的，并且依据该法第 10 条的规定，所有没收和征收得来的土地和其他生产资料，除按规定收归国家所有外，均由乡农民协会接收，统一、公平合理地分配给无地少地及缺乏其他生产资料的贫苦农民所有。

然而，1952 年土地改革完成后，中国农村土地制度面临新的选择：一是维持土地私人所有权制度，允许土地买卖，从而实现市场对土地资源的重新配置；二是与城乡工商业的社会主义改造相结合，组织农民进行合作化，让农民在保有土地物权的基础上联合起来。[②] 出于多种因素的考量，党和国家选择了后一路径，并在经过农业互助组、初级社、高级社之后，逐步实现了从农村土地私有制向土地集体所有制的转变。

（2）城市土地所有权的变化

1949 年之后的很长时间内，城市的土地既可以属于国家所有，也可以属于私人所有。至少在法律层面，立法者没有将城市土地全面纳入国家所有的范围。究其原因，在于新民主主义革命时期，土地斗争

---

① 《中国人民政治协商会议共同纲领》于 1954 年因《宪法》施行而废止。

② 参见袁震：《中国农村土地物权制度研究》，法律出版社 2018 年版，第 125 页。

主要表现为农民与地主阶级之间的矛盾。而城市土地的主要功能是为居民提供住房，性质上为生活资料。如1949年4月颁布的《中国人民解放军布告》宣称，“城市的土地房屋，不能和农村土地问题一样处理”；[①]《中国人民政治协商会议共同纲领》规定，“保护工人、农民、小资产阶级和民族资产阶级的经济利益及其私有财产”；1954年《宪法》更加明确地规定，“国家保护公民的合法收入、储蓄、房屋和各种生活资料的所有权”。

然而，1954年《宪法》颁布实施后不久，国家就开始实施城市土地的国有化运动。例如，1955年中共中央发布的《关于目前城市私有房产基本情况及进行社会主义改造的意见》，在分析数个大城市私有房产占比、使用情况后，得出“城市房屋私有占有制与社会主义建设之间的矛盾日益尖锐”的结论，从而提出私有房产的社会主义改造，并要求在一两年内完成对私有房产的社会主义改造。20世纪60年代之后，国家有关部门提出城市土地彻底国有化的主张，“在革命的名义下，用极端的办法在事实上将城市的私有土地收归国有”[②]。持续的改造，为1982年《宪法》[③]规定城市土地属于国家所有奠定了基础。

2. 国有土地使用配置审批权即农用地征收审批权

之所以花费不少笔墨梳理这一阶段的土地所有权变化状况，是为了揭示国有土地使用配置审批机制建立与运行的基础。在笔者看来，

① 参见杨俊峰：《我国城市土地国有制的演进与由来》，载《甘肃行政学院学报》2011年第1期。

② 杨俊峰：《我国城市土地国有制的演进与由来》，载《甘肃行政学院学报》2011年第1期。

③ 我国《宪法》历经四部，分别为1954年《宪法》、1975年《宪法》、1978年《宪法》和现行的1982年《宪法》。最近一次修改为2018年修正。

分析国有土地使用配置审批，既要观察用地单位申请使用国有土地、有关机关予以配置审批这一过程，还要解释审批机制的生成基础，即为什么实行这种审批。

《土地改革法》第 30 条规定："土地改革完成后，由人民政府发给土地所有证，并承认一切土地所有者自由经营、买卖及出租其土地的权利。土地制度改革以前的土地契约，一律作废。"按此规定，国有土地使用审批权的行使，理应受到土地自由买卖市场的影响。换言之，倘若用地单位可以通过买卖方式获得土地，则表明需要使用国有土地的情形将大为减少，国有土地使用审批的权力也必然因此受到约束。然而，尽管 1950 年实施土地改革后，广大农民享有土地所有权并可以自由经营买卖，建设用地土地市场并没有形成。相反，凡建设所需用地涉及农民土地的，一律采用征收方式，转农民土地为国有土地并实施用地审批。例如，中华人民共和国成立后第一部土地征收方面的法律，即 1953 年发布的《国家建设征用土地办法》[①] 第 2 条规定："凡兴建国防工程、厂矿、铁路、交通、水利工程、市政建设及其他经济、文化建设等所需用之土地，均依本办法征用之。" 1982 年发布的《国家建设征用土地条例》[②] 第 2 条再次作出类似的规定："国家进行经济、文化、国防建设以及兴办社会公共事业，需要征用集体所有的土地时，必须按照本条例办理。禁止任何单位直接向农村社队购地、租地或变相购地、租地。农村社队不得以土地入股的形式参与任何企业、

① 《国家建设征用土地办法》于 1987 年被全国人大常委会《关于批准法制工作委员会关于对 1978 年底以前颁布的法律进行清理的情况和意见的报告的决定》废止。

② 《国家建设征用土地条例》于 1986 年因《土地管理法》施行而废止。

事业的经营。”

需指明的是，在这个阶段，我国立法并没有专门从国有土地出让（划拨）的角度来区分各级政府的用地审批权，而只是明确征地的审批权。如1953年《国家建设征用土地办法》第4条规定：“……甲、全国性的建设事业用地，经中央人民政府国家计划委员会核定，由中央人民政府政务院批准；乙、地方性建设事业，用地在五千亩以上或迁移居民三百户以上者，由大行政区行政委员会批准；用地不足五千亩而在一千亩以上者或迁移居民不足三百户而在五十户以上者，由省（市）人民政府批准；用地不足一千亩，或迁移居民不足五十户者，由县人民政府批准；丙、国防建筑工程，分别大小经中央人民政府人民革命军事委员会、大军区或省军区核定，移送政务院或地方人民政府批准……”但是，征地的审批权事实上即对应了国有土地使用权的审批权。理由有二：

其一，立法上征地审批与用地审批合一。这一阶段我国并未建立土地利用规划与土地用途管制制度，征收土地原则上服从国家建设的需要。换言之，哪块土地被征收，取决于建设项目被安排在何处，而不是要求建设项目服从于土地利用规划。而且，根据1953年《国家建设征用土地办法》的规定，整个征地过程中用地单位几乎参与了各主要的工作环节，包括土地是否适用建设的勘察工作①、征收土地的申请与启动工作②、土地征收的安置补偿工作③等。因此，国家有关机关对用地单位的征地申请予以批准，就同时表示被批准征收的土地交由该用地单位使

① 参见1953年《国家建设征用土地办法》第6条。
② 参见1953年《国家建设征用土地办法》第4条。
③ 参见1953年《国家建设征用土地办法》第8~10条。

用，并不需要把农民土地转为国家所有之后再实施一次用地审批。而类似的规定，也基本反映在20世纪80年代的有关土地立法之中。①

有所不同的是，当用地单位属于私营经济企业或用地目的是私营文教用地时，用地人应“得向省（市）以上人民政府提出申请，获得批准后由当地人民政府援用本办法，代为征用”。②亦即这种情况下存在征地申请审批与国有土地使用审批相分离的状态。

其二，国务院曾经发文明确表示征地审批权即为国有土地使用审批权。改革开放之后经济建设快速发展，国有土地出让快速增加，各地在出让国有土地使用权的批准权限方面出现了混乱现象。为此，国务院专门出台《关于出让国有土地使用权批准权限的通知》（国发〔1989〕49号）③予以规范。该文件明确指出，“政府对有偿出让国有土地使用权的批准权限，应与行政划拨国有土地使用权的批准权限相同，按照《中华人民共和国土地管理法》中关于国家建设用地批准权限的规定，出让国有土地使用权的批准权限为……”该文件还要求“各地必须严格执行上述规定，对一次出让国有土地使用权的土地不得‘化整为零’，变相扩大批准权限”。而根据1988年修正的《土地管理法》的规定，从严格意义上说，国家建设用地批准权限是国家征收集体土地的权限。④

---

① 参见1982年《国家建设征用土地条例》第7条。

② 参见1953年《国家建设征用土地办法》第19条。

③ 国务院《关于出让国有土地使用权批准权限的通知》于2016年被国务院《关于宣布失效一批国务院文件的决定》废止。

④ 1988年《土地管理法》第25条的准确表述是：“国家建设征用耕地一千亩以上，其他土地二千亩以上的，由国务院批准”，“征用省、自治区行政区域内的土地，由省、自治区人民政府批准……”并没有采用“国家建设用地批准权限”的表达。

3. 国有土地使用配置审批权的基本变化

据此，国有土地使用配置审批权基本可以按照立法以及国家政策的变动而确定，并体现出如下两个维度的特点。

（1）法律层面，省级以上人民政府的审批权逐渐加大，省级以下地方政府的审批权在不断缩小。以县级政府为例，1953 年《国家建设征用土地办法》规定，“用地不足一千亩，或迁移居民不足五十户者，由县人民政府批准”。1958 年修改的《国家建设征用土地办法》规定，“建设工程用地在三百亩以下和迁移居民在三十户以下的，可以向土地所在地的县级人民委员会申请核拨”。根据 1982 年《国家建设征用土地条例》的规定，征用其他地区耕地、园地三亩以下，林地、草地十亩以下，其他土地二十亩以下，由县、市人民政府批准。而 1986 年发布的《土地管理法》进一步把县级人民政府审批权缩减至“征用耕地三亩以下，其他土地十亩以下”。

（2）审批权在下放与上收之间不断反复。虽然审批权由相关法律明确规定，但是中央为了更便利地控制地方审批权的行使，会以政策的方式对地方审批权予以调整。例如，1962 年国务院《转发内务部〈关于北京、天津两市国家建设征用土地使用情况的报告〉的批语》[①] 中指出，“为了严格控制征用土地，目前基本建设征用土地的审批权，可暂时统一收归各省、自治区、直辖市人民委员会掌握”。同年，国务院《对广西处理征用土地中有关问题的批复》则干脆取消省级以下人民政府的审批权：“今后国家建设征用土地的审批权限，原则上应当统一归自治

① 国务院《转发内务部〈关于北京、天津两市国家建设征用工地使用情况的报告〉的批语》于 1986 年被国务院《关于废止部分农林法规的通知》废止。

区人民委员会掌握，审批权限不宜下放市、县。”但是，为了提高审批效率，激发基层人民政府积极性，1964 年发布的国务院《关于国家建设征用土地审批权限适当下放的通知》[①] 规定：“征用土地十亩以下和迁移居民五户以下的（不包括水利、水电工程移民），可分别城市和农村、城市的近郊和远郊以及土地好坏等情况，将审批权适当下放。至于在这一规定权限内具体下放几亩、几户，下放到县、洲还是县、市，请各省、自治区、直辖市自行确定后报内务部备案。”

此外，国家还对个别城市的审批权实施个别化对待。例如，湖北省武汉市曾经在 1987 年 9 月至 1989 年年底“越权批地十五宗，面积五千九百多亩。其中一宗采取化整为零的手法，分七期批文，批准一项目用地二千二百多亩，超越了市、省两级政府的权限，侵用了国务院的审批权”。针对这一违法行为，当时的国家土地管理局一方面强调武汉市应按照法律法规规定的批准权限审批土地；另一方面指出，“为了适应经济体制改革的需要，对武汉市等十四个计划单列市的建设用地审批权限，可以与其他省辖市区别对待，适当放宽，即高于其他省辖市、低于省级审批权限”。[②] 处理结果可谓是高举轻放的“软”问责。

（二）20 世纪 90 年代末至今

国有土地征地审批权与国有土地使用配置审批权开始分离。1990 年发布的《城镇国有土地使用权出让和转让暂行条例》第 9 条

① 国务院《关于国家建设征用土地审批权限适当下放的通知》于 1986 年被国务院《关于废止部分农林法规的通知》废止。

② 原国家土地管理局《关于武汉市建设用地审批权限问题的函》（1990 年 10 月 7 日）。

规定:“土地使用权的出让,由市、县人民政府负责,有计划、有步骤地进行。”

改革是一个渐进的过程,严格地说,1998年修改的《土地管理法》才真正重塑了我国的土地审批制度。1998年《土地管理法》第45条规定,土地征收审批包括农用地转用审批与征地决定审批,根据被征地的性质与面积,确定审批主体分别为国务院与省级人民政府,其他地方人民政府一律不再拥有土地征收权。但是,该法第53条规定,“经批准的建设项目需要使用国有建设用地的,建设单位应当持法律、行政法规规定的有关文件,向有批准权的县级以上人民政府土地行政主管部门提出建设用地申请,经土地行政主管部门审查,报本级人民政府批准”。由此可知,虽然省级以下地方政府不再有征地审批权,但是却拥有了国有建设用地使用审批权。而且,需要进一步指出的是,与之前的土地管理法律法规不同,1998年的《土地管理法》创造了一种新的土地征收模式,该法第44条第3款规定,“在土地利用总体规划确定的城市和村庄、集镇建设用地规模范围内,为实施该规划而将农用地转为建设用地的,按土地利用年度计划分批次由原批准土地利用总体规划的机关批准……”据此,地方政府分批次申请,并根据审批机关的批复决定实施分批次征地,这就是所谓的分批次建设用地征地模式。[①] 很明显,1998年《土地管理法》所建立的征地模式与之前的征地模式具有相当大的差别,即用地单位不再参与土地征收过程,土地征收完全成为政府的事宜,唯土地征收完成之

---

① 关于该征地模式的详细分析,可参见欧阳君君:《论我国分批次建设用地征地模式的形成机理、影响及其改革》,载《苏州大学学报(哲学社会科学版)》2019年第4期。

后，用地单位再从地方政府获得国有土地使用权，一种新型的国有土地使用审批机制因此建立。

有必要指出的是，不能因为法律规定由市县人民政府负责国有土地使用权审批，就认为省级人民政府以及国务院不再干预或过问国有土地使用配置审批事宜。为此有必要做如下几点说明：第一，控制方式的转变。理解中国的国有土地使用审批制度变革，一定要从中国经济发展模式转变以及中央和地方分权等宏观层面切入。过去的层级政府审批制完全以数量为标准予以分权。其基本的思路是，越重要的事务越应由中央或上级政府控制。而中央和省级政府控制征地，市县人民政府控制土地出让，则是以事务的性质为标准予以分权，其基本思路是，越影响全局的事务越应该由中央或上级政府控制。地方政府在所管辖区域内拥有很大的经济发展控制权与影响力，但是中央与省级人民政府却通过建设用地总量控制与地方分配，以及严格的农用地转用审批与土地征收审批，实现了国有土地使用权出让的源头控制。简言之，地方政府的国有土地使用配置审批，终究是在中央与省级人民政府控制下作出的行为。第二，某些建设项目用地依旧由国务院与省级人民政府审批决定。除了根据建设用地指标与土地利用总体规划，由地方政府实施的分批次征地外，我国还有另外一类颇为重要的建设用地征地审批与用地审批，即按具体建设用地征地与审批用地。对此，1998 年《土地管理法》作出了明确的规定，即“省、自治区、直辖市人民政府批准的道路、管线工程和大型基础设施建设项目、国务院批准的建设项目占用土地，涉及农用地转为建设用地的，由国务院批准”，并且“同时办理征地审批手续，不再另行办理征地审批”。也就是说，对于省级人民政府或国务院批准的具体建设项目要求用地的，整个征地与用地审批都由国务院直接予以审批。第三，除了国有建设用地审批之外，还有其他的国有土地使用的配置审批。根据地方立法的规定，除了市县人民政府以外，省级人民政府也可能有相应的审批权。例如，有的省级立法规定，对“开发未确定土地使用权的国有荒山、荒地、荒滩从事种植业、林业、畜牧业、渔业生产”实施审批的，按照土地面积大小划分了省、市、县三级人民政府的审批权限；[①] 有的省级立法规定，“具体建设项目使用土地利用总体规划确定的国有未利用土地的审批权限”，也是由省、市、县三级人民政府分级享有。[②]

二、矿产资源配置审批改革演变

矿产资源作为一种重要的自然资源，早在古代便已逐渐被封建统治者所认识与利用，从而确立了以国家所有为主的矿产资源管理体制。据文献记载，古代矿业立法始于西周的《周礼·地官》，春秋战国时期形成了所谓的“官山海”政策，即“由国家政权控制和管理山林川泽和沿海资源的政策”，[③] 确立了事实上的矿产资源国家所有制度，并实施重要矿产资源的国家垄断经营。清朝末年的《路矿章程二十二条》是中国近代矿业立法的开端，1907 年制定的《大清矿务章程》是近代中国第一部矿业法。1914 年，北洋政府参考外国法律尤其是日本

① 参见《江苏省土地管理条例》第 26 条。

② 参见 2018 年《贵州省土地管理条例》第 24 条。该条例 2022 年修改后已无对应规定。

③ 傅英：《中国矿业法制史》，中国大地出版社 2001 年版，第 4 页。

法律制定了《中华民国矿业条例》，开创性地建立了矿业权制度，① 农商部对探矿权、采矿权实行集体统一，并分别由农商部派出机构矿务监督署负责探矿权审批，农商部负责采矿权审批。1930 年，中华民国国民政府颁布了《中华民国矿业法》及其实施细则，规定了矿产资源归国家所有，个人与政府均有权取得矿业权且所在地县市政府有优先取得权，明确矿业权的性质、设定、移转变更矿业权的规则等，并实行探矿权、采矿权一级审批登记制度，由农矿部负责审批。中华人民共和国成立后，中央在不同时期制定了多部矿产资源方面的法律法规，反映了我国矿产资源配置审批变革的基本脉络。以审批主体为观察视角，可以直观地体现矿产资源管理的权力布局之变化，既包括纵向的中央与地方权力关系，也包括横向的部门关系。②

（一）中央与地方的审批权力变化

1. 中华人民共和国成立初期至 1985 年的矿产资源使用审批权

作为中华人民共和国第一部矿产资源管理法，1950 年公布施行的《矿业暂行条例》③ 对矿产资源的开采事务作出了规定。该法第 3 条规

① 该法在中国矿产资源立法上有诸多开创性贡献。例如，该法第 19 条规定，“矿业权视为物权，准用关于不动产诸法律之规定”。这可能是我国历史上关于矿业权属于准物权的最早规定。

② 从 1949 年中华人民共和国成立至今，矿产资源一直由某个主管部门主导管理。矿产资源主管部门先后为：中国地质工作计划指导委员会（1950~1952 年）、地质部（1952~1970 年）、国家计划革命委员会地质局（1970~1975 年）、国家地质总局（1975~1979 年）、地质部（1979~1982 年）、地质矿产部（1982~1998 年）、国土资源部（1998~2018 年）、自然资源部（2018 年至今）。书中论述过程中提及相关部门时，不再特别指出不同时期中央主管部门的变换关系。

③ 《矿业暂行条例》于 1987 年被国务院《关于废止部分外事外经贸、工交城建、劳动人事和教科文卫法规的通知》废止。

定，“探矿或采矿申请案，经中央主管矿业机关审查核定后……发给探矿或采矿租用执照”。由此可见，当时我国的矿产资源勘查与开发，更强调中央的集中统一，地方政府并无探矿、采矿审批权。当时中国“进入开始全面建设社会主义时期，我国矿业生产‘条’、‘块’分割的计划经济体制进一步加强，矿产资源的勘查和开发，基本由国家独办”。①但在一级审批制度下，地方政府也并非无所作为。该法第17条规定，“凡申请探矿或采矿者，无论公营或私营，均应报由大行政区或省（市）主管矿业机关派员实地查勘，如与已依合法程序探采之矿区或已划定之国家保留区不相重复，并无本条例第八条规定之情事时，应即转报中央主管矿业机关核定，依照本条例第三条之规定发给执照”。这表明中央主管部门只做最后的审核、发证工作，申请人是否符合探矿、采矿条件，省级人民政府需要予以协助并进行实质性的审查。

2.1986年至1995年的矿产资源使用审批权

此阶段由中央完全掌握勘探、采矿的审批权，但是“有些单位对矿产资源的综合勘探、综合开发和综合利用不够重视，曾经发生不少浪费和破坏的现象”，②为改变这一状况，1965年，原地质部提出要加强对矿产资源保护工作的领导和管理，中央有关主管部门与省级人民政府分别对中央管理的企业和地方政府管理的企业负责。不过，这主要是对地质勘探与矿山开采过程的管理，未涉及勘查与采矿的审批权

① 朱训、陈洲其主编：《中华人民共和国地质矿产史（1949-2000）》，地质出版社2003年版，第150页。

② 参见1965年发布的国务院《批转地质部制定的矿产资源保护试行条例》；此条例于1987年被国务院《关于废止部分外事外经贸、工交城建、劳动人事和教科文卫法规的通知》废止。

再分配。中央完全掌握审批权的事实直到1986年《矿产资源法》的出台才得以改变。

一是探矿权实行两级审批制。1986年《矿产资源法》仅规定“国家对矿产资源勘查实行统一的登记制度”，地方政府不能实施探矿审批。但是，1987年国务院发布的《矿产资源勘查登记管理暂行办法》[①]第4条规定：“国务院地质矿产主管部门和由其授权的各省、自治区、直辖市人民政府地质矿产主管部门是矿产资源勘查登记工作的管理机关。国家地质勘查计划的一、二类勘查项目和我国领海及其他管辖海域勘查项目的登记工作，由国务院地质矿产主管部门负责。其他地质勘查项目的登记工作，由国务院地质矿产主管部门授权各省、自治区、直辖市人民政府地质矿产主管部门负责。”职责分工的标准是地质勘探项目计划类型。

二是采矿权实施多级审批制。1986年《矿产资源法》对采矿审批权的配置，是以采矿主体的性质为基础予以确定的。该法第13条、第14条规定，采矿主体分为矿山企业与个体，矿山企业又分为国务院和国务院有关主管部门批准开办的国营矿山企业和省级人民政府批准开办的国营矿山企业、乡镇集体矿山企业，不同企业申请采矿，采矿审批主体又有所不同。其中，中央批准开办的国营矿山企业申请采矿的，由国务院主管部门负责颁发采矿许可证，省级人民政府批准开办的国营矿山企业，由省级地质矿产主管部门负责颁发采矿许可证。至于乡镇集体矿山企业与个体的采矿审批主体，则由省级人大常委会

① 《矿产资源勘查登记管理暂行办法》于1998年因《矿产资源勘查区块登记管理办法》的施行而废止。

另行立法规定。对此，各地规定又有所不同。例如，申请开采全民所有制矿山企业矿区范围内矿产资源的，有的省规定，“经省行业主管部门批准，由省地质矿产主管部门复核，颁发采矿许可证”①——其审批主体为省地质矿产主管部门；有的省规定，“县以上矿业主管部门在审批前，应征得全民所有制矿山企业同意，并经其上级主管部门批准”②——其审批主体应被认定为县以上矿业主管部门。又如，有的省规定，个体采矿的申请、批准程序与集体矿山企业一致，但是“个人为生活自用的砂、石、粘土，应按村民委员会根据乡人民政府批准的乡村土地规划指定的地点和数量采挖，不办理采矿许可证”；③有的省则规定，个体只能采挖零星分散资源和用作普通建筑材料的砂、石、黏土，且必须取得采矿许可证。④

3.1996 年至今的矿产资源使用审批权

（1）1996 年《矿产资源法》对矿产资源使用审批权的规定

为了适应经济发展的需要，全国人大常委会于 1996 年再次对《矿产资源法》作出了修改，1998 年国务院颁布了配套行政法规，并对矿产资源使用配置审批管理制度再次调整。

对于探矿权，依旧实行两级审批制，较之 1986 年《矿产资源法》，1996 年《矿产资源法》规定的国务院地质矿产主管部门负责审批的探矿对象有所不同。具体可见 1998 年发布的《矿产资源勘查区块登记

① 出自 1988 年发布的《河南省〈矿产资源法〉实施办法》第 18 条；此实施办法于 1998 年因《河南省实施〈矿产资源法〉办法》的施行而废止。

② 出自 1987 年发布的《黑龙江省集体和个体采矿管理条例》第 11 条；此条例于 1998 年因《黑龙江省矿产资源管理条例》的施行而废止。

③ 出自 1987 年《黑龙江省集体和个体采矿管理条例》第 11 条。

④ 参见 1988 年《河南省〈矿产资源法〉实施办法》第 19 条、第 20 条。

管理办法》的规定，包括跨省级行政区矿产资源、领海与中国管辖的其他海域的矿产资源、外商投资勘查的矿产资源、国务院确定的34种矿产资源，以及经国务院指定的机关审查同意后勘查石油、天然气矿产之情形。省级人民政府地质矿产主管部门负责其他矿产资源以及国务院地质矿产主管部门授权范围内的勘查登记工作。

相较而言，采矿权的审批虽然依旧实行多层级的审批体制，但1996年《矿产资源法》的修改使采矿审批发生了较大的转变，至少可以表现在如下两个方面：其一，不再以申请主体性质与级别确定审批主体，而是以矿种的重要性、所在地区、投资资金性质等因素为审批权限的划分基础。例如，"矿产储量规模在大型以上的矿产资源"的开采，由国务院地质矿产主管部门审批；"可供开采的矿产的储量规模为中型的"，则由省级人民政府地质矿产主管部门审批。① 其二，采矿审批主体与探矿审批主体尽量实现统一。如领海及中国管辖的其他海域的矿产资源、外商投资开采的矿产资源、国务院规定的34种重要矿产资源，都是由国务院地质矿产主管部门实施勘查审批权与开采审批权。《矿产资源法》对矿产资源配置审批权的规定此后一直没有发生改变，2009年修改的《矿产资源法》对该规定予以承袭。

（2）1998年至2008年审批权的调整

不过，我国矿产资源配置审批权并不是完全以《矿产资源法》为依据进行规定与分配，行政法规在实践中发挥的作用可能更加明显。尤其是1998年国务院出台的《矿产资源勘查区块登记管理办法》与

---

① 参见1996年《矿产资源法》第16条。

《矿产资源开采登记管理办法》，都规定国务院地质矿产主管部门可以将某些矿产资源的勘查审批权与开采审批权授予省级人民政府地质矿产主管部门。[①] 此后，国务院地质矿产主管部门根据经济发展需要和矿业发展形势，多次对矿产资源配置审批权予以调整，审批权在中央与地方之间反复变化。

这一阶段，矿产资源主管部门先后实施了多次矿产资源配置审批权下放工作。其中较为重要的授权行为包括：① 1998 年原地质矿产部把勘查投资小于 500 万元的 34 种重要矿产资源的探矿审批权，油页岩、地热、锰等 9 种矿产资源的开采审批权以及矿山生产建设规模为中型以下的其余 25 种矿产资源的开采审批权授予省级人民政府的地质矿产主管部门；[②] ② 2000 年原国土资源部决定，对外商投资开采地热、矿泉水和《矿产资源开采登记管理办法》附录以外的矿产储量规模中型（含）以下的矿产资源的，授权由各省级人民政府地质矿产主管部门审批、登记，换发、颁发采矿许可证，以简化部分外商投资开采矿产资源的审批程序。[③] 不过在这一阶段，原国土资源部对授予省级人民政府国土资源主管部门的审批权权限的大小有小幅度的反复。2001 年年初，原国土资源部决定把给新建矿山颁发采矿许可证的授权

① 除了国务院的这两部行政法规作出了可以授权的规定外，一些地方立法也规定省级地质矿产主管部门可以授权市（地）地质矿产管理部门实施某些矿产资源的使用审批登记。参见 2004 年《河南省实施〈矿产资源法〉办法》第 21 条、2004 年《甘肃省矿产资源管理条例》第 22 条。

② 参见 1998 年原地质矿产部发布的《关于授权颁发勘查许可证采矿许可证的规定》。

③ 参见 2000 年原国土资源部发布的《关于授权换发、颁发外商投资矿山企业采矿许可证的通知》；此通知于 2009 年被原国土资源部《关于停止执行部分地质和矿产勘查开发相关规范性文件的通知》废止。

权限调整为以按矿床规模进行划分，[①] 上收油页岩、地热、锰等 9 种矿产资源的开采审批权。至该年年末，原国土资源部再次对采矿审批权作出微调，规定石油、天然气、煤层气和放射性矿产的采矿权必须由国务院国土资源主管部门负责审批而不得下放。[②]

这一时期，因一些地区开发秩序比较混乱，存在矿山布局不合理、经营粗放、浪费资源、破坏环境、安全生产事故频发等乱象，群发性无证勘查和开采、越界开采、乱采滥挖等违法违规行为亦相当严重，2005 年国务院出台《关于全面整顿和规范矿产资源开发秩序的通知》[③]，要求原国土资源部严格按照《行政许可法》《矿产资源法》的规定，清理探矿权、采矿权审批情况，以《矿产资源勘查区块登记管理办法》和《矿产资源开采登记管理办法》为依据，对以往各种授权进行清理并重新授权。此后，原国土资源部专门出台规范勘查许可、采矿许可权限的文件，根据矿种、勘查区块面积、勘查投资、矿床储量规模、是否跨省级行政区域、是否为外商投资等多种因素，分门别类地对各种矿产资源配置审批权限进行了重新规定，或自我保留行使，或下放至省级国土资源主管部门行使。[④] 为加强对钨、稀土等优势矿种的管理，2007 年原国土资源部规定，新申请钨、稀土勘查许可证、采矿许可证以及申请扩大勘查

---

① 参见 2001 年原国土资源部发布的《关于授权颁发新建矿山采矿许可证有关规定的通知》。

② 参见 2001 年原国土资源部发布的《关于进一步治理整顿矿产资源管理秩序的意见》；此意见于 2015 年被国务院《关于宣布失效一批国务院文件的决定》废止。

③ 《关于全面整顿和规范矿产资源开发秩序的通知》于 2015 年被国务院《关于宣布失效一批国务院文件的决定》废止。

④ 参见 2005 年原国土资源部发布的《关于规范勘查许可证采矿许可证权限有关问题的通知》；此通知于 2020 年被自然资源部《关于公布第三批已废止或者失效的规范性文件目录的公告》废止。

开采范围的，全部由其负责办理。① 整体而言，2005 年之后在矿产资源配置审批权的调整中，中央既上收了部分审批权，又下放了部分资源配置审批权。其思路是，经济价值重大的矿床、国家战略意义重要的矿种，为中央所控制，在此基础上，再分配地方政府的审批权。

（3）2009 年至 2016 年审批权的调整

2009 年之后，中央又开始逐步下放矿产资源配置审批权。例如，为了加快推进整装勘查，原国土资源部下放了整装勘查探矿权审批权限。② 不过，与之前的权力调整不同，本轮改革显得更有针对性，具体可以表现为如下几个方面：第一，不再整体性下放而是对具体的矿产资源实施审批权下放。例如，2009 年《矿产资源法》规定，“国家规定实行保护性开采的特定矿种”，③ 其采矿登记工作由国务院地质矿产主管部门审批，并强调实行有计划的开采；未经国务院有关主管部门批准，任何单位和个人不得开采。④ 但是，在 2009 年修改《矿产资源法》

---

① 参见 2007 年原国土资源部发布的《关于调整钨和稀土矿勘查许可证采矿许可证登记权限有关问题的通知》；此通知于 2020 年被自然资源部《关于公布第三批已废止或者失效的规范性文件目录的公告》废止。

② 参见 2012 年原国土资源部发布的《关于加快推进整装勘查实现找矿重大突破的通知》；此通知于 2016 年因原国土资源部《关于完善地质找矿运行机制实现找矿重大突破的若干意见》的施行而废止。

③ 对于《矿产资源法》规定的“特定矿种”与“国家规定实行保护性开采的特定矿种”之间的关系，全国人大常委会早就专门作了法律适用解释。前者是指可以由国务院授权地质矿产主管部门以外的国务院有关主管部门负责勘查登记工作和颁发采矿许可证的矿种；后者是指必须实行有计划开采，未经国务院有关主管部门批准，任何单位和个人不得开采的矿种。（参见全国人大常委会法工委 1990 年发布的《对“特定矿种”和“国家规定实行保护性开发的特定矿种”的法律适用解释意见》。）

④ 参见 2009 年《矿产资源法》第 16 条、第 17 条。另外，早在 1986 年《矿产资源法》制定后，国务院就曾经多次发文，专门规定某类或某几类矿为“国家规定实行保护性开发的特定矿种”，并明确相应的开采审批主体，如 1988 年的《关于对黄金矿产实行保护性开采的通知》（此通知于 2016 年被国务院《关于宣布失效一批国务院文件的决定》废止），1991 年的《关于将钨、锡、锑、离子型稀土矿产列为国家实行保护性开采特定矿种的通知》。

的数月之后，原国土资源部发布《保护性开采的特定矿种勘查开采管理暂行办法》，该办法第5条第2款规定："国土资源部可根据需要，授权有关省（区、市）国土资源管理部门对保护性开采的特定矿种进行勘查、开采的登记、审批"。第二，以授权方式积极推进矿产资源的试点改革。长期以来，按照法律法规规定和国务院各部门的授权，煤炭资源探矿权、采矿权实行的是部、省两级的分权审批。2010年，原国土资源部在黑龙江、贵州、陕西三省实施煤炭矿业权审批管理改革，全面授权三省政府国土资源主管部门审批出让矿业权，原国土资源部自己不再实施审批权。[①] 同年，原国土资源部授权原宁夏回族自治区国土资源厅办理已有探矿权、采矿权整合后，勘查面积大于30平方千米勘查项目和资源储量规模1亿吨以上开采项目的审批登记；授权原青海省国土资源厅审批登记柴达木循环经济试验区内的煤炭矿业权等。2014年原国土资源部再次对新疆维吾尔自治区授权，境内煤炭勘查、开采项目进行审批发证事宜完全交由原新疆维吾尔自治区国土资源管理厅实施。[②] 此外，除了授权，原国土资源部还可采取更为灵活的委托方式，实现审批权一定程度的下放。[③]

（4）2017年至今审批权的调整

为贯彻落实《生态文明体制改革总体方案》，充分发挥市场配置

---

① 参见2010年原国土资源部发布的《关于开展煤炭矿业权审批管理改革试点的通知》；此通知于2015年因原国土资源部《关于煤炭矿业权审批管理改革试点有关问题的通知》的施行而废止。

② 参见国土资源部油气资源战略研究中心：《我国矿业权分级审批制度研究》，地质出版社2016年版，第35~36页。

③ 例如，为探索完善煤层气矿业权审批登记制度，原国土资源部委托山西省原国土资源厅在山西省行政区域内实施部分煤层气勘查开采审批登记。（参见2016年原国土资源部《关于委托山西省国土资源厅在山西省行政区域内实施部分煤层气勘查开采审批登记的决定》。）

资源的决定性作用，规范政府行为，进一步完善矿业权管理，2017年中共中央办公厅、国务院办公厅联合印发了《矿业权出让制度改革方案》，新一轮的矿产资源配置审批制度改革再次拉开序幕。该方案选取山西、福建、江西等6个省（自治区）开展矿业权出让制度改革试点，把下放矿业权审批权限作为提高审批效率、降低管理成本的重要手段，规定原国土资源部负责石油、烃类天然气、页岩气、放射性矿产、钨、稀土6种矿产的探矿权采矿权审批，负责资源储量规模10亿吨以上的煤以及资源储量规模大型以上的煤层气、金、铁、铜、铝、锡、锑、钼、磷、钾11种矿产的采矿权审批，原国土资源部享有的其他审批权全部下放至省级国土资源主管部门。同年年底，原国土资源部根据该改革方案正式发文，将原由其实施的矿产资源勘查审批登记委托6省（区）国土资源厅在本行政区域内实施。① 为落实与贯彻中央改革方案，进一步完善矿产资源管理，2019年，自然资源部发布《关于推进矿产资源管理改革若干事项的意见（试行）》②，对矿产资源配置审批制度实施新的改革，采取了新的改革思路，即“实行同一矿种探矿权采矿权出让登记同级管理”，以解决同一矿种探矿权采矿权不同层级管理所带来的问题。具言之，对矿产资源实行分类管理，重要战略性矿产由自然资源部负责审批管理；战略性矿产中的大宗矿产通过矿产资源

---

① 参见2017年原国土资源部发布的《关于委托山西省等6个省级国土资源主管部门实施原由国土资源部实施的部分矿产资源勘查开采审批登记的决定》；此决定于2020年被自然资源部《关于第三批废止和修改的部门规章的决定》废止。

② 2023年7月26日，自然资源部发布了《关于深化矿产资源管理改革若干事项的意见》（自然资规〔2023〕6号），同时废止了《关于推进矿产资源管理改革若干事项的意见（试行）》。但是两个文件在主要内容上保持了高度一致性，都要求“全面推进矿业权竞争性出让”和“积极推进‘净矿’出让”。本书相关讨论及引用的观点都围绕《关于推进矿产资源管理改革若干事项的意见（试行）》展开。

规划管控，由省级自然资源主管部门负责矿业权的出让、登记；其他矿种由省级及以下自然资源主管部门负责。

需要一并指出的是，2019 年自然资源部先后向社会发布了《〈自然资源部关于印发《矿业权出让管理办法》的通知〉公开征求意见的说明》和《关于〈中华人民共和国矿产资源法（修订草案）〉（征求意见稿）公开征求意见的公告》，这两部征求意见稿意图将改革方案以及试点改革的权力调整相关内容以法律的形式予以确定。尤其是《矿产资源法（修订草案）》（征求意见稿），以相对原则的方式规定了中央与地方的审批权限。一方面，国务院主管部门的审批对象是“国务院确定的重要矿产资源、中华人民共和国管辖的领海以外的其他海域内的矿产资源”，而何为“重要矿产资源”，国务院可以根据经济社会发展以及宏观管理需要随时予以调整；另一方面，地方调整审批权力也将更加灵活，即“由省、自治区、直辖市规定”。与现行《矿产资源法》相比，基层政府的审批权限不仅可以由省级人大及其常委会决定，也可以由省级人民政府予以规定。可以预测，如果征求意见稿能够转化为正式法律，未来审批权下放将有更大空间。

（二）地方政府之间矿产资源配置审批权调整

整体而言，矿产资源配置审批权主要由国务院矿产主管部门与省级人民政府矿产主管部门行使，审批权的调整变化也主要是在二者之间反复。但是，要完整认识我国矿产资源配置审批权的演变，有必要对地方政府之间的权力调整做一些梳理。

如前文所述，1986 年《矿产资源法》规定了采矿权的多级政府审批制，只是在不同时期，《矿产资源法》采用了不同的权力划分标准。市级与县级人民政府审批权较为有限，具体规则由各省级人大常委会制定。一般而言，经济价值不是特别重要且储量规模为中型的矿产资源，以及其他储量规模为小型的矿产资源、开采跨县（市、区）的矿产资源，由设区的市政府国土资源主管部门行使开采审批权；储量规模更小或零星分散的矿产资源，则可能由县（市）国土资源主管部门行使开采审批权。①

随着行政审批制度改革的深入推进，一些省级人民政府把矿产资源配置审批改革作为转变政府职能、提高工作效率、改善营商环境的重要方式，其主要内容之一就是下放矿产资源配置审批权限。以广东省为例，2009 年广东省人民政府把非国家授权和不跨地级市的非金属矿产的采矿审批权下放给地级以上市政府，把探矿权审批权以委托的方式交由县级人民政府行使。②2013 年，广东省在获得全国人大常委会的授权之后，再次向下授权，规定除矿区范围跨地级以上市的地热、矿泉水采矿许可证的颁发、延续、变更与注销登记外，其他地热、矿泉水的划定矿区范围，采矿权新立、延续、变更登记发证与注销登记，均由所在地地级以上市国土资源行政主管部门负责实施。③ 此外，黑龙江省、湖北省等地方政府也开展了力度不一的放权改革。

---

① 参见 2006 年原福建省国土资源厅发布的《关于调整采矿权审批权限的通知》；此通知于 2019 年被福建省自然资源厅《关于公布 2019 年废止规范性文件目录的公告》废止。另可参见 2007 年原广东省国土资源厅发布的《关于进一步规范采矿权审批登记管理的通知》。

② 参见 2009 年广东省人民政府发布的《第四轮行政审批事项调整目录》。

③ 参见 2013 年原广东省国土资源厅发布的《关于调整地热矿泉水采矿权审批权限的通知》。

（三）审批部门的横向权力变化

从中华人民共和国成立至今，无论是在中央还是在地方，我国都设有与矿产资源紧密相关的管理部门，不同时期分别为地质部、地质矿产部、国土资源部、自然资源部等。但是矿产资源主管部门从来没有独享矿产资源的管理权，其他职能部门往往因其在职能上与某种矿产资源的联系而取得矿产资源的部分管理权。例如，1950 年原政务院发布的《矿业暂行条例》第 2 条规定，煤矿、石油矿、油页岩矿、天然气矿，由中央人民政府燃料工业部主管，其他各矿，由中央人民政府重工业部主管。

计划经济时代，矿产资源更多的是实行行业主管，地质行政部门的职责是管理地质队伍，为国家经济建设寻找矿产资源。① 因此，中央地质行政部门与地方地质行政部门之间的业务关系并不紧密，以至于1958 年原地质部干脆将所属各省（区、市）地质局及地质队伍予以下放，以省（区、市）人民政府委员会为主领导。1961 年各省地质局重新被收回至国务院地质部直接管理后，1969 年又再次被下放，实行地方政府为主的双重领导。② 矿产资源的具体管理工作，一直是由行业主管部门负责。《矿业暂行条例》第 4 条规定，“探矿或采矿审请案，无论公营或私营，经中央主管矿业机关审查”，而第 2 条又明确规定，“煤

① 中华人民共和国成立伊始，国家设立的原地质工作计划指导委员会和中国地质部成立初期的主要任务，就是为鞍山、大冶、包头、石景山等钢铁厂找矿，以解决急需的矿产资源。（参见朱训、陈洲其主编：《中华人民共和国地质矿产史（1949-2000）》，地质出版社 2003 年版，第 135 页。）

② 参见朱训、陈洲其主编：《中华人民共和国地质矿产史（1949-2000）》，地质出版社 2003 年版，第 135~136 页。

矿、石油矿、油页岩矿、天然气矿，由中央人民政府燃料工业部主管，其他各矿，由中央人民政府重工业部主管”。由此可知，该条例第 4 条中的“中央主管矿业机关”并不是当时的地质工作计划指导委员会，也不是此后成立的原地质部或地质矿产部，而是行业主管部门，如原燃料工业部、原重工业部等。而随着矿产资源的勘探发现以及矿业的发展，经营机构和管理权限不断被分散，以至于中央曾经为了保护矿产资源，不得不依赖管理央企的各主管部门与管理地方企业的省级人民委员会。①

直到 1986 年《矿产资源法》出台，才正式明确“国务院地质矿产主管部门主管全国矿产资源勘查、开采的监督管理工作”，1988 年，国家机构编制委员会发布《地质矿产部机构改革“三定”方案》，确定了地质矿产部的四项政府管理职责。至此，地质矿产部的资源管理职责正式确立，成为最为重要的国家矿产资源配置审批主体。不过，其他职能部门依旧可能享有某些审批权。例如，1986 年《矿产资源法》规定矿产资源配置审批权主体是“国务院地质矿产主管部门”，但是对于特定矿种的矿产资源勘查登记以及颁发采矿许可证的工作，可以由国务院授权有关主管部门负责。又如，1988 年《水法》第 24 条第 4 款规定：“在行洪、排涝河道和航道范围内开采砂石、砂金，必须报经河道主管部门批准，按照批准的范围和作业方式开采；涉及航道的，由河道主管部门会同航道主管部门批准。”为此，全国人大常委会法工委做出答复，认为该规定所指向的开采砂石、砂金既需要地质矿产主管部

① 参见 1965 年国务院《批转地质部制定的矿产资源保护试行条例》。

门依法颁发采矿许可证，也需要经河道主管部门批准或者经河道主管部门会同航道主管部门批准。①后来，根据2002年修订的《水法》以及国务院2018年制定的《河道管理条例》，河道采砂审批权完全由水利行政主管部门行使。②再如，对于地热水、矿泉水应该由水行政主管部门抑或自然资源主管部门行使管理权，因为地热水、矿泉水同时具有"水"与"矿"的双重特征，会导致有关部门对其的管理存在交叉重叠。因难以平衡两职能部门间的关系，一些地方政府认为水行政主管部门与自然资源主管部门都享有管理职权，开采地热水、矿泉水必须同时取得取水许可证与采矿许可证。③

随着经济体制改革的深入、政府职能的转变以及政府机构的整合，矿产资源配置审批的横向权力分工基本是清晰的，形成了主要由自然资源主管部门承担相关管理职责的格局。这为今后进一步深化审批制度改革、减少职能部门权力纠葛提供了良好的组织环境。

---

① 参见1991年全国人大常委会法工委发布的《关于在河道、航道范围内开采砂石、砂金适用法律问题的再次答复》。

② 《河道管理条例》第25条规定，在河道管理范围内"采砂、取土、淘金、弃置砂石或者淤泥"，必须报经河道主管机关批准。严格地说，该规定与《水法》的规定没有实质性区别。换言之，按照前述1991年全国人大常委会法工委的答复精神，应该依旧由自然资源主管部门与水利主管部门行使审批权。但是，水利部认为该项许可为其所享有（参见水利部2014年发布的《公开行政审批事项目录》，2019年发布的《关于河道采砂管理工作的指导意见》），有些地方立法甚至直接规定"河道采砂实行许可制度，河道采砂许可证由水行政主管部门统一发放，地质矿产主管部门不再核发采矿许可证"。（参见2015年发布的《海南省河道采砂管理规定》）

③ 参见2006年河南省人民政府办公厅发布的《转发省水利厅国土资源厅关于进一步加强地热水矿泉水资源管理意见的通知》；此通知于2014年被河南省人民政府《关于公布规范性文件清理结果的决定(2014)》废止。另可参见2009年辽宁省人民政府办公厅发布的《转发省水利厅、省国土资源厅关于进一步加强地热水矿泉水资源管理意见的通知》。

三、水资源配置审批改革演变

较之土地与矿产资源，水资源管理更加复杂。因为水资源具有变动性、流动性、跨地区性，要对水资源予以产权界定难度极高。中华人民共和国成立之后的水资源配置审批，大概可以 1988 年《水法》的制定实施为界，分为前后两个阶段予以观察。

（一）水资源配置审批的特别说明

需要特别指出的是，对于水资源配置审批的内容与对象，应该做适度的范围扩大，不仅包括针对取水单位与个人的用水申请作出的审批，还包括水资源初始分配中的审批。理由如下：

第一，水量初始分配是政府内部行为，具有非行政许可审批的性质。所谓水量初始分配，是政府对水资源可利用总量或可分配的水量向行政区域进行逐级分配，确定行政区域生活、生产可消耗的水量份额或者取用水水量份额。① 水量初始分配是取水许可的前提与基础，只有地方政府获得了一定的水量份额，其才有可能针对用水单位与个人的用水申请予以配置审批。而水量初始分配的过程也是地方政府与上级政府或水利行政主管部门沟通、谈判、博弈的过程，并最终由水利行政主管部门对分配方案予以批准。换言之，水量初始分配也是配置审批行为，只是其行为表现为政府内部之间的关系互动，构成了非行政

① 参见陈玉秋：《水资源资产产权制度探索与创新》，中国财政经济出版社 2018 年版，第 267 页。

许可审批。

第二，水量初始分配是政府实施水权交易的基础，因此又同时具有行政许可的性质。按照2016年水利部制定的《水权交易管理暂行办法》第3条的规定，水权交易包括区域水权交易、取水权交易、灌溉用水户水权交易三种类型。其中，区域水权交易是指“以县级以上地方人民政府或者其授权的部门、单位为主体，以用水总量控制指标和江河水量分配指标范围内结余水量为标的，在位于同一流域或者位于不同流域但具备调水条件的行政区域之间开展的水权交易”。简单来说，区域水权交易是地方政府之间在水量初始分配之后所获得的水量份额的基础上所实施的水权交易。与取水权交易相同，区域水权交易也是二级水权市场的重要内容，地方政府因此成为水权交易市场主体，而且这类交易的主体被限定为地方政府。从这个意义上说，水量初始分配审批又具有行政许可的性质，通过特定水行政主管部门的批准，地方政府获得了从事区域水权交易的资格。

（二）1949年至1987年水资源配置审批

世界各国自然资源所有权的体制安排有所不同，但是水资源国家所有却几乎成为各国共同的选择，并以此作为国家实施水资源宏观管理、统筹规划等行为的正当性基础。1949年11月，水利部召开的水利联席会议提出，“任何一个河流的用水，必须统一规划，统筹管理，才能充分利用水资源。统一水利行政的原则在于集中掌握河流的水政管理，水权核准，水利事业计划的核定，水利事业的检查及多目标水利事业的兴办”。并且，政府有意识地实现水资源所有权与使用权的分离，其基本方式是行政审批——“所有河流湖泊均为国家资源，为人民公有，应由水利部及各级水利行政机关统一管理。不论人民团体或政府机构举办任何水利事业，均须先行向水利机关申请取得水权——水之使用权和受益权”。① 为更好地实施管理，中央相继成立黄河水利委员会、治淮委员会、长江流域规划办公室（现为长江水利委员会）等。这个时期的流域机构拥有较大的行政管理权力，由此形成了高度集中的水管理模式。

20 世纪六七十年代，流域管理机构经历了被撤销以及再重新设置的过程。20 世纪 70 年代末 80 年代初，又新增了松辽水利委员会、海河水利委员会、太湖流域管理局等流域机构，形成了中国七大江河流域机构的流域管理格局。不过，在这个阶段中国流域管理的目标主要是水土保持、流域综合资源开发、水资源规划、工程开发和管理宏观经济布局研究等。② 毕竟该时期国家的工业生产相对落后，水资源配置和水资源保护问题还不是很突出，在水资源较为丰富地区建立公共水权，以自由取用为主。

同时，我国水资源分布不均，北方水源不足的问题长期存在，早在清朝雍正时期陕甘总督年羹尧就制定了类似当前水量初始分配制度的“均水制”。③ 中华人民共和国成立之后，如何合理配置黄河水资源以应对黄河沿岸 10 多个省份用水需求，成为政府必须要解决的大事。

---

① 马晓强、韩绵绵、常云昆：《黄河水权制度变迁研究》，载《中国经济史研究》2007 年第 1 期。

② 参见黄伟：《流域水资源配置利用管理方法与政策研究》，科学出版社 2017 年版，第 86 页。

③ 参见郑航、王忠静、赵建世：《水权分配、管理及交易》，中国水利水电出版社 2019 年版，第 24~25 页。

1954年，中央有关部门制订了黄河流域水量初始分配方案，但是在当时没有得到真正实施。至20世纪70年代末，因各种原因黄河水利委员会及其他水利机构都无法发挥作用，黄河水资源配置基本处于一种无序的状态。随着黄河水资源供需矛盾日益尖锐，统一分配水量被重新提上议事日程。1983年，黄河水利委员会对黄河流域未来水资源利用情况进行预测，向原水利电力部报送了《黄河水资源利用的初步意见》等材料。原水利电力部于同年对该意见进行审议，相关省区对黄河水利委员会的分水方案表示反对并提出各自的用水需求。1984年，黄河水利委员会提出《黄河河川径流量的预测和分配的初步意见》，但无力协调各省区的需求，将该意见报送原水利电力部。原水利电力部虽然有权以自己的名义颁发文件进行分水，但担心各地意见较大，故寻求具有更大权威的原国家计委协调水量分配。1984年，黄河水利委员会再次提出了《黄河可供水量分配方案》，详细规定了各省区的水使用量权。虽然各方需求依旧难以统一，但方案总体较为公平，原国家计委将其报送国务院。国务院在1987年批转了这一分配方案。

一个值得注意的现象是，这一阶段全国大部分地区都实行无偿的用水制度，但是北方一些地方政府已开始探索水资源配置管理的新方式。例如，1982年山西省人大常委会制定了《山西省水资源管理条例》，在当时可谓十分先进的立法理念与立法技术。一是建立取水许可制度，该条例第12条规定，“凡需开发利用水资源的单位，须按其取水量和水源位置向所属水资源管理主管机关提出申请。……报所属水资源主管机关批准，领取开发和使用许可证”。二是确立水资源有偿使用制度，规定各级水资源主管部门向取水单位征收水资源费，该条例第19条规定,“征收标准,每吨定为三至六分”。1985年河北省发布了《河北省水资源管理条例》①,吉林省的吉林市也制定了《吉林市城市水资源管理暂行规定》。不过,由于制度的不完善以及几千年来“大水漫灌”的意识在短期内难以改变,取水许可以及有偿使用制度尚未真正发挥有效的作用。②

整体而言,1988年《水法》出台之前,我国水资源配置审批体现出如下几个特点,第一,中央对地方各省区用水需求的配置审批虽然在分配方案形成过程中做到了一定程度的民主,但是这种配置是行政性配置;第二,审批主体尚未法定。黄河水利委员会仅有协调功能,水利行政主管部门也不足以解决水资源配置中的利益冲突,最终审批机构依赖于具有更大权威的国务院;第三,取水许可与有偿使用制度开始萌发,水权交易市场的基础开始形成,这对水资源配置审批提出了更高的要求。

(三)1988年至今水资源配置审批

1. 取水许可权的演变

1988年《水法》第一次于国家立法层面规定了取水许可制度。但是,该法并未明确取水许可的主体、范围等内容。③1993年国务院颁

---

① 《河北省水资源管理条例》于2002年被河北省人大常委会《关于废止〈河北省进出口商品检验条例〉等4件地方性法规的决定》废止。

② 参见马晓强、韩绵绵、常云昆:《黄河水权制度变迁研究》,载《中国经济史研究》2007年第1期。

③ 1988年《水法》第32条第1款规定,“国家对直接从地下或者江河、湖泊取水的,实行取水许可制度。为家庭生活、畜禽饮用取水和其他少量取水的,不需要申请取水许可”。

布了《取水许可制度实施办法》①，对取水许可的范围、主体、申请、批准、吊销、撤销等作出了较为细致的规定。其中，关于审批主体，就横向层面而言，水行政主管部门是主要的审批主体，为了更好地管理，水行政主管部门可以进行必要的授权。例如，需要取用城市规划区内地下水的，可以授权城市建设行政主管部门或者其他有关部门审批；涉及大中型建设项目的地下水取水许可的，可以授权地质矿产行政主管部门、城市建设行政主管部门或者其他有关部门审批；涉及跨界干流、湖泊、行政区限额等取水的，可以授权流域管理机构审批取水许可。②就纵向层面而言，取水许可实行分级审批。该办法第19条规定了国务院水行政主管部门及其授权的流域管理机构的取水审批权限，其他的取水许可则由取水口所在地的县级以上地方人民政府水行政主管部门实施。一般而言，地方各级政府取水许可的权限由省级政府立法确定，其划分标准主要考虑需用水建设项目的审批主体、是否跨地区取水，以及取水量的大小。③

分别于2002年、2009年、2016年修改的《水法》对于取水许可没有作出新的规定。取代《取水许可制度实施办法》的《取水许可和水资源费征收管理条例》在取水许可方面作出了一些力度较小的改变。

---

① 《取水许可制度实施办法》于2006年因《取水许可和水资源费征收管理条例》实行而废止。

② 参见《取水许可制度实施办法》第11条、第15条、第19条。

③ 可参见1993年发布的《四川省取水许可和水资源费征收管理暂行办法》第5条；此暂行办法于2012年因《四川省取水许可和水资源费征收管理办法》施行而废止。另可参见1994年发布的《辽宁省取水许可制度实施细则》第14条；此实施细则于2007年因《辽宁省取水许可和水资源费征收管理实施办法》施行而废止。还可参见1994年《吉林省取水许可制度实施细则》第11条、第12条；此实施细则于2007年被吉林省人民政府《关于修改、废止部分政府规章和公布现行有效规章目录的决定》废止。

纵向层面，国务院水利行政主管部门不再实施取水许可，完全授权流域管理机构；县级以上地方政府的水行政主管部门的取水许可权由省级人民政府予以规定。横向层面，其他职能部门不再享有取水许可权，只在某些特殊情况下，如取用城市规划区地下水的取水申请，取水审批机关应当征求城市建设主管部门的意见。①

在深化“放管服”改革、优化营商环境的大背景下，取水许可也在作出改变。有的省份实施简化取水许可程序，把取水许可提前至建设项目的审批阶段。② 更有力的变革体现为取水许可权的下放。有的省通过政策性文件方式调整取水许可权限，例如，2017 年黑龙江省把多项省级水行政主管部门的取水许可权下放至设区的市级水行政主管部门。③ 而该省的某些市人民政府又进一步将部分取水许可权下放至县级水行政主管部门。④ 有的省通过修法的方式重新明确了省、市、县三级取水许可的审批权限，原由省级政府行使的部分权限下放至市级政府，原由市级政府行使的部分权限下放县级政府。⑤

2. 水资源初始分配的审批权变化

20 世纪七八十年代，北方的黑河、黄河等河流的水量分配实践，为我国的水资源初始分配积累了宝贵的经验。一方面，水量初始分配以水资源可利用总量或者可分配的水量为基础，实现自上而下地配置；另一方面，由于国家对水资源实行流域管理与行政区域管理相结

---

① 参见 2006 年《取水许可和水资源费征收管理条例》第 19 条第 2 款。

② 参见 2021 年福建省水利厅发布的《关于简化省级取水许可审批事项的通知》。

③ 参见 2017 年黑龙江省人民政府办公厅发布的《关于下放取水许可审批权限的通知》。

④ 参见 2017 年绥化市人民政府办公室发布的《关于下放取水许可审批权限的通知》、七台河市人民政府办公室发布的《关于调整取水许可审批权限的通知》等。

⑤ 参见 2021 年发布的《河南省取水许可管理办法》第 12 条、第 13 条。

合的管理体制，强调发挥流域管理机构的协调作用，要求其与有关省区协商并制订水量分配方案，水资源初始分配方案的审批主体根据流域涉及的界域予以确定，如跨省流域的水量初始分配由国务院或其授权部门审批，省内跨市县流域的水量初始分配由省级人民政府审批。

第二节　国有自然资源配置审批制度的现状

本书虽然只选取了国有土地、矿产资源与水资源三类自然资源作为观察国有自然资源使用配置审批演变的对象，但是通过细致的梳理，足以发现其内在的规律，并可以勾勒出我国国有自然资源配置审批制度的整体特征，发现其中存在的问题。

一、国有自然资源分级审批体制及其不足

（一）国有自然资源配置的分级审批体制

《民法典》第246条第2款规定：“国有财产由国务院代表国家行使所有权。法律另有规定的，依照其规定。”因此，国有自然资源配置审批，国务院无疑是其中的主体之一。不过，国务院作为我国最高行政机关，管理着广泛的各类经济社会事务，不可能也无必要直接行使国有自然资源所有权，而是由国务院相关部门代为行使。又因为我国国土面积巨大、自然资源管理事务繁多，不能仅由国务院部门代为行使国有自然资源所有权。因此，自然资源单行法会赋予地方政府资源

配置的审批权。

即使某些自然资源单行法未授予地方审批权，鉴于管理的需要，国务院也会授权或委托地方政府审批权。例如，《森林法》第 14 条第 2 款规定："国家所有的森林资源的所有权由国务院代表国家行使。国务院可以授权国务院自然资源主管部门统一履行国有森林资源所有者职责。"但是，该法并没有规定地方政府在国有森林资源配置方面的权力。为此，国务院制定的《森林法实施条例》第 4 条规定了"国家所有的森林、林木和林地"的配置使用由国务院林业主管部门[①]、县级以上地方人民政府行使相应审批权。

（二）国有自然资源配置分级审批体制的不足

1. 审批权分级划分的法律规定不足

国务院代表国家行使国有自然资源所有权，是法律的明确规定。但是，国务院有关部门如自然资源部、水利部、农业农村部等行使中央管理职责，以及地方政府或职能部门行使地方管理职责，可能存在法律上的障碍。

首先，在没有法律明确规定的情况下，国务院职能部门是否可以代表国务院行使自然资源国家所有权？《民法典》第 246 条第 2 款规定："国有财产由国务院代表国家行使所有权。法律另有规定的，依照其规定。"国有自然资源是法律规定属于国家所有的财产，原则上国务院代表国家行使所有权当无异议。但是，国务院职能部门是否就必然

① 2018 年 4 月起调整为国家林业和草原主管部门。

可以代表国务院行使所有权，在法理上是存在疑问的。这是因为尽管国务院职能部门隶属于国务院，但是并不意味着国务院职能部门所作出的行为后果由国务院承担。根据我国行政主体理论，县级以上政府与政府职能部门都是行政主体，属于机关法人，具有独立的法人人格，对外独立承担相应的法律责任。因此，严格地说，国务院代表国家行使国家所有权，并不能等同于国务院职能部门行使国家所有权。①

其次，国务院与地方政府关于行使自然资源国家所有权的关系亦不明确。《企业国有资产法》在规定"国务院代表国家行使国有资产所有权"的同时，还规定"国务院和地方人民政府依照法律、行政法规的规定，分别代表国家对国家出资企业履行出资人职责，享有出资人权益"。②这至少较为明确地授权地方政府代表国家的职责与权益。然而，在一些自然资源单行法中，地方政府或地方政府职能部门并没有被明确授权代表国家或国务院行使自然资源国家所有权。由此衍生的问题是：其一，经行政法规、规章甚至其他行政规范性文件放权，地方

---

① 这里需要特别说明的是，行政主体概念是从国外引进而来，在学理上取代了原来行政机关的概念地位。但是，经过本土化改造之后，我国的行政主体理论与法国、德国的行政主体理论无论是内容上还是功能上都十分不同。法国的行政主体包括国家、地方团体、公务法人，德国的行政主体包括国家、具有权利能力的团体、公法设施和公法基金会、具有部分权利能力的行政机构、被授权的人或组织。无论是法国还是德国，行政主体理论的功能都是组织法意义上的，目的是更好地处理中央与地方、政府与社会关系。行政机构如财政局、卫生局、水利局等，在德国、法国并不属于行政主体，而只是行政主体设立的机构。作为内部法律规范的收件人，机构是法律主体，但仅是内部法律主体，而不是外部法律主体。机构在执行行政主体的行政任务时，"对外"代表行政主体，而"对内"——从与行政主体所属的其他机构之间的关系看，是在履行自己的义务，行使自己的职权。（参见王名扬：《法国行政法》，北京大学出版社 2007 年版，第 31 页；〔德〕哈特穆特·毛雷尔：《行政法学总论》，高家伟译，法律出版社 2000 年版，第 500~506 页。）由此观之，在德国、法国等国家，行政职能部门的行为的法律后果可以由一级政府（行政主体）承担，而在我国，由于行政主体功能主要指向行政诉讼的被告资格之确定，导致了在法律后果上职能部门与其所属政府在法律责任上的分离。

② 参见《企业国有资产法》第 3 条、第 4 条。

政府或地方政府职能部门获得部分国有自然资源配置审批权，是否意味着其在代表国家行使自然资源国家所有权？或者说，行使相关的审批权，是不是与代表行使国家所有权具有相同的含义？以及地方政府行使国有自然资源配置审批权，与自然资源国家所有的内在要求是否相符？其二，整体而言，国有自然资源配置审批权限划分还缺乏足够的理论依据。取水许可主要以取水的影响面为标准划分取水审批权限，其他自然资源配置审批权限，往往以审批客体涉及的数量为划分标准。其基本逻辑是价值越大、规模越大的自然资源，其配置审批越应由中央或上一级政府实施。但是，除非具有宏观调控或跨地区利益调整的需要，否则仅以数量多少作为划分权限的依据，会产生诸多不良后果。例如，对于地方政府而言，越具有经济价值、规模越大的自然资源，其反而越难以从中获得收益。相反，因开发利用自然资源而导致的环境破坏等后果却由地方承担。其三，按照本书逻辑，国有自然资源配置审批权是国家行使自然资源国家所有权的重要形式，但是，地方政府或地方政府职能部门除了可以行使审批权外，还需要承担其他事务的监管职责。在自然资源国家所有权与自然资源监管权相混合的情形下，中央与地方之间的关系也就更加复杂。

2. 某些自然资源审批权划分标准多样导致权力重叠

饭垄堆公司诉原国土资源部国土资源行政复议决定案①（以下简称饭垄堆案）直观地反映了这一问题。

该案的基本案情是，2006 年 1 月，原湖南省国土资源厅向郴州市

① 参见最高人民法院行政判决书，（2018）最高法行再 6 号。

兴光矿业有限公司颁发了采矿许可证，矿山名称为红旗岭矿，开采矿种为“锡矿、钨、砷”，有效期限为2006年1月至2010年1月。2009年，矿山与中信集团合作成立中信兴光公司作为经营主体，并于2010年在原湖南省国土资源厅办理转让和变更（延续）登记手续，采矿权人变更为中信兴光公司。由于锡矿储量达到中型以上，2010年11月和2011年10月，中信兴光公司在原国土资源部办理了采矿许可延续登记手续。经延续，该采矿证的有效期为2011年10月7日至2012年10月7日。与此同时，2006年3月24日，原郴州市国土资源局颁发了采矿许可证，采矿权人为苏仙区饭垄堆北段有色金属矿（饭垄堆公司），矿山名称为“矿”，开采矿种为“铅矿、锌、银”，有效期限为2006年3月至2011年3月。据地质资料和矿山储量核实，红旗岭矿与饭垄堆矿存在矿区垂直投影重叠。矛盾与纠纷由此产生。

前文已经提及，我国的采矿审批权由《矿产资源法》与《矿产资源开采登记管理办法》规定，相应主体是国务院地质矿产主管部门、省级人民政府地质矿产主管部门、市县级人民政府地质矿产主管部门。各级主体依据矿产资源的价值、储存量、矿种、矿区区位标准、投资主体等享有相应审批权。在法定权限之外，国务院地质矿产主管部门还可能将部分审批权授予省级人民政府地质矿产主管部门。复杂的法律规则体系、授权制度、多级审批主体等，形成了相对分散的审批体制，“往往造成不同的审批机关批准开办不同的矿山企业开采同一矿床，造成国务院有关部门直属矿山与地方国有矿山之间的矛盾”。①

① 国土资源部地质勘查司编：《各国矿业法选编》（下册），中国大地出版社2005年版，第1181页。

出于安全生产并统筹开采时序的考虑，2001 年国务院办公厅《转发国土资源部〈关于进一步治理整顿矿产资源管理秩序的意见〉的通知》规定，“一个矿山原则上只能审批一个采矿主体。不能违法重叠和交叉设置探矿权、采矿权”。饭垄堆案的案情并不复杂，尽管两个采矿权人——饭垄堆公司与中信兴光公司的采矿权不存在物理区域上的交叉，但是二者在“在垂直投影范围内”发生了重叠。而之所以会出现这一情形，就与审批主体繁杂有关。“如果再加上其他的因素，矿业权重叠不仅更容易发生，且处理起来也更棘手。地方政府与中央政府有时在矿产资源利益上会存在明显冲突，在这种情形下，地方政府利用合法的审批发证权违规审批发放矿业权就成为与中央政府争夺资源利益的重要方式。”①

3. 审批权调整缺乏一个较为明确的规则

国有自然资源配置审批改革，最为核心的问题是中央与地方、上级与下级关系的重塑。不同时期审批权在中央（上级）与地方（下级）之间反复调整即为明证。一般而言，中央认为要提高地方政府效率、激发地方积极性，则有意下放审批权；当地方不规范使用甚至滥用审批权导致资源浪费时，中央则可能上收审批权。

审批权调整缺乏明确的规则，至少体现了以下两点问题，一是既然上级政府可以将某审批权下放至下级政府行使，说明下级政府有直接行使该审批权的必要性与可行性，既然如此，为何不能经法律授予下级政府审批权？其实，这深刻地反映了一个道理：上下级政府之间

① 王克稳：《自然资源特许权有偿出让研究》，北京大学出版社 2021 年版，第 178~179 页。

的分权，不是纯粹看事务由何级政府管理会更科学合理，管理本身蕴含着多种目的，不同时期追求的目的不相同，由何级政府实施管理的必要性也不一样。二是下放的审批权可以随时被上级收回，下级政府对行使该权力缺少稳定预期。而且如果该审批权对下级政府具有较大吸引力，下放权力就能成为上级政府控制下级政府的一种手段；如果下放权力对下级政府并不能产生可观的收益，反而可能使之被追究履责不力的法律责任，下级政府就可能以相对消极的状态应对授权。

4. 改革未能彻底改变审批权横向分散行使的格局

国有自然资源配置审批改革的一个重要的趋势是国有自然资源管理的集中化，当前主要管理部门为自然资源行政主管部门。这与国资委集中管理国有企业资产具有一定的相似性，有利于实现自然资源国家所有权人的权益。

2013 年，党的十八届三中全会通过了《中共中央关于全面深化改革若干重大问题的决定》，明确提出：“健全国家自然资源资产管理体制，统一行使全民所有自然资源资产所有者职责。完善自然资源监管体制，统一行使所有国土空间用途管制职责。”自然资源国家所有权与自然资源监管权相分离成为自然资源管理体制改革的基本要求和方向。2015 年中共中央、国务院印发的《生态文明体制改革总体方案》对此再次予以重申。如果这一改革理念能够得到较为彻底的贯彻，至少应该在两个方面发生改变：一方面，类似于国资委，国家应该成立一个专门行使国有自然资源所有权的政府部门。只要是基于所有权衍生出来的审批、出让、划拨等，都应该由该政府部门负责实施。另一方面，能够在职责上对所有者职责与监管者职责作出明确的区分，甚至能够用清单的形式明确罗列出两种角色应该包含哪些具体的内容。对于行使自然资源国家所有权所实施的开发利用行为，应该由监管者对其进行监管，以防止国家所有权行使者滥用权利（力）。

问题在于，目前暂不说实践中的困境，即便是纯粹的理论推演，有效区分所有者职责与监管者职责亦有相当大的困难。毕竟国有自然资源与其他国有资产相比具有一定的特殊性，自然资源的经济属性与社会、生态、环境等属性相互交织，几乎不存在可以只追求经济效益而不考虑其他属性的自然资源。简单地说，各种国有自然资源的配置审批，绝不只是为了出让国家所有权的某种权能，也是为了实现自然资源的公益功能，因此需要特别的监管。例如，国有建设用地使用权的出让，固然要实现国家所有权人的权益，但是出让哪些土地、出让多少等，不能完全由市场决定，而应该考虑国有建设用地在发展经济、满足公众住房需求等方面的作用。随之而来的问题是，制订国有建设用地的出让计划，到底是代表行使国家所有权的部门来实施，还是由承担政府监管职责的部门来实施？可能持两种观点者皆有。

2018 年成立的自然资源部在一定程度上集中行使了自然资源国家所有权。不过还存在诸多值得探讨的问题，首先就是自然资源部的功能依旧综合。根据相关负责人的介绍，组建自然资源部的目的是“统一行使全民所有自然资源资产所有者职责，统一行使所有国土空间用途管制和生态保护修复职责，着力解决自然资源所有者不到位、空间规划重叠等问题”，其职责是“对自然资源开发利用和保护进行监管，建立空间规划体系并监督实施，履行全民所有各类自然资源资产所有者职责，统一调查和确权登记，建立自然资源有偿使用制度，负责测绘和地质勘查行业管理等”。[①]由此可见，无论是目的还是职责，自然资源部都是多元的。

值得注意的是，2018 年自然资源部设立了自然资源所有者权益司、自然资源开发利用司等内设机构。自然资源所有者权益司的工作职责主要有拟定自然资源资产管理政策，建立资产统计制度，承担价值评估和资产核算工作，拟定资产划拨、出让、租赁、作价出资和土地储备政策等，较为明显地体现了所有者职责。自然资源开发利用司的职责主要包括制定自然资源资产有偿使用制度并监督实施、建立自然资源市场交易规则和交易平台、组织开展自然资源市场调控等，主要是对自然资源的开发利用行为实施监督。但是，建立自然资源资产有偿使用制度很难说不是所有者职责。此外，矿业权管理司、海域海岛管理司等具有出让矿业权、海域海岛使用权的权力，是行使自然资源国家所有权的直接体现。这充分说明，部门内部实现所有权与监管权的界分都有相当大的难度。那么在某职能部门对某自然资源实施管理的情形下（如水行政主管部门管理水资源），要把该自然资源的所有权属性剥离出去交由自然资源主管部门，由后者行使所有者权利，恐怕就更加不易了。或许是改革的妥协，目前除水资源行政主管部门外，林业部门、渔业部门、海洋行政主管部门等，都在各自领域内对森林资源、湿地资源、野生动植物资源、海域等行使国家所有权和相应的监管权。

---

① 王勇：《关于国务院机构改革方案的说明——2018 年 3 月 13 日在第十三届全国人民代表大会第一次会议上》，载《中华人民共和国全国人民代表大会常务委员会公报》2018 年第 2 期。

还需注意的是，某些自然资源管理部门的调整，相当程度上也不彻底。例如，《森林法》规定森林资源由林业主管部门管理，林业主管部门在中央为“国家林业和草原局”，是自然资源部管理的国家局。在地方，林业主管部门大多由自然资源行政主管部门统一领导与管理，但是也有一些地方，如广西、福建、新疆、北京等，该部门为政府直属机构，还有一些地方，如河北、广东，则直接将其定位为自然资源行政主管部门的内设机构。此外，作为国家局的国家林业和草原局、国家海洋局等，虽然由自然资源部管理，但“不是主管部委的内设司局，具有相对的独立性”，遇有紧急情况，可直接向国务院报文请示。① 在法律责任承担方面，相对人对国家局的具体行政行为不服提起的行政复议申请，应当由该国家局而非国家部委受理。②

不仅如此，我们还可探讨环境容量的使用配置应该由哪一部门实施审批权的问题。早在20年前，当时的国家环保总局就在推动环境容量测算工作，先后发布了《关于印发全国地表水环境容量和大气环境容量核定工作方案的通知》(环发〔2003〕141号)和《关于加强环境容量测算工作的通知》(环办〔2003〕116号)等政策性文件。当前我国以环境容量为载体实施的排污权交易由生态环境主管部门负责。当前有较大影响力的观点认为，应该把环境容量视为一种自然资源，并根据载体不同产生土壤环境容量资源所有权、空气环境容量自然资源所有权、水环境容量资源所有权，且以此为基础派生出包括土壤排污

① 参见1993年国务院办公厅发布的《关于部委管理的国家局与主管部委关系问题的补充通知》。

② 参见2001年原国务院法制办公室《对国土资源部〈关于请明确对部管国家局的行政复议申请受理机关的函〉的复函》。

权、水体排污权等在内的完整的排污权分类体系。[①] 如果这一观点成立，由自然资源行政主管部门将其予以配置，可能更具有正当性。

二、国有自然资源配置审批的市场化改革及其困境

（一）国有自然资源配置审批的市场化改革

以《行政许可法》为基础，以审批的功能与作用为标准，行政审批可以分为资源配置类审批、市场进入类审批与危害控制类审批。[②] 市场经济的发展，要求减少市场进入类审批项目。危害控制类审批产生的原因是某些社会活动会产生一定的社会危害后果，与市场经济发展关联不大。市场是资源配置的重要方式，作为资源配置类行政审批的国有自然资源配置审批，必然受到社会主义市场经济改革与发展的影响。尤其是近些年来中央积极推进政府职能转变，优化营商环境，构成了审批改革的重要动力。

1. 市场经济的发展推动了审批层级的地方化改革

层级制是现代行政科层体制的基本特征。按照马克斯·韦伯的定义，科层制支配是一种借由科层式行政干部来管理的合法性支配，其最理性的表现形式为一种持续性的，受到法规拘束的公务经营机构。[③] 为了更好地约束公务人员的行为，一整套严密、繁杂的规则制度由此

① 参见邓海峰：《环境容量的准物权化及其权利构成》，载《中国法学》2005 年第 4 期。

② 参见王克稳：《论行政审批的分类改革与替代性制度建设》，载《中国法学》2015 年第 2 期。

③ 参见〔德〕施路赫特：《理性化与官僚制》，顾忠华译，广西师范大学出版社 2004 年版，第 70~71 页。

建立，为维持组织系统有序运转，自上而下的控制系统也由此产生。科层制体制下，上级政府对下级政府可以施以各种命令，下级政府有义务服从与执行。

传统科层体制具有等级服从、行为标准、管理专业等特点，符合“理性”的要求，从而成为一种有效率的管理形式。但是，与形成于商业领域的科层制不同，政府科层组织垄断了公共权力、公共资源，少了外在的竞争压力。因此，科层制所追求的效率，往往会异化为对上级的忠诚、对外部环境与社会公众需求的冷漠，成为“一种不可能根据其错误来纠正其行为的组织”，是一种低效率的组织。① 换言之，没有外部压力的影响，科层制的政府必然是趋向平稳、缺乏生气、保守、对外界反应迟钝以及低效率的。

“人们普遍假设提高政府组织效率的最佳甚至唯一的方法是用某种建立在市场基础上的机制代替传统的官僚体制。”② 随着我国社会主义市场经济的发展，企业对政府管理提出了更高的要求。尤其是我国改革开放之后，地方政府为发展经济而形成了“县际竞争”模式，并成为中国经济取得巨大成功的重要原因。政府之间的竞争，不仅表现为招商引资、税收、土地等方面经济政策的竞争，还有政府服务质量之间的竞争。行政审批领域，精减审批事项、减少审批环节、提高审批的效率、降低审批主体层级等，是不少地方政府改革的重要内容，由此衍生出一些让公众极易理解的改革口号，如“审批不见面”“只进一扇

① 张建平:《马克斯·韦伯科层制思想解析》，载《社会科学论坛》2016 年第 4 期。

② 〔美〕B. 盖伊·彼得斯:《政府未来的治理模式》，吴爱明、夏宏图译，中国人民大学出版社 2001 年版，第 25 页。

门”“最多跑一次”等。

所以，在社会主义市场经济不断发展与成熟的背景下，中央有将权力下放至地方的动力，上级政府亦有下放权力至下级政府的动力，甚至后一种情况在实践中更为常见。以至于笔者经常发现，为了防范风险，某些时段中央专门要求地方政府不得随意下放审批权。但是，一旦中央放松对审批权下放的检查监督，地方政府又会再次下放审批权。

2. 逐步实现国有自然资源配置审批的公平公正

中华人民共和国的成立是新民主主义革命的胜利，新政权反对帝国主义、封建主义和官僚资本主义，但是依旧要保护“小资产阶级和民族资产阶级的经济利益及其私有财产”，“发展新民主主义的人民经济”。① 因此，在国有自然资源配置审批方面，对私人请求还是给予了必要的承认与支持。例如，1950 年发布的《土地改革法》虽然把“大森林、大水利工程、大荒地、大荒山、大盐田和矿山及湖、沼、河、港等”都收为国有并由政府经营，但是对于原为私人投资经营的，原经营者有权继续经营。② 用地方面，有关法律规定私营经济企业和私营文教事业用地的需用地人可以向省级以上人民政府提出，获得批准后由当地人民政府代为征收。③1950 年年底发布的《矿业暂行条例》规定全国矿藏属于国家所有，但是准许并鼓励私人经营。

不过，中华人民共和国成立前夕，毛泽东、刘少奇等党的主要领

---

① 《中国人民政治协商会议共同纲领》第 3 条。

② 参见《土地改革法》第 18 条。

③ 参见 1953 年《国家建设征用土地办法》第 19 条。

导人在不同场合公开表达在民主革命完成以后，无产阶级和资产阶级的矛盾将要上升为国内基本的、主要的矛盾。中华人民共和国成立之后，毛泽东虽然反对提早消灭资本主义与无限制地发展国营经济，但是认为要“利用私人资本”。党在过渡时期的总路线，最终于1952年酝酿并提出。①

所以，观察当时为数不多的涉及国有自然资源配置的立法，可以较为容易地发现，虽然国家允许私人或私人企业使用土地、矿藏等资源，但是可使用的范围、使用权的保护甚至获得使用权的方式等，与公有制单位存在明显的差别。以《矿业暂行条例》为例，该条例规定，公营单位申请探矿或采矿，经同意后获得探矿或采矿许可证照，私营单位只能获得探矿或采矿租用执照；如果私人采矿超过一定期限，以及私人申请换发某些采矿执照，都有可能被收回公营。

改革开放之后，国家经济领域逐渐向各种资本放开，自然资源单行立法也愈加丰富。由于各种原因，国有自然资源配置的市场化进展相对缓慢，很长时间内国家采用无偿划拨的方式出让国有自然资源使用权。相较而言，市场化进程相对较早的是国有建设用地，面向各种市场主体开放。其他国有自然资源的开发利用，即使单行立法没有限制，国家通过制定产业准入政策的方式，让民间资本、外国资本碰到“玻璃门”。以取水许可为例，1988年发布的《水法》、1993年发布的《取水许可制度实施办法》，以及2006年发布的《取水许可和水资源费征收管理条例》都未按照资本性质对取水主体作区分，但是这并不

---

① 参见龚育之：《新民主主义·过渡时期·社会主义初级阶段》，载《中共党史研究》1988年第1期。

意味着水资源配置审批权人对各种市场主体的取水申请都会同等对待。相反，一旦水资源的申请、审批与特定行业相结合，水资源配置审批就要受到特定行业准入的限制。如城市水务行业很长时间内是带有福利性质的公益性行业，政府投资建设、政府直接运营管理，且象征性地收取水费。外资与民间资本没有机会进入该行业并获得相应取水权资格。这一状况直到20世纪90年代才得以改变。

矿产资源配置审批受产业准入的影响就显得更加直观。1986年发布的《矿产资源法》以投资主体的性质作为审批对象的划分标准，明确“国营矿山企业是开采矿产资源的主体”，国家对不同采矿主体的态度各有不同，对国营矿山企业的态度是保障其巩固和发展，对乡镇集体矿山企业的态度是鼓励、指导和帮助，对于个人采矿的态度则是指导、帮助和监督。至于外资，《矿产资源法》甚至没有提及其是否具有获得矿业权的资格。不过，政策层面对于外资能否获得矿业权却有不同的规定。我国最早于1995年发布《外商投资产业指导目录》，至2017年经历了八次修改。该目录分别列举了国家鼓励、限制、禁止的各类产业。其中，矿产资源的开发利用方面，国家根据矿种把不同矿产资源列入鼓励、限制、禁止的产业目录中。对比不同年份的指导目录可以发现，外资在矿产资源开发利用方面的权利并不相同。例如，在1995年的指导目录中，矿产资源方面唯有放射性矿产的采选与加工属于外商投资的禁止性产业；在2017年的指导目录中，矿产资源方面除放射性矿产的勘查、开采、选矿不允许外商投资外，钨、钼、锡、锑、萤石的勘查、开采，稀土的勘查、开采、选矿也都属于外商投资的禁区。2018年之后，《外商投资产业指导目录》被《外商投资准入特别管理措施（负面清单）》《鼓励外商投资产业目录》所取代，国家在采矿权方面对外资的限制大大减少，仅禁止投资稀土、放射性矿产、钨勘查、开采及选矿，对于石油、天然气，以及我国紧缺矿种（如钾盐、铬铁矿等）的市场进入，国家都采取鼓励的态度。

对于民间资本，近些年来国家也是积极鼓励其进入国有自然资源的开发利用。2010 年国务院出台的《关于鼓励和引导民间投资健康发展的若干意见》明确提出鼓励民间资本参与矿产资源勘探开发，坚持矿业权市场全面向民间资本开放。2012 年原国土资源部、全国工商联制定的《关于进一步鼓励和引导民间资本投资国土资源领域的意见》以非常开放的态度将民间资本引入国土资源与矿产资源的开发利用，“切实保证民间资本投资主体与其他投资主体平等进入、公平竞争的待遇，充分发挥市场配置资源的基础性作用”。

平等是市场经济的重要特征与内在要求。随着我国经济体制从计划经济向社会主义市场经济转变，国有自然资源配置审批体制也从过去的“身份”标准，如申请人是否为国有企业、集体企业，转变为“契约”标准，更加强调各主体公开、公平的竞争，要求实现自然资源分配与使用上的平等。

3. 配置方式上实施竞争性的许可方式

过去政府采用传统审批方式配置国有自然资源，表现为“申请—批准”的过程，申请人多为无偿使用，自然资源很难体现其经济价值。如前文所述，20 世纪 80 年代初期，山西、河北等地方立法开始确立水资源的有偿使用。但是，政府的许可方式依旧采取了传统审批方式，向取水单位征收水资源费的标准是政府单方面的定价而非因竞争形成的市场价。

一般认为，国有自然资源配置审批的市场竞争化方式最早源于国有建设用地使用权的出让。1987 年 12 月 1 日，深圳特区举行首次国有土地使用权的公开拍卖，标志着我国无偿无限期使用国家土地时代的终结，土地使用权开始成为商品进入市场。1990 年《城镇国有土地使用权出让和转让暂行条例》的发布，首次确定了国有土地使用权有偿使用以及采取竞争式出让方式。2002 年原国土资源部发布的《招标拍卖挂牌出让国有土地使用权规定》全面确立了经营性土地使用权招标拍卖挂牌出让制度，由市场配置土地资源，通过"公平、公开、公正"的市场竞争方式确定土地使用权人。1986 年发布的《矿产资源法》虽规定矿产资源有偿使用制度，但是配置方式上依旧采用传统申请审批制。1998 年发布的《矿产资源开采登记管理办法》规定"采矿权可以通过招标投标的方式有偿取得"，但采矿权使用费却按照固定的标准予以缴纳。直至 2003 年，原国土资源部发布《探矿权采矿权招标拍卖挂牌管理办法（试行）》，规定对新设的探矿权、采矿权原则上以竞争性方式予以出让。

对资源配置审批的市场化方式予以统一规定的，是 2004 年起施行的《行政许可法》。该法第 53 条规定，除法律、行政法规另有规定外，行政机关实施有限自然资源开发利用等需要赋予特定权利的事项而实施行政许可的，应当通过招标、拍卖等公平竞争的方式作出决定。这一规定成为国有自然资源配置审批采用市场竞争化方式的基础性规范。此后，自然资源单行法律法规也多有修改，竞争性许可方式得到了更为广泛的运用。

(二)国有自然资源配置审批市场化改革的困境

1. 实行市场化改革的范围不易确定

有偿使用不等于市场化改革，因为不采用竞争性市场出让方式政府也可以要求使用者付费。不过，没有市场，政府的估值是缺乏基础的，一旦估值较低，就可能引起国有资产流失。从整体趋势看，我国在确立国有自然资源有偿使用的同时，也在尽量打造资源出让的竞争市场。因此，2019 年中共中央办公厅、国务院办公厅印发的《关于统筹推进自然资源资产产权制度改革的指导意见》，提出要“探索自然资源资产所有者权益的多种有效实现形式，发挥市场配置资源的决定性作用，努力提升自然资源要素市场化配置水平”。

理论上，应该实施市场化配置的为经济利益型自然资源，其他自然资源或者由公众自由使用，或者不得被开发使用。但是，如何对国有自然资源进行类型化、如何将政府开发利用范围约束于经济利益型自然资源，以及如何防止矫枉过正导致自然资源无法发挥应有的经济效益等，都是极具挑战性的问题。

“绿水青山就是金山银山”。但受 GDP 政绩观的影响，有的地方政府更注重眼前的经济利益，与民众争利，与子孙后代争利，过度开发国有自然资源。政府是自然资源规划的制定者与执行者，如果缺少外在的约束，其有把更多国有自然资源规划为经济利益型自然资源并实施市场化开发的动机。与此对应，地方政府领导人若有不同的理念或者上级施之严格的生态保护考核要求，地方政府可能又走向另一个方向——过度保护而忽略乃至禁止开发。可以说，这与政府只作为自然资源规制者所产生的法律效果大不相同。因为这种情形下，政府可以限制公众对其财产进行开发使用，但是当这一限制超过了财产应该承担的一般性社会义务，这种法律上的特别牺牲就可能形成管制性征收。[①]管制性征收理论在实践中已经开始被承认和运用，并且隐匿在我国立法之中。[②]毫无疑问，政府可以此实现对公共利益的保护与追求，但是由于管制性征收要给予被征收人相应的补偿，政府不得不考虑成本而有所取舍。

在保护公共利益与维护私人利益之间，政府与私人财产所有者的关系会围绕“征收—补偿”之博弈形成某种微妙的平衡。然而，这一点在国有自然资源的开发利用上相对而言难以实现。例如，湿地是重要的自然资源，被称为“地球之肾”，具有保护生物多样性、调节径流、改善水质、调节小气候等生态方面的重要意义。一段时间内，国内的湿地被一些地方政府过度开发而遭到严重破坏与退化。[③]为此，中央制定政策严格整顿，地方政府对湿地的保护趋向严格，大量湿地自然保护区被划入“生态红线”，原则上按禁止开发区域的要求进行管理。但是，有学者因此提出，过度保护可能会造成其他问题。总而言之，政府规制与开发利用的关系，会因为缺乏第三方的制约而较难形成比较

① 参见郭晖：《财产权的社会义务与管制性征收》，载《河北学刊》2019年第2期。

② 例如，《湿地保护法》第36条第4款规定：“因生态保护等公共利益需要，造成湿地所有者或者使用者合法权益受到损害的，县级以上人民政府应当给予补偿。”根据这一规定，政府对湿地所有者或使用者的财产性利益予以限制的应该给予补偿，这完全符合管制性征收的构成要件。

③ 我国湿地率为5.58%，低于全球8.6%的平均水平，人均湿地面积仅为世界人均的1/5。根据第二次全国湿地资源调查，2003年至2013年，我国湿地面积减少了339.63万公顷，减少率达8.82%。[参见孙秀艳：《湿地保护盼春天》，载《人民日报》2017年2月4日，第9版。]

合理的平衡。

自然资源配置审批的市场化过程中还需关注的主要问题，是对自然资源习惯利用和自由使用的保护。例如，对于国有滩涂，越来越多的地方政府更倾向采用拍卖的方式出让使用权。这固然有利于提高国有滩涂的经济效益，但是对于长期依赖国有滩涂生存的公众是极不公平的，且目前缺乏有效的权利救济机制。

2. 市场化方式与政府管理间存在协调的困境

《行政许可法》以及自然资源单行法规定，国有自然资源使用权的出让以审批的方式实施，但是在出让程序中引入竞争机制。这形成了国有自然资源使用权出让中独特的“审批 + 合同”的出让模式。有学者认为，这种出让会形成两种不同的法律关系：许可关系与合同关系。两种不同的关系又直接影响后续问题的处理，① 如国有自然资源使用权性质上是否为用益物权？如果是用益物权，那么是传统的民事用益物权还是应该建构一种新型的公法上的用益物权？国有自然资源使用权出让协议是私法协议还是公法协议？等等。

暂不论“审批 + 合同”模式是否归纳得正确，事实上，国有自然资源使用权的出让会导致权力与权利的糅合交织。不少案例也表明，要把其中的公法因素和私法因素分开几乎是不可能的。例如，在江西省永修县人民政府等与成都鹏伟公司采矿权纠纷再审案 ② 中，无论是一审、二审还是再审法院，都认为鹏伟公司与永修县政府之间订立的合

---

① 参见王克稳：《论行政审批的分类改革与替代性制度建设》，载《中国法学》2015 年第 2 期。

② 参见最高人民法院民事判决书，(2011) 民再字第 2 号。该案为最高人民法院公报案例。

同是民事合同，应该受到合同法及相关司法解释的调整。再审法院则把政府在网站发布公开拍卖采砂权事宜等行为都纳入合同订立的过程性行为。然而，法院又一再主张，政府出让采砂权的行为属于行政许可，“取得采砂权需经较为严格的行政许可程序”。三级法院的裁判文书都未说明法院是如何把行政许可行为与合同行为相区隔的。而在窦某开与六安市叶集区人民政府等采矿权纠纷上诉案①中，围绕采矿权，多个政府机关与相对人窦某开发生纠纷。原六安市国土资源局与原告窦某开签订《成交确权书》与《采矿权出让合同》，法院认为二者形成民事法律关系；六安市叶集区政府收取了窦某开支付的部分“铁砂价款”，法院认为区政府不是采矿权出让合同的当事人，其收取价款行为系基于赋予窦某开矿区开采权和管理权，因此形成的行政权利义务纠纷不属于民事案件受案范围。但是，如果铁砂价款由合同当事人原六安市国土资源局收取，就将被认定为履行合同的行为，由另一行政机关收取，却成为行政行为，其中的法律关系如何转换，法院并未阐述理由，令人产生疑问。

其实，不适格主体订立自然资源使用权出让合同，该合同是否有效，最高人民法院的观点也存在矛盾之处。在鹏伟公司与江西省永修县人民政府、永修县鄱阳湖采砂管理工作领导小组办公室采矿权纠纷案②中，与鹏伟公司签订采砂权出让合同的是永修县鄱阳湖采砂管理工作领导小组办公室，其是永修县政府直属事业单位，系永修县采砂管理

① 参见安徽省六安市中级人民法院民事判决书，(2016)皖15民终1278号。该案是最高人民法院2016年发布的10起矿业权民事纠纷典型案例之一。

② 参见最高人民法院民事判决书，(2008)民二终字第91号。

工作领导小组的日常办事机构。最高人民法院认为，采砂管理工作领导小组由永修县委、县政府相关部门主要领导组成，经费来源为财政拨款，无独立承担民事责任的行为能力，故永修县政府应与采砂管理工作领导小组办公室共同承担本案的民事责任。换言之，尽管合同主体采砂管理工作领导小组办公室无行为能力，但不妨碍合同的效力。

但是，最高人民法院对其发布的《关于审理矿业权纠纷案件适用法律若干问题的解释》进行解读时，又认为，“对于下级国土资源主管部门超越其职责权限范围进行矿业权出让的情况下，根据现有规定，上级主管部门对因此颁发的勘查许可证、采矿许可证应予撤销，出让合同亦因具体出让合同的国土资源主管部门超越权限而应认定无效”。[①] 换言之，合同主体超越权限订立合同，合同是无效的。

上述案例充分说明，司法实践难以区分引入市场竞争后存在的公法和私法因素，这导致许多争议问题并没有从根本上得到解决。法院的审判策略也是变动与模糊不清的。从法的安定性与可预测性的角度看，这不仅不利于国有自然资源使用权人的权利保护，也不利于政府安排与实施国有自然资源使用权的出让行为。

三、国有自然资源配置审批的公众参与及其困境

（一）国有自然资源配置审批的公众参与

国有自然资源配置审批改革，与民主政治发展也具有内在的关联

---

① 最高人民法院环境资源审判庭编著：《最高人民法院矿业权司法解释理解与适用》，人民法院出版社2018年版，第53~54页。

性。一方面，公众参与是现代民主的要求，通过公众参与对政府予以监督，在一定程度上实现对权力的制约；另一方面，公众通过参与可以有效表达利益诉求，更好地实现国有自然资源“全民利益”之属性。就国有自然资源配置审批而言，公众参与可以体现在如下几个方面。

1. 国有自然资源配置审批领域的信息公开

要保证公众有效地参与公共事务与行政事务，前提是公众应该对相关事务的信息有所知晓，否则公众既无法对政府政策发表评价性意见，更无法提出可行的建议或意见，故而，信息公开是公众参与的前提。通过信息的公开保障社会公众的知情权，应该是一种最低限度的公众参与。[①] 与之相对应的，深入的公众参与又需要对政府信息公开提出更高的要求，成为信息公开制度不断完善的外部动力，推动政府信息更大范围地公开。[②]

2017 年国务院办公厅发布了《关于推进公共资源配置领域政府信息公开的意见》，国有土地使用权出让与矿业权出让信息是公共资源配置信息公开的重点。公开的内容包括公开土地供应计划、出让公告、成交公示、供应结果等信息，以及矿业权出让公告公示、审批结果信息、项目信息等信息。原国土资源部于 2017 年发布的《矿业权交易规则》[③] 对矿业权出让信息公开作出了更加细致、明确的规定。自然资源配置审批信息公开工作在全国展开并取得了良好效果。以矿业权

① 《行政法与行政诉讼法学》编写组：《行政法与行政诉讼法学》（第 2 版），高等教育出版社 2018 年版，第 35 页。

② 参见王周户、李大勇：《政府信息公开和公众参与：知与行的结合》，中国法学会行政法学研究会 2009 年年会论文。

③ 《矿业权交易规则》于 2023 年因《矿业权出让交易规则》的施行而废止。

出让转让审批信息为例，2018 年全国共发布矿业权出让转让审批等公开信息 44，151 项，其中招标拍卖挂牌出让公告 983 项、招标拍卖挂牌出让结果公示 862 项、矿业权协议出让公示 186 项、矿业权转让公示 608 项、新立矿业权受理公开 621 项、矿业权审批结果公开 39，119 项，有效期内矿业权基本信息公告 1772 项。①

2. 国有自然资源配置审批相关的政策制定与公众参与

一般而言，公众参与立法或制定政策至少能为政府提供如下好处：获取更多关于公民价值偏好的信息，有助于确立管制目标；作为决策有效执行的先决条件，增进公民对决策的可接受程度；有助于提升目标尚不确定、存在价值冲突的行政立法理性程度，使其更切合民众需要和社会需求。② 国家层面，无论是《立法法》，还是《行政法规制定程序条例》、《规章制定程序条例》，以及《关于加强行政规范性文件制定和监督管理工作的通知》，都明确规定了立法、制定行政法规、规章以及其他行政规范性文件公众参与的必要性以及参与的具体途径。③ 其中，作为公众参与的特殊形式，专家参与立法在中国的立法工作中起到了非常重要的作用。这也形成了中国立法公众参与制度最重要的特色，目前还很少有其他国家存在相类似的制度。④ 地方层面，一些地方立法对政府制定规范性文件的公众参与作出了具体的规定。例如，

① 参见《2018 年度全国矿业权出让转让审批等信息公开情况》。

② 参见王锡锌主编：《行政过程中公众参与的制度实践》，中国法制出版社 2008 年版，第 20 页。

③ 参见《立法法》第 39 条、《行政法规制定程序条例》第 22 条、《规章制定程序条例》第 23 条。

④ 莫纪宏：《中国立法工作中的公众参与》，载中国法学网，http://iolaw.cssn.cn/zxzp/200908/t20090821_4603459.shtml。

《四川省行政规范性文件管理办法》规定，制定规范性文件原则上必须听取公众意见，规范性文件与企业或其他单位关系密切的，应该听取代表性企业、行业协会或单位的意见，制定专业性、技术性较强的规范性文件，必须听取专家或专业机构的意见，等等。

因此，国有自然资源配置审批相关的立法与政策制定的公众参与，在当前中国法治建设进程中愈加普遍。例如，2019 年自然资源部起草了《矿产资源法（修订草案）》（征求意见稿），并向社会各界公开征求意见。2020 年 4 月广西壮族自治区自然资源厅发布《关于推进矿产资源管理改革有关事项的通知》①，与部分市县自然资源主管部门和企事业单位举行座谈会，得到了数十条有益的建议。一些地方政府为制定矿产资源规划举行听证，就矿产资源开发利用与保护的必要性、对当地经济发展的重要性，以及如何制定实施规划展开讨论。

3. 国有自然资源个案配置审批与公众参与

行政机关在作出行政决定之前，应该告知相对人作出决定的事实依据和法律依据，并给予相对人陈述与申辩的机会，在充分考虑相对人意见的基础上作出合理的决定，这就是所谓的程序正当原则。国有自然资源个案配置审批的公众参与又可分为以下两种类型。

第一种，以公开听证会的形式参与个案配置审批活动。这一点在《行政许可法》已经有所反映，该法第 46 条规定："法律、法规、规章规定实施行政许可应当听证的事项，或者行政机关认为需要听证的其他涉及公共利益的重大行政许可事项，行政机关应当向社会公告，并举

① 此文件于 2023 年因广西壮族自治区自然资源厅《关于深化矿产资源管理改革有关事项的通知》施行而失效。

行听证。”自然资源单行法律法规中对于涉及公共利益的重大行政许可事项举行听证的规定，主要是取水许可。《取水许可和水资源费征收管理条例》第 18 条第 1 款规定：“审批机关认为取水涉及社会公共利益需要听证的，应当向社会公告，并举行听证。”地方立法也有相同或类似的规定。[①] 此外，《海洋听证办法》也有相关规定。[②]

第二种，以个人听证形式参与个案配置审批活动。《行政许可法》第 47 条规定，行政许可直接涉及申请人与他人之间重大利益关系的，经申请可以举行听证。《自然资源听证规定》《取水许可和水资源费征收管理条例》《海洋听证办法》也有类似规定。[③] 地方立法上，主要是地方取水许可立法对国务院《取水许可和水资源费征收管理条例》听证规定的再重复，以及个别地方立法规定，海域使用申请涉及他人重大利益关系的，利害关系人可以申请听证。[④]

（二）国有自然资源配置审批公众参与的困境

公众参与公共事务的治理是时代发展的必然，更是社会主义民主建设与法治建设的必然。大量法律文件强调公众参与的意义与价值，如国务院《全面推进依法行政实施纲要》（2004 年）、《关于加强市

---

① 参见《河南省取水许可管理办法》第 17 条、《河北省取水许可管理办法》第 14 条。

② 《海洋听证办法》第 43 条规定，作出直接涉及公民、法人或者其他组织重大利益的海洋行政决策的，听证机关可以根据需要组织听证。

③ 《自然资源听证规定》第 19 条规定，国有土地使用权、探矿权、采矿权的许可直接涉及申请人与他人之间重大利益关系的，主管部门在报批之前，应当书面告知当事人有要求举行听证的权利。

《取水许可和水资源费征收管理条例》第 18 条第 2 款规定，取水涉及申请人与他人之间重大利害关系的，审批机关在作出是否批准取水申请的决定前，应当告知申请人、利害关系人。申请人、利害关系人要求听证的，审批机关应当组织听证。

④ 参见《深圳经济特区海域使用管理条例》第 67 条。

县政府依法行政的决定》(2008 年)、《关于加强法治政府建设的意见》(2010 年)[①] 都反复强调公众参与在行政决策过程中的地位。但是,从整体看,我国公众参与政府公共事务的状况并不理想,这也同样反映在国有自然资源配置审批中的公众参与。

第一,国有自然资源配置审批公众参与的范围并不明确。在立法层面,公众参与国有自然资源配置审批具有充分的依据。从“涉及公共利益的行政许可事项”的角度看,《行政许可法》规定行政机关可以举行听证;从“属于重大行政决策事项”的角度看,不少地方的重大行政决策立法也规定应实现公众参与。但是,相关立法又存在较多不完善之处。具言之,无论是“涉及公共利益的行政许可事项”还是“属于重大行政决策事项”,都是典型的不确定法律概念。是否举行听证或者实行其他形式的公众参与,前提是对“公共利益”和“重大”应该有一个相对中立的判断机制,但是现阶段我国的立法将判断权完全交给了作出许可决策的行政机关。

第二,国有自然资源配置审批公众参与的程序不健全。2008 年国务院发布的《关于加强市县政府依法行政的决定》确定了听证制度,尤其是在听证程序的建设方向:遴选代表时要“充分考虑听证事项的性质、复杂程度及影响范围”;听证过程方面,要求“听证举行 10 日前,应当告知听证代表拟做出行政决策的内容、理由、依据和背景资料,除涉及国家秘密、商业秘密和个人隐私的外,听证应当公开举行”;听证代表的权利方面,“确保听证参加人对有关事实和法律问题

---

① 《关于加强法治政府建设的意见》于 2016 年被国务院《关于宣布失效一批国务院文件的决定》废止。

进行平等、充分的质证和辩论”；听证效力方面，“对听证中提出的合理意见和建议要吸收采纳，意见采纳情况及其理由要以书面形式告知听证代表，并以适当形式向社会公布”。令人遗憾的是，涉及国有自然资源配置审批公众参与的有关规定，目前尚未建立一套符合听证内在要求、规律的代表选择机制、听证实施机制。以《海洋听证办法》为例，对于依职权举行的公听会，把“参加人报名条件、方式、期限及筛选原则”等完全交给听证机关决定，听证的具体程序与效力等几乎阙如。在这种规则之下，听证代表多来自内部指定，不具备代表性；参与者的理由无法被充分公平地呈现，只提供仓促的准备时间也无法让参与者真正对听证事项做深入的调查研究；听证无法成为理性沟通的场域，自说自话般地表达各自的诉求，不能展开理性质证或论证，尤其是部分政府机关，把决策的证据视为不可置疑的材料，听证代表只能接受不能反驳；裁决不是理性对谈的结果，而是行政机关自行其是的必然。① 所谓听证有可能成为证明决策符合法律规定的背书。长此以往，公众将对听证失去信任，更无兴趣关注、参与听证活动。

第三，专业知识阻却了公众的参与。以专业知识为基础的决策才是更为理性的决策。政府决策更是如此。当今社会与传统社会最大的区别之一就是知识的急剧增加，一个人在极小的学术领域深耕细作、皓首穷经也往往只能窥探其中奥妙之一二。专家成为高度专业化的代名词。然而，高度的专业知识提高了决策的合法性、科学性，但同时又影响了决策的民主性。首先，高度专业化使专家与普通公众之间划出

① 参见贾西津:《听证制度的民主限度和正当程序》，载《开放时代》2007 年第 1 期。

了一道深深的鸿沟，普通公众难以理解政府决策，更不要说参与决策，有些政府也以专业为借口排斥公众的参与。诚如学者所言，“现代社会，知识成为布迪厄所说的符号资本，建构了一种象征权力，形构了政策制定场域中不同参与者的等级形态和支配结构，而缺乏专业的知识储备和技能工具的大众根本不具备这一象征资本”。[①]其次，正因为专业的作用在现代政府治理中越来越突出，即使政府接纳公众参与，公众也可能难以迈过专业知识这道“门槛”。勉强参与活动，对决策并不能发挥实质性的作用。有学者对此形象地表达道：“从现实来看，在代表制民主政治的框架中，虽然每一个作为观众的民众都有着登台演出的冲动或愿望，但他们的发声无非是剧场中的尖叫声，不仅不是演出，反而是破坏剧场秩序的因素。”[②]最后，科学知识的“祛魅”以及专家在公共平台对政府决策做专业的解读、辩论，让公众能够适度进入专业领域并有所理解——“制度化的专家讨论和与科学密切相关的公众对话可以发挥引导作用”，[③]但同时也让公众在不知不觉之中进入了特定的认识领域并选择了特定的观点。换言之，本应是科学的争辩和不同的声音，却通过专家的解读，巧妙地把专家意见转变为了公众的声音，对专家意见的选择，成为民主的选择。然而，科学与民主是两个不同的命题与领域，作为社会的两个重要主题，其可以并行发展，但不可相互替代。

① 吕鹏、付森：《权利慰藉：政策制定中的知识分工与公众参与》，载《浙江社会科学》2021年第12期。

② 张康之：《论风险社会中的专业化问题》，载《江汉论坛》2021年第8期。

③ 〔瑞士〕萨拜因·马森、〔德〕彼德·魏因加编：《专业知识的民主化？：探求科学咨询的新模式》，姜江、马晓琨、秦兰珺译，马晓琨、姜江校，上海交通大学出版社2010年版，第171页。

国有自然资源配置审批可能与诸多专业性问题相关，取水许可会否对周边农业、生产和生活用水造成影响，是否会造成地面沉陷隐患？矿产资源配置审批是否要与国家经济政策相结合？是否会对周边土地使用、生态环境等造成不利影响？面对这些高度专业性问题，一般公众难以发表有价值的意见。

第三章

国有自然资源配置审批制度改革的价值取向与法理基础

实施改革应该具有正确的价值取向。盲目改革犹如在荒漠中漫无目的地行进，不仅无法解决社会所积累的问题，还可能把公众带入一个更加无所适从的境遇之中。过去数十年，国有自然资源配置审批制度取得了令人瞩目的成绩，但是也存在一些不足与教训，原因之一是改革价值取向不明确，导致改革措施出现反复。“凡属重大改革都要于法有据。”[①] 推动国有自然资源配置审批改革，还应有法理上的依据。国有自然资源配置审批改革必须遵循法律规定，尤其要尊重相关法律的立法目的与精神，并能正确处理不同部门法规范之间的关系。

第一节　国有自然资源配置审批制度改革的价值取向

分析我国行政审批制度改革的价值取向，特别需要对行政审批做类型化区分。因为不同类型的行政审批功能并不一致，实施改革的价值取向也因此有所差异。

① 《习近平：把抓落实作为推进改革重点　重大改革都要于法有据》，载新华网，http://www.xinhuanet.com/politics/2014-02/28/c_119558018.htm。

一、非资源配置审批制度改革的价值取向

《行政许可法》第 12 条规定一般许可、特许、认可、核准、登记 5 类许可。立足于行政审批的性质,可将行政审批分为资源配置审批与非资源配置审批,这两类审批存在较大差别,前者为特许,基于国家所有权;后者为行为自由许可,基于国家治权。

(一)设立非资源配置审批制度的原因

在经济学里,行政审批与政府规制之间存在密切的关系,虽不能把政府规制简单地等同于行政审批,但是行政审批是政府规制的重要手段。行政审批的经济学定义是:由行政机构制定并执行的,直接干预市场配置机制或者间接改变企业和消费者的供需决策的一般规则或者特殊行为。① 对于政府为何要实施行政审批,要回答两个问题:一是政府为何要实施规制,二是在众多的规制手段里为何要选择行政审批而非其他。

1. 政府实施规制的原因

(1)非资源配置审批属于社会性规制

经济学上有多种规制分类方法,如直接规制与间接规制,竞争性规制与保护性规制,直接干预市场配置的规制、通过影响消费者决策而影响市场均衡的规制及通过干预厂商决策而影响市场均衡的规制,

---

① 〔美〕丹尼尔·F. 史普博:《管制与市场》,余晖等译,格致出版社、上海三联书店、上海人民出版社 2008 年版,第 45 页。

等等。其中，最被广为接受的分类是经济性规制与社会性规制。①经济性规制主要是指政府对企业在价格、产量、进入和退出等方面的决策进行限制，其目的是保持自然垄断领域稀缺资源的有效配置，既避免因企业随意进入和退出而引起的效率损失，也避免企业把消费者剩余转化为生产者剩余或企业利润，促进社会分配公平。②社会性规制是对安全与健康、环境保护、消费者等领域的规制，是政府“通过制定一系列的法律法规，对企业和个人等市场主体的活动进行强制性干预的行为”。③由于包括自然垄断行业在内的各个行业都存在环保、生产者安全、消费者安全等方面的问题，故而在现实的规制中，经济性规制与社会性规制存在一定的交叉。例如，对汽车的废气排放标准的控制，可以把外地车等排除在本地市场之外，其效果等同于经济性规制中的直接对汽车业的进入限制和价格规制。④

尽管如此，社会性规制与经济性规制在规制对象、工具等方面还存在较为明显的差异。在规制工具方面，根据政府干预程度不同，社会性规制的规制工具可以分为信息规制（强制要求提供方披露商品或服务的质量信息的细节）、“私的”规制（设定仅能由从中受益的个人执行的义务）、经济工具（税费、补贴、排污权交易等）、标准制定、事前批准。⑤其中，事前批准在我国语境下就是一般行政许可，即本书所指

---

① 参见钟庭军、刘长全：《论规制、经济性规制和社会性规制的逻辑关系与范围》，载《经济评论》2006年第2期。

② 参见黄新华：《论政府社会性规制职能的完善》，载《政治学研究》2007年第2期。

③ 尹栾玉：《社会性规制的经济学分析》，吉林大学2005年博士学位论文，第19页。

④ 参见钟庭军、刘长全：《论规制、经济性规制和社会性规制的逻辑关系与范围》，载《经济评论》2006年第2期。

⑤ 参见〔英〕安东尼·奥格斯：《规制：法律形式与经济学理论》，骆梅英译，苏苗罕校，中国人民大学出版社2008年版，第5页。

的非资源配置审批。经济性规制的功能是为“自然垄断”提供一种替代性竞争，其工具主要有：公有制（试图通过政治指令和责任机制来满足公共利益的需求）、对私有化的公司施加价格或质量的外部控制、政府通过招投标来确定具有垄断经营权的公司。其中，第三种经济性规制工具就是我国语境下的公共事业特许经营，是我国《行政许可法》第 12 条第 2 项所规定的特许种类之一。

（2）社会性规制的原因

无论是非资源类配置许可还是公共事业特许经营，都是政府规制的方式。只是二者所属类型有所不同，其产生的原因也因此有别。一般认为，社会性规制产生的原因主要有如下几个方面。

第一，信息不对称。完全竞争市场有若干假设，其中之一是买卖双方的信息需充分且对称，“所有人是同样的无所不知，具有同等的无限理性，决策能力没有差别；经济决策就是给定目标—手段下的最优化计算”。① 然而社会现实表明，信息不对称是人类生活的常态。在商品买卖关系中，消费者总是无法全面掌握产品的性能、质量等信息，产品越复杂、技术越先进，生产者、销售者的信息优势也越明显；在医患关系中，患者几乎没有和医生“讨价还价”的余地，对于病情的诊断、服用何种药物等信息，患者只能听取与接受。类似情形在现实社会中比比皆是。当人们进行交易时，如果相关信息在双方的交易之间是对称的，此时人们会选择合适的商品或者合适的交易对象，通过谈判达成一个对双方都有利的交易条件，任何潜在的帕累托改进都可以实

① 张维迎：《关于市场的两种不同范式》，载《中国中小企业》2018 年第 5 期。

现。但是，如果相关信息在交易时是非对称的，如买方不了解商品质量信息但卖方知道，此时，人们可能会发现选择的商品或交易对象未必是自己希望的。由于担心受骗上当，他们将不愿意为更好的商品或服务支付更高的价格，市场价格仅能反映平均价格，并且提供高质量商品或服务的生产者被迫退出市场。这将导致市场平均水平的下降，这种情况被称为逆向选择。逆向选择的存在可能使很多潜在有利的交易无法实现，严重的话还会导致市场坍塌。①

解决信息不对称的方法有两类：市场机制与非市场机制。所谓市场机制，就是通过市场本身的作用来尽量减少信息不对称；非市场机制就是政府的干预，也就是政府规制。

市场本身得以在一定程度上解决信息不对称，在于消费者自己尽量收集、加工信息，市场能够发展出大量的专业化信息提供者，以及卖方做广告或建立品牌等。

可以通过政府规制在一定程度上解决信息不对称，理由如下：一是政府可以掌握大量信息。据统计，中国的政府部门掌握着全社会信息资源的 80% 以上。② 政府可以通过发布各种行政指导，引导消费者选择，也可以通过公布各种检查、评价结果等，为消费者提供消费指南。二是政府可以通过制定各种规则来方便消费者获取信息。在市场准入阶段，政府可以设置一定的条件以保证生产者（从业者）拥有一定的生产或服务能力。例如，通过建立职业准入制度，在一定程度上可

---

① 参见张维迎：《博弈与社会》，北京大学出版社 2013 年版，第 181 页；张卿：《行政许可：法和经济学》，北京大学出版社 2013 年版，第 17 页。

② 参见《李克强：信息数据“深藏闺中”是极大浪费》，载新华网，http://www.xinhuanet.com/politics/2016-05/14/c_128982600.htm。

以让消费者较为轻易地排除不具有相应服务能力的人。市场运作过程中，政府可以建立行业标准或强制信息披露。例如，制定标准是规制产业行为的经典方法，向消费者提供信息是其重要功能之一。因为这种标准是强制性的，行政机关可以通过处罚、拒绝许可等方式确保其时效性，还可以通过公布违法事实的方式对不符合标准的产品予以公告，使生产者承受巨大的心理压力。[①]这不仅可以要求生产者生产更加优质的产品，也可以让消费者认识到只有满足某种标准的产品才是可以接受的产品。

政府可以通过规制的方式来缓解信息不对称的问题，一方面，是因为政府具备这样的能力：作为公权力组织，政府可以强制性地消减卖方或生产者的信息优势；作为信息的收集者，政府将所掌握的大量信息提供给消费者，可以改变买卖双方信息不对称的状况。另一方面，这也是政府应该履行的职责。政府是公共利益的代表，政府实施规制的成本较之个人要更低，并可以克服消费者维权或收集信息中"搭便车"的难题。

第二，市场的负外部性。外部性，是指某个经济主体对另一个经济主体产生一种外部影响，而这种外部影响又不能通过市场价格进行买卖。[②]外部性可以分为正外部性与负外部性。如果一方的行为使交易外的第三方受益，则为正外部性，如果卖方行为对第三方施加成本却没有反映在其提供的成品或服务的价值之中，则为负外部性。按照

① 参见宋华琳：《论技术标准的法律性质——从行政法规范体系角度的定义》，载《行政法学研究》2008 年第 3 期。

② 参见沈满洪、何灵巧：《外部性的分类及外部性理论的演化》，载《浙江大学学报（人文社会科学版）》2002 年第 1 期。

经济学家科斯的解释，外部性产生的原因是“缺乏明确界定的产权和存在着交易成本”。[①] 商品买卖的实质是权利的交易，当某些领域没有严格地建立起明确的产权制度，那么交易成本延伸到该领域时，就没有权利人能够向其主张权利，该交易成本无法反映到产品之中，而造成的不良后果却由外部第三人来承担。工业污染即为典型例子：企业生产产品，但是它却没有为排放的废气付出成本——空气是没有权利主体的，企业造成的空气质量恶化的结果，却由当地居民来承受。负外部性是市场失灵的典型体现，会导致社会资源的低效率配置，尤其是在公共自然资源的利用上，行为主体往往会过度开发，形成众所周知的“公地悲剧”。

根据科斯所分析的负外部性产生的原因，政府的规制相对应地形成间接规制与直接规制。所谓间接规制，就是克服产权不明确的缺陷，在没有产权的领域建立起明确的产权，由国家建立明确的物权法律制度。卖方对第三方施加的成本，将会因为有明确的产权主体而无法外化。换言之，国家的间接规制的作用在于“使交易每一方形成关于交易的理性预期，在一定程度上减轻外部性问题”。[②] 所谓直接规制，就是国家强制性地要求交易主体遵守规章制度，告诉人们从事某些行为必须同时履行相应的义务，减少交易成本的外化，并“对违反这些强制性规定的行为给予相应程度的罚金，使其行为的边际成本与社会边际成本相等，使行为的供给达到均衡”。[③]

---

① 〔美〕丹尼尔·F. 史普博：《管制与市场》，余晖等译，格致出版社、上海三联书店、上海人民出版社 2008 年版，第 55 页。

② 何立胜、杨志强：《内部性·外部性·政府规制》，载《经济评论》2006 年第 1 期。

③ 何立胜、杨志强：《内部性·外部性·政府规制》，载《经济评论》2006 年第 1 期。

政府实施社会性规制，除了上述市场失灵的原因外，还有其他某些基于公共利益考量的原因。①如法律父爱主义、意识形态等。所谓法律父爱主义，是指政府为了保护或增进公民个人利益，而对公民或第三方的自由或权利予以一定程度的限制。②基于法律父爱主义而实施规制是十分普遍的，如驾车强制要求系安全带、骑摩托车要求戴头盔、禁止青少年吸烟、禁止青少年进入网吧，等等。基于国家意识形态的政府规制，则可能表现为对某些领域的企业并购要求实施的特别审批、对公有财产使用的事前许可等。

2. 实施行政审批的原因

面对市场失灵，政府规制有其存在的必要。在政府治理的"工具箱"里，政府规制的方式有多种，不同方式对市场的干预程度也有所不同。无论是信息工具、经济工具，还是行政审批，政府选择规制方式时，一定要结合规制目的、手段与目的之间的关系、目标群体、规制方式的适用范围等因素予以综合考量。

从法学的角度看，是否实施行政审批，应该合乎比例原则。该原则又包括妥当性原则、最小侵害原则以及均衡原则。其中，最小侵害原则，是指在众多可以实现行政目的的手段中，行政机关应该选择对相对人权益影响最小的手段。一般而言，众多的政府规制手段中，行政审批是最为有力的规制手段，对规制对象的影响也最为深远。因此，在能够达到规制目的的前提下，选择更为灵活的信息工具、经济

① 参见张卿：《行政许可：法和经济学》，北京大学出版社2013年版，第36~38页。

② 参见李瑞昌、马心怡：《政府父爱主义：干预多少是适合的？》，载《复旦政治学评论》2020年第1期。

工具为规制手段更为妥当。从经济学的角度考虑，是否选择行政审批为规制手段，则可以成本收益分析为前提。成本收益分析的目的是了解规制实施之后的效果，从而为政府今后进行规制提供参考依据。当然，成本收益分析是一项非常复杂的工作，它要对规制运行前后的状态进行评估，还须对实施规制所付出的成本予以核算。而且，政府规制的成本往往不是简单地用金钱衡量，成本的付出主体也不仅是规制执行主体，还可能包括因规制付出各种代价的社会公众。①

任何一种规制手段都有其不足之处，无论是比例原则还是成本收益分析方法，都只是为政府选择规制手段提供一种或许可行的进路。事实上，政府如何选择规制手段并没有明确的答案，某些规制工具在某一个国家使用得非常广泛且效果明显，并不能以此推定我国政府也应该同样为之。正因如此，我国《行政许可法》第 12 条规定许可事项是“可以”设定，这本身就意味着立法者在许可设定上的态度的不确定性。在立法者看来，《行政许可法》第 12 条规定的各种事项，或许要设定许可，又或许可以采用其他的规制手段，不同时期针对同一事项如何规定都可能会产生不同答案，故而需要“因地制宜”地应对之。

（二）非资源配置审批制度改革的价值取向

非资源配置审批属于社会性规制的手段之一，也是近年来我国行政审批改革的重点。与为什么要采用非资源配置审批这一问题相对照，为什么要对这类审批实施改革也需面对两个问题：（1）为什么要放

① 对成本收益方法的介绍，可参见蒋红珍：《政府规制政策评价中的成本收益分析》，载《浙江学科》2011 年第 6 期。

松规制；(2)为什么要将非资源配置审批适当地转为其他社会性规制手段。由于行政审批是规制程度最严格的规制手段，所以后一问题可以表述为把严厉的规制手段替换为规制程度相对较轻的手段，其实质是放松规制。故而，笔者认为，非资源配置审批制度改革的价值取向是放松规制。

1. 放松规制是当代世界各国的普遍选择

不同的历史时期政府与市场社会的关系并不相同，它不仅是一个经济话题，还可能是一个意识形态话题。正因如此，“‘政府应该做什么’这样的问题或许是政治哲学中人们反复争论的最古老的话题，即使是有关政府的经济角色的争论也比它要晚得多”，“在其他条件相同的情况下，极右派赞成政府极少进行干预，而极左派则支持政府对经济进行全面干预”，“政治上的争论常发生在这个统一体的两端之间的某个位置……政府的介入程序总是像钟摆一样在两级之间反复振荡”。[①]20世纪70年代石油危机引发的经济衰退，导致欧美国家政治、经济、社会等方面的危机。高额的财政赤字使福利国家不堪重负，并由此衍生一系列的社会问题。信奉新自由主义理论的英国领导人撒切尔夫人、美国领导人里根等在本国推行了一系列改革措施。澳大利亚的霍克·基廷政府、加拿大的穆罗尼政府、新西兰的兰格·道格拉斯政府等，也随之跟进，采取了大量相似的政策措施。这就是所谓的“新公共管理运动”。按照美国学者的归纳，新公共管理运动有三个典型特征：重建，来自私人部门对重建组织过程和组织结构的努力；不断改

① 〔澳〕欧文·E. 休斯：《公共管理导论》，彭和平等译，中国人民大学出版社2001年版，第106~107页。

进，来自质量运动；精简，来自世界范围内缩小政府规模的举措。[①] 简单地说，新公共管理运动就是在消减政府财政支出、精简政府规模的同时，通过市场化、民营化等形式，确保政府供给的公共服务能够得到保障。尽管新公共管理运动并没有一个固定的模式，也没有一个可以被所有国家套用的改革框架，但是为了达到减少开支且提高公共服务质量的目的，各国采取的改革具有相似之处，其中非常重要的手段之一就是放松规制。

在美国，过多的政府规制不但使企业负担加重，还阻碍了新技术的增长和运用，妨碍了政府管理的公正性。美国学者卡恩教授对此评价道："美国的管制，压制技术革新，姑息无效率性，引起工资和价格螺旋式上升，发生严重的资源无效率配置，引起成本推动型通货膨胀那样的无益竞争扩大，拒绝采用在竞争市场中所提供的收费多样性和质量选择。"[②]20 世纪 70 年代末开始的放松规制改革一直持续到 20 世纪 90 年代。其基本内容包括实施管制的目的是最大限度增进全社会的利益；只要条件允许，就应该对规制的成本收益进行定量分析；规制以结果为导向；一般情况下，政府不应该对企业的开设和经营方式、产量、物价等经济现象施加规制。[③]

日本实施的规制缓和改革虽然受到美国改革的影响，但是早在 20 世纪 60 年代就已经认识到规制过多的弊端，并开展了许认可的清理

---

① 参见〔美〕詹姆斯·W. 费斯勒、〔美〕唐纳德·F. 凯特尔：《行政过程的政治》，陈振明、朱芳芳等译校，中国人民大学出版社 2002 年版，第 68 页。

② 陈世香：《新公共管理运动期间美国政府规制改革的基本内容及启示》，载《武汉大学学报（人文科学版）》2005 年第 1 期。

③ 参见陈振明主编：《政府再造——西方"新公共管理运动"述评》，中国人民大学出版社 2003 年版，第 85~86 页。

工作。1964 年 9 月，日本临时行政调查会的改革意见就提出，“许认可制度……当其设定或者运用不适当时，会给国民带来无用的或者过大的困惑，并且徒然招致行政的复杂化，使负责制度运营的机构、人员增加，进而导致国民负担的增大……”到 20 世纪 80 年代，日本政府再次推进规制改革，并认识到规制改革要取得实效，必须通过政治改革以排除改革的障碍，因此展开了分权、自治和政府信息公开等一系列制度改革探索。①

2. 放松规制是我国非资源配置审批改革的基本方向

我国的社会主义市场经济从计划经济转型而来，短短的数十年时间内，不断破除旧的管理体制与方式，建立起适应市场经济的管理制度。但基于我国的具体情况，我国市场制度的完善无法像老牌资本主义国家那样有一个“自生自发”的过程，相反，许多制度的建立在很大程度上依赖政府自上而下地推动。政府权力在经济与社会领域广泛、持续地发挥作用，最为典型的就是行政审批，为此国家不得不通过专门立法来规范审批权的设立与行使。实施进一步行政审批改革，其实质就是我国政府规制不断缓和。

改革开放初期，政府确有必要以行政权力来规范各种交易行为，并因为高度干预经济而成为整个经济发展与决策的中心。②随着我国社会主义市场经济的完善，政府逐渐从市场秩序的规则制定者转变为市场秩序的规则维护者。我国的市场犹如从嗷嗷待哺的婴儿成长为一

① 参见杨建顺：《行政规制与权利保障》，中国人民大学出版社 2007 年版，第 355~356 页。

② 参见邱本：《经济法研究（上卷：经济法原理研究）》，中国人民大学出版社 2008 年版，第 198~199 页。

个具有自主决策能力的青年，可以在资源配置、经济发展中发挥更大的作用。按照党的十八届三中全会作出的《中共中央关于全面深化改革若干重大问题的决定》的有关内容，市场应该“在资源配置中起决定性作用”，这是“市场经济的一般规律”，应“大幅度减少政府对资源的直接配置”，政府“主要是保持宏观经济稳定，加强和优化公共服务，保障公平竞争，加强市场监管，维护市场秩序，推动可持续发展，促进共同富裕，弥补市场失灵”。我国过去有大量的行政审批是在代替政府发挥资源配置的作用，是政府职能的错位。正确处理政府与市场的关系，要求政府从不应该管理的事务中退出。此外，党的十八届三中全会决定与党的十八届四中全会决定明确要求建立政府职责与权力清单，目的在于通过这种方式严格界定政府的权力边界，以“取消、合并、下放或调整管理方式”等多种形式，最大限度减少政府的审批权限，① 防止政府的“干预之手”不当伸入市场领域。这是对放松规制之后的改革成果予以巩固的表现。

对于放松规制，更值得关注的是行政审批的“替代性改革”。放松规制不等于不需要规制。无论如何，监管市场、弥补市场失灵是政府的一项重要职责，只要有市场，就一定会存在规制。对非资源配置审批而言，放松规制还意味着从审批规制转向其他类型的规制。目前的改革举措至少有以下几种：其一，用行政备案代替行政审批。所谓行政备案，就是行政机关为加强事后监管，对相对人已经从事的某种

① 参见周佑勇：《法治视野下政府与市场、社会的关系定位——以“市场在资源配置中起决定作用”为中心的考察》，载《吉林大学社会科学学报》2016 年第 2 期。

活动或已经具备的某种资格予以客观记录的行为。[①] 在规制体系中，行政审批的核心是相对人欲取得某种资格，必须先向行政机关申请，行政机关再作出是否同意的决定，为市场或行业准入设立了一道门槛。因此，行政审批是一种事前规制，相对人是否能够获得某种资格具有不确定性。而行政备案的核心是相对人履行告知义务，行政机关只是对相关信息予以记录，放松了对准入条件的控制。[②] 实践中，杭州市、广州市就把一些审批事项调整为备案，[③] 达到放松规制的效果。其二，失信惩戒替代行政审批。“无信则不立”，一个成熟的社会与市场，应该以诚信为基础，一个组织或个人如果缺乏诚信，则难以在市场和社会中立足、生存——诚实信用原则也因此成为民法最为重要的原则。也正因为信用具有如此作用，政府可以对在履行职责过程中产生或者掌握的公民、法人或其他组织公共信用信息，进行记录归集、评价分类、共享公开，通过分类管理和联合奖惩措施来发挥规制工具的作用。[④] 失信惩戒可以作为市场准入审批的替代性措施，对于失信企业的串通招投标扰乱市场行为、投资欺诈行为等进行信用上的惩戒，使其之后无法在市场上生存，同样可以较低成本的方式达到审批规制的目

---

① 需要特别注意的是，在一些立法中，备案实际上就是一种审批，如《软件企业认定管理办法》(已失效)第 11 条规定：“工业和信息化部在部门户网站和‘中国双软认定网’上对省级主管部门报送的经认定的软件企业名单公示 7 个工作日，没有异议的，予以备案。有异议的，工业和信息化部不予备案，发回报送的省级主管部门重新审核。”此处的备案，是一种实质的审查，并且是获得软件企业认定证书的前置性条件(参见该办法第 12 条)。

② 参见〔爱尔兰〕C. 斯科特：《作为规制与治理工具的行政许可》，石肖雪译，载《法学研究》2014 年第 2 期。

③ 参见 2003 年杭州市人民政府发布的《关于公布第三轮行政审批制度改革保留取消和新增行政审批事项决定的通知》、2013 年广州市人民政府发布的《关于第五轮行政审批制度改革取消、调整和保留行政审批、备案事项的决定》。

④ 参见王瑞雪：《政府规制中的信用工具研究》，载《中国法学》2017 年第 4 期。

的。其三，用信息工具替代行政审批。越来越多的研究成果表明，信息工具的效果在很多场合比行政审批的效果要更好且成本更低。例如，有学者对最低消费的规制进行研究，认为审批标准难以确定，也难以确保设定的最低消费标准符合市场要求。① 另有学者认为，对于食品安全治理，政府虽然采取严厉惩罚但企业被查处的概率较小，其威慑力较弱。建立信用档案，实现信息的产生、披露、反馈等全过程的整合，可以确保企业违法信息能够被公众普遍、迅速知晓，消费者的“用脚投票”能够实现规制的目的。② 可以想象，随着科技革命的深入和信息技术的迅猛发展，政府规制工具会越来越丰富。放松规制的时代背景下，传统的行政审批虽然不可或缺，但其可替代的空间会越来越大。

二、国有自然资源配置审批制度改革的价值取向

（一）《行政许可法》第 12 条第 2 项的再分类

如前文所述，非资源配置类审批属于社会性规制的类型之一，非资源配置类审批改革实际上是社会性规制改革。根据《行政许可法》第 12 条第 2 项的规定，资源配置类审批又由“有限自然资源开发利用”审批、“公共资源配置”审批，以及“直接关系公共利益的特定行业的市场准入”审批三种类型组成。

资源配置类审批又称为特许，作为一种独特的审批类型，很长时

① 参见应飞虎、涂永前：《公共规制中的信息工具》，载《中国社会科学》2010 年第 4 期。
② 参见吴元元：《信息基础、声誉机制与执法优化——食品安全治理的新视野》，载《中国社会科学》2012 年第 6 期。

间内学术界没有对其给予足够的重视，这一状况直至近些年才有一些改变。如果说学术研究的深入是内容不断细化或类型化的过程，我们就有必要对资源配置类审批再做进一步的分类研究。①

资源配置类审批中，有限自然资源开发利用审批，即国有自然资源配置审批，与公共资源配置审批一样，都以国家所有权为基础；特定行业市场准入审批，则以国家垄断权为基础。② 笔者认为，自然资源国家所有与特定行业国家垄断在形成原因方面是存在重大区别的。自然资源国家所有不仅要考虑特定自然资源的特性，还要考虑生产资料公有制背后的意识形态的影响。因此，不同的国家，对其国有自然资源范围的法律规定并不一致。在我国学术界，对于在应然层面如何理解国有自然资源范围也存在不同观点。

与之不同，特定行业的国家垄断权源自这些行业的独特性。对此的解释可能是：其一，这些行业属于自然垄断行业，如果存在众多的生产者，会导致行业的整体无效率；其二，产生“挑肥拣瘦”的行为，即越偏远的地区，企业提供这种产品或服务的成本越大，其提供服务的动力越小，但是，这些产品或服务对于人们的生活往往又是基本的必需品。③ 特定行业的这些特征不存在国家或地区的差别，鉴于这些原因，不得不由国家控制与垄断这些行业的经营权。而且，与其说这是

① 值得指出的是，目前学术界虽然对公用事业特许经营研究较多，但是对行政特许还是将其作为一个整体性概念来使用与分析，未能对不同特许的差别予以区分，更没有将行政特许作为一个整体性概念予以反思。由此导致的结果是，在行政审批的类型化分析中，公用事业特许经营既可能成为资源配置类行政审批，又可能成为市场进入类行政审批。

② 更加详细的分析，可参见欧阳君君：《行政特许的概念分析》，载《理论月刊》2016 年第 1 期。

③ 参见张卿：《为什么要施行政府特许经营？——从法经济学角度分析》，载《中国政法大学学报》2010 年第 6 期。

一种垄断经营“权”，不如说这是政府应该承担的义务与职责。如果说对于自然资源，国家是主动将其作为国家所有权客体，那么对于特定行业，在一个成熟的市场国家，政府垄断经营权是被动的、不得不为之的举措，其范围也是相对固定的，即公用事业。从这个意义上说，资源配置类审批中，国有自然资源、公共资源的配置审批与特定行业的经营审批（更普遍的表达是公用事业特许经营）的依据存在差别。

（二）两类特许作用上的区别

虽然都是特许，但是国有自然资源配置审批[①]与公用事业特许经营的依据存在差别，其作用也因此不同。认识到这一点，对于分析国有自然资源配置审批改革的价值取向有重要作用。

1. 公用事业特许经营的作用是治理“政府失灵”

对于行政特许的作用与功能，有学者认为是“内化市场配置拥挤的公共物品时产生的负外部性”，强调行政特许的本质是“行政权对市场的干预，是公权力对私权利的限制”。[②]笔者认为，这种观点是值得商榷的，无论是国有自然资源配置审批，还是公用事业特许经营，目的都不是克服市场失灵。

公用事业具有的独特性，使其无法像其他行业一样通过市场开展竞争。公用事业之于市场会出现失灵，因此需要政府的规制，这就是前文言及的经济性规制。很多国家实施规制的方式就是政府直接

---

① 国有自然资源配置审批与公共资源配置审批的内在构造是一致的，鉴于本书研究主旨和简易表达的需要，下文不再强调公共资源配置审批。

② 参见王智斌：《行政特许的私法分析》，北京大学出版社2008年版，第2页、第67页。

对公用事业开展经营管理活动，克服了某些“市场失灵”。但是政府直接经营公用事业也在不断积累着各种问题，构成了所谓的“政府失灵”。

首先，组织规模和经费不断扩张。任何组织都有扩张的动机，政府组织亦不例外，缺乏有效外在制约机制的情况下尤甚。这既可能是有权力的官员为亲朋好友安排工作的结果，也可能是已有工作员工为减少工作任务的结果，还可能是领导为满足领导欲的结果。并且，公共选择理论学者认为，机构膨胀与经费扩张之间有着紧密的关系。或者说，预算最大化行动不仅出于个人物质利益的动机，与公共利益也紧密相关。因为官员力图提高机构效能，通过设立新机构、雇用新人、获取更多资金、沿着新的方向起步的方式，要比解雇无能者、改变根深蒂固的组织文化、激励消极工作人员容易得多。“即使最大公无私的公共官员虔诚地认为扩大预算有助于自己更好地为公共利益服务，其最终结果只能是追求预算最大化的官僚机构”。①

其次，与私人垄断一样，公共组织也会滥用自己的垄断地位。事实证明，私人垄断产生的限制交易、滥收费用、搭售、附加不合理条件等违法行为，同样会出现于公共组织垄断行业，且后果可能更加严重。例如，有的电力部门通过加大线路损失，滥收费用损害用户利益。又如，垄断之下的公用事业产品价格一直高企，相比较而言，我国绝大部分公用事业的产品或服务价格是处于高位的。社会公众对公用事业产品或服务的支出费用逐年增加，高昂的价格给低收入者带

① 〔美〕E.S. 萨瓦斯：《民营化与公私部门的伙伴关系》，周志忍等译，中国人民大学出版社 2002 年版，第 30 页。

来了较大的生活压力。① 可以说，公用事业企业提供的价高质低的产品与行业内部高收入所形成的反差，已经成为社会痛恨的不公正现象之一。

最后，公用事业国有企业同样会“挑肥拣瘦”。我国近些年公用事业的迅速发展，与是否公营抑或私营并无必然关联。很长一段时间内，农村的公用事业服务水平远远低于城市。笔者出生于农村，破旧的道路、三天两头的断电，都是笔者年少生活回忆的一部分。“村村通”工程给中国广大农村地区所带来的巨大变化，不可能是国有企业的自觉行为，完全是中央政府为实现公共服务均等化投入巨额资金带来的。换言之，“挑肥拣瘦”不分企业性质。

所以，公用事业直接由政府经营的情形下，政府的财政负担会越来越重，公用事业产品或服务的供给效率与质量并不能让公众满意，而随着我国经济社会的发展，公众对公用事业产品或服务的需求越来越大，要求越来越高。因此，我国开始在某些公用事业领域实施特许经营，期望通过引入市场竞争的方式，打破政府直接经营所形成的沉闷局面，既解决政府资金不足的问题，又能够提供更优质的产品或服务。简言之，就是以市场竞争的方式来解决“政府失灵”。所以，公用事业特许经营不是为了治理“市场失灵”——以市场竞争的方式来解决市场失灵，这是逻辑上的悖论。②

---

① 参见许峰：《中国公用事业改革中的亲贫规制研究》，上海人民出版社 2008 年版，第 37~40 页。

② 当然，公用事业特许经营，绝不能理解为政府甩包袱、弃责任，相反，政府要承担起相应的监管责任、担保责任等，否则就重新回到了公用事业市场供给不能这一话题。较为系统的研究可参见杨彬权：《后民营化时代的国家担保责任研究》，中国法制出版社 2017 年版。

2. 国有自然资源配置审批的作用是合理配置国有自然资源

有学者认为,行政特许的功能主要是配置稀缺资源。[①] 这样的观点不能说是错误的,但是其解释价值是比较有限的。因为只要是需要法律调整的资源,就一定是稀缺的。该学者还认为,“在有限资源领域,完全靠市场自发调节来配置资源,不仅会导致资源配置的严重不公,而且还会导致资源配置的低效率(形成垄断)。因此,由政府通过许可的方式配置有限资源,已成为世界各国的通行做法”。[②] 与之不同,笔者认为,国有自然资源配置审批与克服市场失灵也无关系。

首先,国有自然资源配置审批是实现自然资源国家所有权的一种形式。把国有自然资源配置审批视为克服市场失灵的观点,实际还是把国有自然资源配置审批作为一种规制手段,认为其与非资源配置审批别无二致。对此必须明确,对自然资源开发利用而实施审批,其内涵会存在差别,长期以来学术界与实务界对此缺乏必要的划分。例如,对于集体所有自然资源开发利用,国家可能建立审批制度,但这种审批的目的不可能是配置资源,因为资源本身不属于国家,国家无从取得配置权。之所以要实施某种许可,是因为要克服开发利用行为所带来的负外部性。我国《森林法》第 57 条第 3 款规定:“农村居民采伐自留山和个人承包集体林地上的林木,由县级人民政府林业主管部门或者其委托的乡镇人民政府核发采伐许可证。”行政机关颁发采伐许可证并不是赋予当事人一个财产性权利,仅是使当事人获得了采伐资格。又如,风能、太阳能至少在今日还不是一种稀缺资源,对风能、

---

① 参见汪永清:《行政许可法教程》,中国法制出版社 2011 年版,第 8 页。
② 汪永清:《行政许可法教程》,中国法制出版社 2011 年版,第 6 页。

太阳能开发利用会涉及诸多审批事项，但是政府没有也不应该把风能、太阳能作为一项财产予以出让审批。国有自然资源配置审批，以国家所有权为基础，以实现国家所有权某些权能为目的，并不是政府规制的手段。

其次，创设自然资源国家所有权的主要目的不是克服市场失灵。从逻辑上讲，如果创设自然资源国家所有权的目的是克服市场失灵，那么作为实现该所有权的审批，可以被认为具有克服市场失灵的功能。关于这个问题，有学者认为，创设自然资源国家所有权是为了实现国家对自然资源的产权管制，正当性源于自然资源的市场失灵。① 还有学者认为，“私有财产权一旦创设，在环境和自然资源法中就有一种危险的力量”。② 笔者认为，这样的观点是值得商榷的。

自然资源之上设定所有权，的确有界定产权、防止公地悲剧的目的。但是，界定产权不等于设定国家所有权。为了克服公地悲剧，在产权安排上至少有私有化、国有化以及社区公共产权三种选择。何种产权安排更具有优势，这是一个需要根据产权客体特性来回答的问题，或者说，没有一种单一产权安排能够完美地解决公地悲剧。正因如此，世界各国对于自然资源所有权的安排既有共同之处，又存有诸多差异。例如，对于土地，世界各国大多采用多元所有权结构，既有国家所有，也有地方政府所有以及私人所有等；对于矿产资源，有的国家把矿产资源所有与土地所有相结合，有的国家则实行矿产资源与土地

① 参见王克稳：《自然资源国家所有权的性质反思与制度重构》，载《中外法学》2019 年第 3 期；李忠夏：《宪法上的“国家所有权”：一场美丽的误会》，载《清华法学》2015 年第 5 期。

② 叶榅平：《自然资源国家所有权的理论诠释与制度建构》，中国社会科学出版社 2019 年版，第 25 页。

资源的所有权分离，因此矿产资源也可能有公有与私有的多种安排。根据排他性与竞争性来确定自然资源的属性，可以发现许多自然资源属于“公共池塘资源”，既像私益物品那样具有竞争性，又像公益物品一样难以排他。① 对于这种自然资源，过去的理论与经验认为，或者实现私有化，或者实现国有化。但是诺贝尔经济学家埃莉诺·奥斯特罗姆认为，这两种方式并不是那么完美，私有化自然资源的方法可能带来猖獗的腐败；国有化之下，自然资源由政府接管带来灾难性后果的事例也不胜枚举。在许多案例中，社会的资源使用者发明排他性方法，制定有效规则，在没有外部管制的情况下，避免公地悲剧的发生。②

易言之，如果仅是为了克服公地悲剧的需要，我国的自然资源所有权安排应该有多种，全部实现国家所有权并不是最好的安排。更何况，这么多年国有自然资源配置使用中出现了大量的社会问题，其中就包括通过建立产权所要解决的“公地悲剧”，如长江鱼类资源的枯竭。为何我国大部分主要的自然资源都已经明确为国家所有，然而“公地悲剧”现象依旧时有发生，无非是因为自然资源国家所有权也不是完美的，其最大的弊端之一就是所有权主体容易虚置，通过代理人来行使所有权，国家又需要为监督代理人付出巨大成本。所以，建立自然资源国家所有权最主要的目的并不是克服所谓的市场失灵、公地悲剧，而是多种因素综合作用的结果。

---

① 参见〔美〕埃莉诺·奥斯特罗姆等：《规则、博弈与公共池塘资源》，王巧玲、任睿译，陕西人民出版社 2011 年版，第 5~6 页。

② 参见〔美〕埃莉诺·奥斯特罗姆：《公共资源的未来：超越市场失灵和政府管制》，郭冠清译，中国人民大学出版社 2015 年版，第 15~16 页。

（三）国有自然资源配置审批改革的价值取向

1. 国有自然资源的功能

国有自然资源配置审批改革，最终是为了更好地实现国有自然资源的功能。我国自然资源原则上为国家所有，主要是基于两个方面的考虑，一方面，是与某些自然资源整体性特征相契合，这是出于自然资源管理规律的需要；另一方面，是实现生产资料的公有制，这是出于社会主义经济建设与政治追求的需要。

理由之一，某些自然资源的整体性特征，决定了相比其他所有权行使方式，国家所有是更好的选择。自然资源种类繁多，不同自然资源存在差异。土地是最典型的自然资源，但是土地具有经济性、固定性、可反复使用、可分割等特征，从技术层面上清晰界定产权也较为容易，如果仅是为定分止争，实行土地私有在法律技术上不存在任何障碍。水资源与之不同，具有流动性、不易分割性、容易消耗等特征。不过，这些特征也并不表示水资源一定要实行国家所有。相反，在不同历史时期，水资源的所有权形式有所变化。生产力相对较为落后的时期，水资源作为一个整体在人们的认识中并不是特别的突出。虽然可能“我住长江头，君住长江尾。日日思君不见君，共饮长江水”，但是农业时代用水量相对有限的情况下，人们尚无须把长江水作为一个整体的配置对象。当时的科技，也不足以让人们担忧地下水的过度开发开采问题。人们不必把地下水、地表水作为水流动系统来对待，更无须从地表水蒸发至大气层再降落至地球表面的水循环过程来看待水资源。人们对水资源的认识更多的是从区域角度出发，且主要为农业灌溉服务。因此，20 世纪中叶以前，虽然不少国家都有关于水资源配置和利用的法律规定，但是，“水资源的权利只是依附于土地上的一种权利，且不可与土地分割转让，不存在独立的水资源所有权”，“土地的绝对所有权即包含了对水的支配和使用权”。①

进入工业社会之后，科技的发展以及工业大规模用水，使水资源的利用不再是“一池一地”之事务，上游的污染或过度使用可能导致中下游都没有可靠的水源可用；地下水的过度开采，对于整个水系都可能造成无法弥补的损害；水资源系统的受损，对大量生物因子亦可能带来不可逆转的影响等问题随之出现。水资源的跨地域性、对生态影响的全面性、对人类生活的不可或缺性等，都决定了将其私有化不是可以接受的方案，毕竟整体性的水资源不应该、也不可能为某个人或部分人所有，水资源分割的困难也注定其难以像土地一样私有；在小区域内可以发挥作用的公共产权治理规制也难以应对全国范围内的治理需求。因此，水资源国家所有几乎成了所有国家的选择。英国从 1963 年的《英国水资源法》开始规定“水属于国家所有”，确立了水资源国家管理制度；② 美国不少州通过州宪法宣布水资源属于州或人民的财产，用于限制或废除具有私权属性的河岸权；③ 法国水法也明确规定，“水是国家共同资产的一部分”。④ 我国 1954 年《宪法》就已规

① 裴丽萍：《论水资源国家所有的必要性》，载《中国法学》2003 年第 5 期。

② 参见万钧、柳长顺：《英国取水许可制度及其启示》，载《水利发展研究》2014 年第 10 期。

③ 河岸权规则来自英国，适用于水资源比较充沛的区域，具有习惯权的特征。See John R.Teerink & Masahiro Nakashima, *Water Allocation, Rights and Pricing: Examples from Japan and the United States*, The World Bank Press, 1993, p.16.

④ 参见宋蕾：《中国特许取水权制度法理研究》，湖北科学技术出版社 2013 年版，第 59 页。

定“水流”属于全民所有，1988 年《水法》明确规定“水资源属于国家所有”。

简言之，如果仅是从自然资源管理规律观察，不是所有自然资源都应该规定为国家所有，某些自然资源如野生动植物，即使不规定所有权主体，国家同样可以实现对其管理的目的。① 某些自然资源之所以被普遍规定为国家所有，不仅是因为国家有必要规定所有权，而且是因为国家所有权能够发挥整体管理的作用。

理由之二，追求生产资料公有制使然。西方国家所有权的演变，有一个国有自然资源范围不断扩大的过程与趋势。② 一方面，从古罗马时期至今，西欧大陆国家一直强调作为公物的自然资源存在的必要，并为此建立了公共所有权；另一方面，作为私产的自然资源也一直存在于西欧国家，并且范围不断扩大，只是适用私法规则的容许性在不同国家、不同时期会有所不同。西方老牌资本主义国家对自然资源国家所有的扩张相对比较温和。例如，《德国民法典》规定矿藏依附于土地，主要归私人所有。进入 20 世纪以后，由于矿产资源重要性的提升，在不放弃土地私有和部分矿产私有的前提下，德国通过《德国矿藏法》建立了部分矿产属于国家所有和采矿需政府批准的制度。③ 新兴民族国家宣布独立后，他们因为经历了长期的被殖民，对国家经济安全有着更强烈的要求，在自然资源方面更全面地要求实现国有化。

---

① 参见陈仪：《保护野生动物抑或保护国家所有权——从私割鲸肉应否处罚谈开去》，载《法学》2012 年第 6 期。

② 参见邱秋：《中国自然资源国家所有权制度研究》，科学出版社 2010 年版，第 55 页。

③ 《德国矿藏法》第 3 条规定，土地所有权人只对依附于其土地的指定种类的矿藏、矿物有先占的权利，其他矿藏一律为国家所有，并由国家矿产管理局颁发勘探开采许可证。

自1954年《宪法》以来，我国形成国家所有为主，集体所有为辅，并禁止自然资源私人所有的体制。其中原因，必然与作为社会主义国家的建设目标有紧密关联。根据学者的考据，我国宪法规定自然资源国家所有，是对马克思列宁主义的国有化思想的继承，其中蕴含着消除阶级剥削与压迫，“通过‘国有化’措施将土地所有权人变更为国家，然后由国家政权机关获得地租，从而从根本上消灭绝对地租”。[①]公有制在我国不仅是一种所有制的表达方式，还是一种政治诉求与政治愿望，是“消灭剥削的理论方案”。[②]也就是说，自然资源国家所有权的创设，已经超越了一般的管理需要，具有政治上的强烈要求。关于这一点，有不少学者作出了深入的分析，[③]但是还可以从如下几点予以佐证。

首先，建立统一唯一的国家所有权制度。我国自然资源所有权是典型的“统一的唯一的国家所有权”，即所有权主体是国家。这与世界上不少国家所采用的中央、地方各级政府都可以成为所有权主体的公共所有权完全不同。有学者对此提出严厉的批评，认为统一唯一国家所有权与一般法理相悖。[④]但是，为什么要建立这种“不科学”的所有权制度？或许自然资源国家所有才更符合“全民”所有的要求，也更符合社会主义的平等理念。

其次，建立更加全面的国家所有权制度。不少国家在确定某项自

① 程雪阳：《国家所有权概念史的考察和反思》，载《交大法学》2015年第2期。

② 参见谢海定：《国家所有的法律表达及其解释》，载《中国法学》2016年第2期。

③ 代表性论文可参见徐祥民：《自然资源国家所有权之国家所有制说》，载《法学研究》2013年第4期。

④ 参见孙宪忠：《“统一唯一国家所有权”理论的悖谬及改革切入点分析》，载《法律科学》2013年第3期。

然资源是否应该确立国家所有权时，往往做必要性考虑。以矿产资源为例，大多数国家都把具有重要经济价值或科技价值的矿产资源列为国家所有。例如，阿根廷的《矿业法》规定矿藏资源分为三类，第一类为重要矿产，第二类为次要矿产，第三类为建筑石材、砂石、黏土等，前两类是国家所有，最后一类为土地所有者所有，即私人所有。我国也有学者持类似观点，在争论国有自然资源范围时，主张“对于国家发展具有战略意义的、作为生产资料使用的自然资源应该属于国家所有”。① 但是，如果这种观点成立，我国的矿产资源、森林资源，包括土地资源，都应该根据资源等级、具体种类、地理位置等确立不同的所有权制度。然而，根据法律规定，矿藏、水资源、海域三种资源完全属于国家所有，其他资源属于国家与集体所有，全面的自然资源国家所有权在我国得以确立。

最后，国家所有是作为经济制度而不是公民权利。根据学者的归纳，当代自然资源国家所有入宪有四种模式，模式一是将其规定在宪法总纲部分，视为国家基本原则和社会基本要素的一部分；模式二是将其规定在国家经济制度、经济原则部分；模式三是将其作为公民基本权利，规定在基本权利部分；模式四是将自然资源国家所有视为社会福利制度，规定在社会福利部分。② 不同模式会在自然资源国家所有这一问题上塑造出不同的国家与公民关系。相较而言，公民基本权利模式把国家所有权转化为公民权利，逻辑上可以适用基本权利的功能体系，最终可以把国家所有权转变为公民对国家的积极主张，而

---

① 王旭:《论自然资源国家所有权的宪法规制功能》，载《中国法学》2013 年第 6 期。
② 参见邱秋:《中国自然资源国家所有权制度研究》，科学出版社 2010 年版，第 97 页。

经济制度模式有一个内在的"国家根本制度—国家根本经济制度—国家根本的自然资源制度"的逻辑递进。以我国为例，社会主义制度要求在经济上实现公有制，这又必然要求作为生产资料的自然资源也必须选择公有制。国有自然资源制度服膺于社会主义制度，在立宪时刻，自然资源国家所有应该更体现为一种工具，是国家实现经济建设目标的基础。这一点在1954年《宪法》的有关规范上表现得更加明显。①

2. 公平公正使用国有自然资源是国有自然资源配置审批改革的价值取向

基于历史立场去观察自然资源国家所有权，可以更加准确地把握该所有权的功能以及变化。暂不论所有制与所有权的区分，即使采用宪法规定国家所有为所有权之观点，也没有任何史料可以证明，1954年制定《宪法》以及1982年修改《宪法》，自然资源国家所有的目的是解决"公地悲剧"问题——在计划经济的年代（1954年），以及在刚开始建设商品经济的年代（1982年），讨论所谓的市场失灵，明显是缺乏基础的。

相反，以土地为典型，通过简单梳理中华人民共和国成立之后土地所有权的演变历史，却可以直观地找到创设自然资源国家所有权的真实目的。中华人民共和国成立初始，中国共产党为兑现政治承诺，

---

① 1954年《宪法》对于自然资源国家所有权规定在第6条第2款，而第6条第1款是对国营经济的规定："国营经济是全民所有制的社会主义经济，是国民经济中的领导力量和国家实现社会主义改造的物质基础。国家保证优先发展国营经济。"依照体系解释，1954年《宪法》第6条第2款的规定应该与该条第1款的规定相结合，国有自然资源是发展国营经济的生产资源之保证。

通过土地革命建立了农村土地私有制和土地私人所有权。但是，这一制度并没有存续太长时间。从20世纪50年代初期开始的合作化运动，到建立高级合作社及人民公社所形成的集体土地所有制，国家很快完成了对农村土地公有制的改造。其原因主要如下：一是防止因为土地私有重新形成土地的私人集中，再构一个地主阶级。[①]这与中国共产党的革命初心与愿景完全相反。二是在计划经济时代，土地公有可以更好地为经济建设服务。“发展重工业必须积累资金，必须要有消费市场，而当时的农村经济难以迅速提供农业积累，形成拖拉机等重工业品消费市场，在这种情况下有必要对农业经济以及农村地权状况进行一定的改造”。[②]而且，当时中央政府以及国家领导人认为，集体所有最终会走向全民所有。1958年8月29日通过的《中共中央关于在农村建立人民公社问题的决议》指出：“人民公社建成以后，不要忙于改集体所有制为全民所有制，在目前还是以采用集体所有制为好……实际上，人民公社的集体所有制中，就已经包含有若干全民所有制的成分了。这种全民所有制，将在不断发展中继续增长，逐步地代替集体所有制……”1982年《宪法》修改之时，实现土地的全盘国有化，以减少经济发展中的征地阻碍，成为当时一种重要的声音，只是为了防止社会波动太大，才最终只规定“城市的土地属于国家所有”。换言之，土地所有权结构的变化，足以反映在当时的历史背景下，公共

---

① 土地改革之后，由于经济困难等原因，一些农户开始出卖土地。据江苏吴县等10个县的统计，在土地改革以后到过渡时期总路线提出以前的一段时间内，出卖土地的有2728户，其中雇农204户、贫户2117户、中农343户、其他64户。一部分贫农以出卖土地、借高利贷和出卖劳动力维持生活。（参见邓力群等：《中国的经济体制改革》，中国社会科学出版社1984年版，第17页。转引自袁震：《中国农村土地物权制度研究》，法律出版社2018年版，第132页。）

② 袁震：《中国农村土地物权制度研究》，法律出版社2018年版，第132页。

所有权在执政者看来更有利于经济建设。尽管在当时，即使是私人所有权也必须为社会主义建设服务与让步。① 无论是1954年《宪法》还是1982年《宪法》，规定自然资源国家所有，都是为了保证国家可以更好地配置使用自然资源以建设社会主义。只是时至今日，这一目标已在具体运作上发生了一些改变。

易言之，在社会主义市场经济确立之前，各种国有自然资源的行使主体是各级政府及其建立的企业。通过审批的方式，有管辖权的机关把作为生产资料的各种国有自然资源无偿配置给下级政府或所隶属的企业，而对审批权的调整也主要是依靠政策。可以说，国家所有、无偿使用的机制，使中华人民共和国成立后相当长的一段时间内几乎无须建立国有自然资源配置的专门法律。这一状况在社会主义市场经济形成与逐渐成熟之后不得不发生改变。一是国有自然资源使用主体多元化，不再局限于政府及政府企业，这是市场经济发展的必然后果。二是有偿使用必然发展为竞争性使用。在计划经济年代，谁有资格使用，以及能使用多少自然资源，都由政府单方决定，缺乏一个定价机制。企业在无偿使用国有自然资源之后，以向国家上缴利润的方式间接实现国有自然资源的价值。既然是有偿使用，就意味着有一个体现自然资源使用权价值的定价机制，并且是以市场为基础的竞争性定价

① 例如，1954年《宪法》第8~12条规定了国家（依照法律）保护农民、手工业者、其他非农业的个体劳动者、资本家、公民的财产。这种立法体例与现行《宪法》有很大差别。1954年《宪法》第11条规定："国家保护公民的合法收入、储蓄、房屋和各种生活资料的所有权。"这一规定基本为1982年《宪法》所承袭，直至2004年修改《宪法》时在"国家依照法律规定保护公民的私有财产权和继承权"之前增加了一款"公民的合法的私有财产不受侵犯"。在2004年修改《宪法》之前，国家对公民财产权的保护，应该解释为公民财产权被他人侵犯之时，国家有排除妨害的义务，但是无法推导出国家有尊重、不得侵犯私人财产权的义务。

机制。因此，国有自然资源的配置，从过去单一的、内部封闭的指令性配置，逐渐演变为多元的、外部开放的竞争性配置。但是，在转型的过程中，应该由哪些主体来配置审批、应该用何种方式配置审批、市场化的限度应该如何限定等问题都充满争议与挑战。人们有时批评与反思某些国有自然资源使用的过度市场化，有时又批评权力干预导致国有自然资源配置的低效率和腐败现象。

但是，这种改变也恰恰是国有自然资源配置审批改革的背景、前提与内容。分析至此，国有自然资源配置审批制度改革的价值取向也就一目了然了：公平公正地配置国有自然资源。

第二节　国有自然资源配置审批制度改革的法理基础

价值取向被认为是行为或制度的终极指向，具有形而上的特点，它可以为改革发挥指导作用。同时，改革应该落到实处，应以现有的法律制度和体系为基石。宪法、民法以及行政法的有关规范，构建了这项改革的法理基础。

一、国有自然资源配置审批制度改革的宪法基础

国有自然资源配置审批的依据是自然资源国家所有权，这一审批的改革，自然不能脱离自然资源国家所有权展开。而对自然资源国家

所有权的认识，又必须以宪法上的有关规定为基础。

（一）宪法上自然资源国家所有的内涵

关于《宪法》第 9 条的规定，目前学术界有不同的认识与看法。对于"……都属于国家所有，即全民所有"中的国家所有与全民所有应如何理解，观点纷呈。有学者认为，宪法中的国家所有就是国家所有权，进而又产生了公权说与私权说等多种观点。例如，有学者明确提出，"为什么要在宪法中规定自然资源的国家所有权"，目的是让政府干预自然资源的开发利用更具正当性；① 另有学者则认为，宪法上的国家所有可以是经济学上的所有制也可以是法学上的所有权，如果理解为是一种所有权，尽管国家所有权有其特殊之处，但是在法律地位、权能结构和权利外观等方面与民法所有权并无二致，故而属于私法所有权。② 还有部分学者从所有制的角度进行分析。所有制一般指生产资料的所有制，描述人们在生产资料所有、占有、支配和使用等方面所结成的经济关系，实质上是通过对物的占有而发生的人与人之间的关系。我国实行社会主义公有制，指的是在经济制度上建立了一种由全体劳动者或部分劳动者对生产资料共同所有、共同支配的制度形式。自然资源国家所有，是国家对自然资源的垄断。③ 也有学者认为，宪法上的国家所有只是规定了一种"公共财产"，并不是所有权，因为国家

---

① 参见巩固：《自然资源国家所有权公权说》，载《法学研究》2013 年第 4 期。

② 参见程雪阳：《中国宪法上国家所有的规范含义》，载《法学研究》2015 年第 4 期。

③ 参见王旭：《论自然资源国家所有权的宪法规制功能》，载《中国法学》2013 年第 6 期；徐祥民：《自然资源国家所有权之国家所有制说》，载《法学研究》2013 年第 4 期。

在宪法上不可能拥有权利地位。①

对于《宪法》第 9 条规定的国家所有到底是所有权还是所有制，抑或其他，各种观点都有其合理性，诚如有学者指出的那样，仅从有关条款的逻辑联系与词语选择看，国家所有的内涵可能是所有制也可能是所有权。②笔者倾向于自然资源国家所有制之观点。基本理由如下。

1. 从功能上讲，国家所有制也可以实现学者主张的国家所有权的功能

国家所有权的公权说与私权说之间存在不少争议，但是，国家所有权的功能具有特殊性是两种学说的“共识”，即建立自然资源国家所有权是为了更好地保障自然资源的利用效益，实现自然资源的经济价值与社会价值，提高全民的社会福祉，也是为了更好地保护自然资源，防止自然资源过度利用。③国家所有权的公法属性应被认同。但是，国家所有权具有公法属性，是否可以推论出《宪法》第 9 条的国家所有应该被解释为国家所有权呢？并不尽然。

所有制概念高度复杂，但通常可以理解为生产资料的归属关系与生产过程中的实际利用关系。对于所有制与所有权的关系，有论者认为，二者是同一经济关系的两个侧面，所有权是对所有制的确认、表现与保障。④这一观点是否正确可以再商榷，例如，马克思、恩格斯在其

① 参见李忠夏：《宪法上的“国家所有权”：一场美丽的误会》，载《清华法学》2015 年第 5 期。

② 参见谢海定：《国家所有的法律表达及其解释》，载《中国法学》2016 年第 2 期。

③ 参见叶榅平：《自然资源国家所有权的理论诠释与制度建构》，中国社会科学出版社 2019 年版，第 139 页。

④ 参见周湖勇：《产权概念的再认识——所有制、所有权、产权辨析》，载《重庆社会科学》2007 年第 6 期。

经典著作《共产党宣言》中明确提出“要废除资产阶级的所有制”，以表示对私人所有制的反对，但同时又指出，“我们决不打算消灭这种供直接生命再生产用的劳动产品的个人占有”，“共产主义并不剥夺任何人占有社会产品的权利”。个人对劳动产品或社会产品的占有，是私人所有权的体现，马克思、恩格斯对此并不反对。

在某种程度上，把《宪法》第9条规定的国家所有解释为所有制，可能更能体现《宪法》的规范目的。因为我国《宪法》序言部分指出，“生产资料私有制的社会主义改造已经完成，人剥削人的制度已经消灭，社会主义制度已经确立”，《宪法》第6条又规定，“社会主义公有制消灭人剥削人的制度……”这表明，消灭生产资料私有制与建立生产资料公有制，是社会主义的基本任务与目标，而《宪法》第9条规定的各种自然资源，应该服膺于这一目的。

2. 从体系上讲，把《宪法》第9条规定的国家所有解释为所有制更为合理

《宪法》第6条规定了社会主义经济制度的基础即生产资料的社会主义公有制，第7条规定了社会主义全民所有制经济的地位，第8条规定了集体所有制经济的内容、类型。因此从体系上讲，将第9条解释为经济制度的具体内容，有较强的逻辑性。观之于整体，可以发现我国《宪法》总纲规定了政治制度、经济制度、社会保障制度、文化制度、民族制度等，但是观之于局部，又可发现《宪法》条文之间并不是都表现为各种制度的并列，而是加入了制度之外的内容。例如，《宪法》第6~8条规定了公有制经济的有关内容，第11条又规定了非公有制经济的地位，形式上可以理解为《宪法》第6~11条都是“制度”的

安排。然而，第 11 条之后，《宪法》第 12 条、第 13 条却规定了社会主义公共财产与私有财产的地位，尤其是第 13 条第 2 款还明确规定了“公民的私有财产权和继承权”，这样的规定很容易被理解为是作为公民基本权利的规定。有学者对此作出这样的评价：“……从根本上肯定了公民的私有财产权在公民权利体系中的地位，确保了宪法对财产权保护的全面性和严肃性，具有较强的历史进步意义。”①

需要追问的是，为什么在《宪法》的第 6~8 条之后，要规定自然资源国家所有（第 9 条），以及土地的国家所有、集体所有、土地征收制度等（第 10 条）；为什么在《宪法》的第 11 条之后，又要规定公共财产和私有财产（第 12 条、第 13 条）？如果是公民的基本权利，为什么私有财产权和继承权不规定到《宪法》的第二章（公民的基本权利和义务）中去？一项基本权利安排在国家的经济制度之中，难道不显得突兀吗？所以，对第 13 条的理解，与其将其解释为公民的基本权利，不如理解为基本权利的制度性保障。制度性保障理论认为，《宪法》对财产权保护的条款并非旨在保障作为纯粹的个人权利的财产权，而是旨在保护私有财产权的“核心部分”，对于这个核心部分，即使国家通过立法也不能加以消灭或侵犯，但是容许国家通过立法对财产权制度的非核心部分或非本质部分加以改变。② 换言之，公共财产与私有财产应该放置于经济制度之下予以理解，私有财产权与《宪法》第二章规定的公民基本权利不能等同视之，体现了通过《宪法》来实现具体制度

① 周叶中主编：《宪法》（第 4 版），高等教育出版社 2016 年版，第 243 页。
② 参见林来梵：《从宪法规范到规范宪法：规范宪法学的一种前言》，法律出版社 2001 年版，第 194 页。

建构之意图。①

因此，按照体系解释，《宪法》第 9 条被理解为一项制度可能更为合理，一方面，矿藏、水流、森林等作为生产资料，属于社会主义经济制度中的一部分；另一方面，自然资源既可能属于国家所有，又可能属于集体所有，在内容与体例安排上，第 9 条与第 7 条、第 8 条关于国有经济、集体经济的规定衔接得更加自然、协调与顺畅。

3. 从内容上看，所有制解释可以尽量减少对传统理论的冲击

认为《宪法》第 9 条的国家所有属于国家所有权的学者不得不面临一个问题，那就是如果把自然资源作为“物”，与传统所有权理论就存在太大的差别，因为自然资源具有典型的不特定性。这是国有自然资源私权说无法应对与解释的困境。而对于持公权说的学者而言，自然资源不同于传统物的特征反而成了驳斥国有自然资源私权说的论据。

尽管所有权不仅是一个法律概念，甚至可能不仅是私法上的概念，但是把《宪法》第 9 条国家所有解释为国家所有权，其必定是法律概念。在《宪法》的规范里蕴含着一个非法学上所有权概念的观点，恐怕是难以被人接受的。在私法所有权概念之外构建一个公法所有权概念，只要符合社会现实并满足社会需要，是可以被接受且应该被

① 在学理上，基本权利可以分为绝对基本权利与相对基本权利。绝对基本权利，是指对于国家具有优越地位的权利，更多表现为排斥国家干预，与公权力对峙；相对基本权利，是指受限制的权利，国家可以对这种权利予以干预，只是不能干预到该权利的“核心内容”。在近代，私有财产权被认为是“神圣不可侵犯”的，更多体现为绝对基本权利。但是，在现代，社会贫富差距越来越大，国家开始承担起再次分配的义务，私有财产也被科以了更多的社会义务，从而使私有财产权与社会国原则相协调。所以，私有财产权当前在不少国家已俨然成为制度性保障下的基本权利。鉴于历史与现实的各种原因，我国对于私有财产权的保护就更加体现了制度性保障的特点。

接受的。历史上之所以会形成私法所有权，是为了“解决封建社会存在的不受制约的公共权力、等级身份制等限制甚至剥夺被统治者取得所有权的自由的问题”，[①]不过，私法所有权是在自由主义法思想支配下建立起来的，并积累了不少的弊端。公法所有权则以国家或集体为主体，力图纠正私法所有权造成的社会不平等现象。但要承认，无论是公法所有权还是私法所有权，其基本构造应该是大致相同的。换言之，如果公法与私法上的所有权存在权能结构、权利外观等方面的本质差异，那就无法用所有权这一概念来“统帅”公法所有权与私法所有权这两个下位概念了。

所有权客体问题上，传统民法理论认为物权客体特定是一个基本原则。法谚有云：“所有权不得未确定。”物权是对物直接支配而产生的权利，所以物权客体必须是已经存在的特定物，尚未产生的物可以成为买卖合同的标的，但不可能成为所有权的客体。[②]自然资源或者变动不羁，或者尚未探明，或者尚未被国家纳入自然资源的范围。这与所有权客体的要求完全不同。如果把《宪法》第 9 条的“国家所有”理解为所有权，那么就必须重构所有权客体理论，认为所有权客体的“物”可以是不特定的，至少公法所有权客体的物可以如此。这种理论重构的努力不是不可以，而在于是否有必要。因为把《宪法》第 9 条的国家所有理解为所有制，问题可以得到良好的解决。所有制概念更强调生产资料的占有关系与利用。公有制的目的是消灭剥削，而不像所有权一样注重所有权人的利益。因此，所有制的弹性要比所有权的

---

① 孙宪忠：《权利体系与科学规范》，社会科学文献出版社 2018 年版，第 189 页。
② 参见谢在全：《民法物权论》（上册），中国政法大学出版社 2011 年版，第 11 页。

弹性大得多。换言之，自然资源国家所有，凸显国家或全民对自然资源的占有，排除其他主体对自然资源占有的可能性，而在利用方面，为了全民的利益，国家需构建一整套合理利用、配置的规则。这些都是把自然资源国家所有理解为国家所有权所难以达成的。

（二）宪法规范与国有自然资源配置审批制度改革的关系

把《宪法》第 9 条的国家所有即全民所有理解为自然资源国家所有制，对于理解、认识国有自然资源配置审批制度改革具有重要的意义。

1. 可以明确国有自然资源配置审批的基本方向

所有制与所有权之间存在紧密的关系，生产资料的国家所有制往往会演化出生产资料的国家所有权。自然资源的国家所有制也因此可以成为构建自然资源国家所有权的基础。而自然资源国家所有制的目的，又可以通过《宪法》的所有制条款得到清晰的解读——这一点在上文也已经提及——消灭人剥削人的制度。以国家所有权为架构，自然资源国家所有制与国有自然资源配置审批之间的关系得以勾连：自然资源国家所有制决定了自然资源国家所有权的性质，自然资源国家所有权的性质又进而决定了国有自然资源配置审批的性质、目的与功能。换言之，国有自然资源配置审批如何设置、实施乃至改革，都应该符合自然资源国家所有制的基本要求。

需要指出的是，国有自然资源配置审批改革不能局限于公有制的根本目的，除了受到价值层面的约束，要特别注意生产资料的合理利用。国家占有自然资源，并不意味着国家直接使用自然资源，否则就由国家取代具体的个体从事生产活动。个人使用自然资源，若缺乏监管则容易造成对自然资源的破坏。因此，国家有权利（力）对国有自然资源予以配置使用，但是也要承担起保护自然资源、防止自然资源受侵害之宪法义务。

2. 可以约束国有自然资源配置审批的对象范围

如果把《宪法》第 9 条的国家所有理解为国家所有权，那么对国有自然资源范围的理解就更容易产生争议。笔者曾经针对《宪法》第 9 条的“等自然资源”规定中的“等”，提出“绝对列举未尽”之观点。[①] 原因就是笔者过去一度把《宪法》第 9 条的国家所有理解为国家所有权。按照这一思路，国家可以对除了集体所有以外的各种自然资源予以配置管理。为了防止国家所有权的滥用，那么就有必要引入自由使用、习惯使用等规则，再进而确定国有自然资源配置审批的对象范围。

时至今日，笔者的观点有所转变，更倾向从所有制的角度理解《宪法》第 9 条的规范内涵。对于国有自然资源配置审批的对象范围之理解也因此有了一个新的视角。更为详细地说，因《宪法》第 9 条规定的是所有制，故而该条文中的自然资源是生产资料型的自然资源，并不是生活资料型的自然资源。通过《民法典》物权编（原《物权法》）、自然资源单行法等形成的自然资源国家所有权应该以《宪法》第 9 条为依据，并受到该规范的约束，也就是说，自然资源国家所有权的客体、功能等不能脱离《宪法》第 9 条自然资源国家所有制所形成

① 参见欧阳君君：《论国有自然资源的范围——以宪法第 9 条为中心的分析》，载《中国地质大学学报（哲学社会科学版）》2014 年第 3 期。

的宪法秩序。

在前文中，笔者把国有自然资源分为民众高度依赖型自然资源、公众普遍使用型自然资源、经济利益型自然资源、生态维持型自然资源。再根据自然资源国家所有权与自然资源国家所有制之间的关系，可以推论，民众为了生活与某自然资源形成高度依赖关系，这种情形下，该自然资源发挥着生活资料的作用，国家不应该凭借所有权主体身份限制、约束民众的使用权。根据这一逻辑思维，对于生态维持型的自然资源，国家也不应该以所有权主体身份进行配置审批。行文至此，可能有人提出疑问，按照自然资源国家所有权服膺于自然资源国家所有制，那么涉及生活资料的自然资源就不应该建立自然资源国家所有权。笔者的观点是，第一，对于可分割的自然资源如土地，理论上实现部分土地作为私人所有的生活资料并非不可，①只是我国的法律已经明确土地只能是国家所有与集体所有，这已经成为一个不可更改的事实，我们应该对此予以尊重。第二，大多数的自然资源不具有可分割性，如矿产资源不可能分为生产资料型矿产资源与生活资料型矿产资源，水资源也不可能分为生产资料型水资源与生活资料型水资源。只是在不同的场合，因人和某种自然资源结合的紧密程度，让特定区域的自然资源具有了特别的功能。因此，对于农民家庭生活用水、人们在河流中的娱乐嬉戏、农村建造房屋需要就地取材等行为，国

① 苏联社会主义体系国家对主要社会财富包括土地等实行了强制公有化，不过对于生活资料都在一定程度上承认私有。例如，德意志民主共和国时期的私有土地占国家土地总面积的 25%，匈牙利和保加利亚的私有土地曾经占国家土地总面积的 40%。之所以承认土地私有，是因为这些前社会主义国家认为生产资料可实现公有，但是生活资料不能公有。（参见孙宪忠：《权利体系与科学规范》，社会科学文献出版社 2018 年版，第 192 页。）

家没有必要以所有权人身份予以限制。

经济利益型的国有自然资源，体现了生产资料的属性，国家不仅可以，而且有义务按照一定的规则予以配置，以实现该类资源的物尽其用。需要特别指出的是，对于生态维持型的自然资源，基于其属性国家不应该对其直接实施经济利用，但是，随着现代国家治理理念的发展，生态维持型的自然资源可以衍生出自然资源生态产品，国家可以对这类产品如排污权等采用竞争式审批方式予以配置。原因是，经过人为的改造与转化，自然资源生态产品具备了生产资料的属性。

二、国有自然资源配置审批制度改革的民法基础

（一）自然资源国家所有制向自然资源国家所有权的转化及其解释

《宪法》第 9 条规定了自然资源国家所有制，自然资源国家所有权的建立，则是通过自然资源单行法与民事法律确立的。自然资源国家所有制如何转为自然资源国家所有权，是一个相当复杂且又微妙的问题。《森林法》的立法变化或许可以说明与揭示某些问题。

我国最早的森林立法应该是 1979 年的《森林法（试行）》，该法第 3 条第 1 款规定："根据宪法关于现阶段生产资料所有制的规定，森林属于社会主义全民所有和社会主义劳动群众集体所有。"据此，可以反推 1978 年《宪法》第 6 条第 2 款"矿藏，水流，国有的森林、荒地和其他海陆资源，都属于全民所有"之规定属于自然资源国家所有制的规定。但是，就《森林法（试行）》第 3 条第 1 款规定而言，尚无法判断"森林属于社会主义全民所有"是所有制的再表达，还是在所有制基

础上形成国家所有权。该法第 3 条第 2 款、第 3 款规定，特定林木可以归个人所有或机关等单位所有；第 3 条第 4 款规定“保障国家、集体和个人的林木所有权不受侵犯”，也只是确立了国家的林木所有权。不过，该法第 29 条第 1 款规定，“对森林要实行合理采伐……”紧接着第 2 款中规定，“国有林，由国营林业局、国营林场根据国家下达的计划进行采伐”。可以得知，这里的“国有林”应该指的是国有森林而不是国有林木。也就是说，依据体系解释，可以推断 1979 年的《森林法(试行)》事实上确立了森林的国家所有权。

1984 年发布的《森林法》取代了 1979 年的《森林法(试行)》，该法第 3 条共有 3 款内容，如果说第 1 款内容尚无法确定规定的是所有权还是所有制，① 第 2 款与第 3 款就非常明确地确立了森林、林木与林地的国家所有权。② 而且，全民所有的森林由县级以上地方人民政府登记造册，这表明该条款规定的“森林”，不是作为全国范围内的抽象意义的森林，而是具有明确地理位置、可特定化的森林，是可以作为所有权客体的“物”。③1998 年与 2009 年《森林法》再次被修改，但是第 3 条关于所有权、使用权的规定未做改变。2019 年全国人大常委会又

① 1984 年《森林法》第 3 条第 1 款规定：“森林资源属于全民所有、由法律规定属于集体所有的除外。”

② 1984 年《森林法》第 3 条第 2 款规定：“全民所有的和集体所有的森林、林木和林地，个人所有的林木和使用的林地、由县级以上地方人民政府登记造册，核发证书，确认所有权或者使用权。”第 3 款规定：“森林、林木、林地的所有者和使用者的合法权益，受法律保护，任何单位和个人不得侵犯。”

③ 《森林法》第 3 条规定的国有森林、林木和林地，由县级以上人民政府登记确认所有权，《物权法》(现为《民法典》物权编)又规定国家所有的自然资源可以不登记，二者似乎形成了法律冲突。不过有学者认为，森林资源所有权依法律规定取得，《森林法》的“确认”不发生所有权取得效力，仅发生对抗善意第三人的效力。(参见温世扬:《“林权”的物权法解读》，载《江西社会科学》2008 年第 4 期。)

一次修改《森林法》，其中第 14 条、第 15 条是对之前的《森林法》第 3 条规定的细化与再发展。第 14 条在重复规定“森林资源属于国家所有，由法律规定属于集体所有的除外”的基础上，新增规定“国家所有的森林资源的所有权由国务院代表国家行使。国务院可以授权国务院自然资源主管部门统一履行国有森林资源所有者职责”。[①] 这一新规至少可以解读出这样的含义：其一，《森林法》中的“森林资源属于国家所有”并不是所有制的规定，而是所有权的规定；其二，“森林资源”可以成为所有权的客体。[②]

可以说，《森林法》前后的修法表明，在所有权问题上，森林资源、森林、林木都可以成为所有权的客体，森林资源国家所有权、森林国家所有权以及林木国家所有权都可成立。更为重要的是，2019 年《森林法》第 15 条规定森林、林木的所有权“由不动产登记机构统一登记造册，核发证书”，但是对于森林资源的所有权却并未要求实施不动产登记。这充分证明，《森林法》上的森林资源与森林属于含义不同的两个概念。既然森林是可以被登记的，而森林资源不要求登记，可能的解释是，在立法者看来，森林资源作为一个整体（抽象的、整体性的森林资源无法登记）是可以成为国家所有权的客体的。

---

① 值得注意的是，2019 年《森林法（修订草案）》不仅规定“国务院代表国家行使国有森林资源的所有权。国务院可以授权有关部门行使所有者职责”，还规定“或者由有关部门委托省、自治区、直辖市人民政府代理行使所有者职责”。但是最后通过的修法删除了后半句，其中原因并未特别说明。这一问题将在第四章做必要的探讨。

② 《森林法实施条例》第 2 条第 1 款规定，“森林资源，包括森林、林木、林地以及依托森林、林木、林地生存的野生动物、植物和微生物”。这一定义，让森林资源概念更加复杂。依据该定义，森林资源成为一个立体空间所包含的资源，作为国土空间单位，具体的森林资源也可以成为所有权客体。但是，该概念似乎并不是在强调森林资源的物权属性，而是在凸显森林资源包括哪些具体的资源。

这个问题在《物权法》上同样存在。[①]《物权法》第46~49条[②]规定了多种自然资源的国家所有，仅从法条规定看，很难判断其中的自然资源是不是作为整体的自然资源。不少学者认为《物权法》规定的自然资源国家所有，是《宪法》自然资源国家所有之规定的简单重复。而《物权法》第9条[③]规定，“依法属于国家所有的自然资源，所有权可以不登记”。如何解释第9条的“自然资源”，对于第46~49条中的自然资源是否可以产生直接的拘束作用？都有探讨的空间。

有学者认为，法律明确规定了哪些自然资源属于国家所有，比权利登记于不动产登记簿更有公信力，而且不动产登记针对的是通过法律行为实现物权变动的情形，法律规定自然资源国家所有权不属于物权变动情形，无须通过登记来实现所有权变动公示。这样的解释还是无法明确《物权法》中的自然资源是特定的还是不特定的。不过，这些学者继续指出，此种无须登记的所有权仅是取得所有权，并不包括物权取得的其他情况。例如，矿藏属于国家专属所有，但是，在国家所有的矿藏所有权之上可以合法设立探矿权和采矿权，此种特殊的用益物权必须登记，否则不发生物权效力。[④]可见，学者的态度并不是特别清晰，在自然资源所有权方面，没有明确指出自然资源应该特定化，但是在他物权的认识上，似乎又没有脱离民法物权基本理

① 《物权法》虽已于2021年因《民法典》施行而废止，但此处涉及的有关规定在《民法典》物权编中并未作出任何改变。由于论述涉及《物权法》制定时的观点，为了表述方便，此部分直接引用《物权法》的规定，下文不再说明。

② 相关规定参见《民法典》第247条、第249~251条。

③ 相关规定参见《民法典》第209条。

④ 参见全国人大常委会法制工作委员会民法室编：《中华人民共和国物权法条文说明、立法理由及相关规定》，北京大学出版社2007年版，第14页；朱岩、高圣平、陈鑫：《中国物权法评注》，北京大学出版社2007年版，第115~116页。

论与框架的意图。

一般认为，宪法上作为整体的抽象的国家所有的自然资源，要转化为私法上的国家所有权，理应按照民法所有权的基本理论做适当的改造和必要的变通。例如，在所有权的主体方面，民法所有权主体应该是具体的主体，自然人、法人等才能够对具体的财产行使特定的民事权利，抽象的“国家”无法享有具体的物权，也无法行使权利，也就是说，抽象的“国家”和具体的财产所有权是无法发生法律连接的。[①]为此，《物权法》第 45 条第 2 款规定，“国有财产由国务院代表国家行使所有权”，根据体系解释，第 45~49 条规定的矿藏、水流、海域、城市土地、森林等自然资源国家所有权，都应该由国务院代表国家行使。这样的规定，无非是让自然资源国家所有权能够由一个具体的、特定的，具有权利能力的主体来行使，从而符合所有权制度体系的要求。按照相同的逻辑，在国家所有权客体——“物”的构造上，至少《物权法》没有非常明确地把《宪法》上整体性的自然资源具体化为特定的、可支配的自然资源，从而使自然资源国家所有权成为实证法上的所有权。[②]或许，正是《物权法》对自然资源国家所有权改造得不彻底，导致不少学者认为《物权法》自然资源国家所有的规定是《宪法》规定的照搬照抄，甚至将其讽称为“僵尸条款”。[③]

对于上述问题，笔者提供两个解释方案。

---

① 参见孙宪忠：《权利体系与科学规范》，社会科学文献出版社 2018 年版，第 220 页。

② 参见郭志京：《自然资源国家所有的私法实现路径》，载《法制与社会发展》2020 年第 5 期。

③ 参见葛云松：《物权法的扯淡与认真——评〈物权法草案〉第四、五章》，载《中外法学》2006 年第 1 期。

方案一，对于自然资源国家所有权的客体认知做必要的变通。传统物权理论认为，如果物权客体不特定、具体，就无法明确所有权的效力范围，也就无法实现物权法“定分止争”之功能，物权法的财产法效益也将因此失去作用。但是，承认自然资源国家所有权的客体整体性，对于物权内部构造的影响相对有限。理由如下：首先，如果法律规定某自然资源只能属于国家所有，那就绝对排除了其他主体作为该自然资源所有权主体的可能性。换言之，该自然资源国家所有权主要发挥着一种宣示作用，不影响该自然资源从国家所有制向所有权的转变。国家不可能在整体上行使该自然资源所有权，而只会针对已经存在的、明确的、特定的自然资源行使所有权。简单地说，国家不可能一次性地把全国的矿产资源矿业权全部出让给某一个受让人，暂且不说是否有资金如此雄厚的受让人，在法律技术层面也不可能。因为出让矿业权的前提是需要明确该矿产资源的范围、品质，而整体性的矿产资源，既包括已经明确了的矿产资源（其中包括已经登记了的矿产资源和尚未登记的矿产资源），还包括尚未探明的矿产资源，甚至包括正在形成的、未来存在的矿产资源，而后两者如何可能实现矿业权的出让呢？其次，如果法律规定某自然资源既可以是国家所有，也可以是集体所有，不妨碍自然资源作为一个整体被视为国家所有权的客体。以草原资源为例，草原原则上属于国家所有，唯法律规定属于集体所有的除外。属于集体所有的草原，又必须根据法律的规定予以登记，也就是说，只要没有被登记为集体所有的草原，都应该属于国家所有，故而不会因为国家所有权客体的不确定性而影响草原资源的集体所有权之权益。此外，根据《草原法》第 11 条第 1 款的规定，使用国有草原的，应依法登记、核发使用权证。换言之，作为用益物权的草原使用权，必定是建立在特定的草原之上的，作为整体性的草原国家所有权，不会影响草原他物权的设立与行使。最后，整体性自然资源作为国家所有权客体，不会妨碍自然资源经济价值的实现。如前文所述，按照公物与私物的分类标准把国有自然资源分为公物类自然资源与私物类自然资源是目前学术界非常流行的观点。一些学者还进一步认为，公物类的自然资源没有必要设定所有权，原因是这类自然资源供民众自由地、非排他性地使用，这与所有权的本质属性是相悖的。“适用物权规则的只是一部分自然资源，需要满足两个基本条件：一是客体必须足够确定，能够进入市场交易。二是能够实现排他性利用。”① 也就是说，唯私物类自然资源才有设定所有权的必要。这一观点没有认识到公物与私物是从功能角度对国家（政府）控制的物所做的区分，然而，“公物以人工公物为主体，完全的自然资源被设定为公物只是例外的情形，因此，公物理论在自然资源保护方面的作用极为有限”。② 更为重要的是，大多数自然资源都有公物与私物的双重功能。例如，对于水资源，我们无法从整体描述其为公物或私物，即使对于特定的、主要供企业所用的水资源，也难称为私物。因此，在某一类自然资源按公物、私物无法分割并分类的情况下，只能作出整体性的国家所有权的制度建构，进而在国家所有权的基础上，要发挥其经济价值属性时，按照私法上的规则建立用益物权（或准物

① 郭志京：《自然资源国家所有的私法实现路径》，载《法制与社会发展》2020年第5期。

② 王克稳：《论自然资源国家所有权权能》，载《苏州大学学报（哲学社会科学版）》2018年第1期。

权），要发挥其公共属性时，国家所有权不能成为国家对抗民众的一种权利，或者说国家所有权应该退居“幕后”，成为一种名义上的所有权。

不过，该解释方案是存在缺陷的。把自然资源视为一个整体并作为所有权的客体，与物权法对“物”的要求是不一致的。占有、使用、收益、处分是所有权的四大权能，而整体性的自然资源国家所有权主要表现出价值层面的宣示作用，与传统民法所有权构造还是存在难以克服的矛盾。具体制度上，国家所有的自然资源可以不登记，集体所有的自然资源必须登记，且集体无法证明自然资源属于其所有时，则推定属于国家所有。这种制度遭到部分学者批评，认为不利于自然资源集体所有权的保护。

方案二，对《物权法》的自然资源做缩小解释。一般认为，《物权法》第46~49条的规定是对《宪法》第9条的再规定，因为无论是在表达方式上还是在内容上都有极大的相似性。民法学者尹田教授早在《物权法》出台之前就批评指出，“那种批评《物权法（草案）》有关国有土地及其他自然资源之国家所有权的规定纯系毫无意义地重复宪法规定的意见，是有道理的。事实就是，《物权法》并非前述国家财产所有权的创设依据”。[①] 但是，笔者认为，《宪法》规定与《物权法》规定是不同的。关于《宪法》的第9条规定，笔者认为其是所有制的安排。《物权法》的相关规定是国家所有权的安排——由于《矿产资源法》《森林法》《草原法》等在《物权法》出台之前就已经规定了国家所

① 尹田：《论国家财产的物权法地位——“国家财产神圣不可侵犯”不写入物权法的法理依据》，载《法学杂志》2006年第3期。

有权，故而不能认定《物权法》创设了国家所有权。那么，《物权法》上的自然资源是否与《宪法》上的自然资源具有相同的含义？如果对《物权法》的自然资源采用体系解释和缩小解释，就可以认为二者是不同的。《物权法》第46~49条在体例上是《物权法》第五章“国家所有权和集体所有权、私人所有权”的内容，因此，第46条的“矿藏、水流、海域属于国家所有”应该被解释为所有权而不是所有制。既然如此，矿藏、水流、海域等就是国家所有权的客体。而《物权法》第2条第3款规定，“本法所称物权，是指权利人依法对特定的物享有直接支配和排他的权利……”换言之，作为国家所有权客体的矿藏、水流等必定是“特定的物”。《宪法》第9条的矿藏、水流等作为所有制的内容可以是不特定的，具有宣示作用，《物权法》上的自然资源无须与之具有相同的含义。简言之，可以采用缩小解释，把《物权法》上的矿藏解释为国家已经勘探确定了具体位置的自然资源——其他自然资源亦为如此。尽管严格地说，矿藏、水流等自然资源不可能做到绝对的特定与精确，但是作为法律上的物，只要可能实现“登记”，那么就可以视为“特定”。这种思路的逻辑是，不要把《物权法》的自然资源与《宪法》上的自然资源相等同，也不要严格按照传统物权理论对“物”予以认定，而是反向对矿藏、水流、海域等自然资源进行解释，将其适度特定化。

不过，这种方案同样是存在瑕疵的。例如，《物权法》第49条规定：“法律规定属于国家所有的野生动植物资源，属于国家所有。”但是，要把野生动植物尤其是野生动物予以特定化，在目前的技术条件下尚无可能，也无必要，从而与本方案解释思路不完全相符。

（二）自然资源国家所有权的私法构造与国有自然资源配置审批制度改革的关系

自然资源单行法与《物权法》，对于自然资源国家所有（权）的规定都不是非常明确，但是对于《物权法》的有关规定，上文采取的两种方案都可以在较大程度上将国家所有解释为国家所有权，从而让《宪法》上的自然资源国家所有制转变为民法上的自然资源国家所有权。又根据《物权法》第 2 条第 1 款①的规定可知，《物权法》调整因物的归属和利用而产生的民事关系。既然自然资源国家所有权被规定于《物权法》，其基本属性就应该是私法所有权。这一定性，对于认识国有自然资源配置及其改革具有重要意义。

1. 国家所有权的“私法权能”与国有自然资源配置审批具有内在关联

没有人会否认，自然资源国家所有权具有公法属性，与私人所有权相比有其特殊之处。差异程度几许，则见仁见智。有学者如王克稳教授认为，自然资源国家所有权的权能与私人所有权权能具有重要差别：一方面，自然资源国家所有权的占有、使用、收益、处分权能几乎都是不完整的；另一方面，国家对自然资源的所有权本质上是管理权，其权能由资源产权的设定、分配与保护，资源开发利用的标准管制，资源税费的征收，资源保护与开发利用监管，生态修复与环境治理等内容构成。②笔者认为，这一观点值得商榷。国家所有权概念与民法所有

① 参见《民法典》第 205 条。

② 参见王克稳：《论自然资源国家所有权权能》，载《苏州大学学报（哲学社会科学版）》2018 年第 1 期。

权的基本原理确实存在争议，但是不能说占有、使用等权能就不能适用于国家所有权。例如，“占有”是所有人对所有物全面支配或概括管领之权利，“在社会进步和科学发达的今天，对标的物的支配日趋抽象化，占有已由直接的实力支配逐渐扩大至观念的支配”。[①] 各种自然资源只要特定化，就可能被国家所占有。至于使用权能，虽然国家一般不会直接使用自然资源所有权，但也不能排除国家直接使用自然资源的可能。而且，如果不承认使用权能，国有自然资源出让使用权制度又如何生成？收益权能也很容易理解，因为目前对于经济利益型的自然资源，有偿使用已经成为法律的基本要求。而处分并不一定是要对所有权整体处分，在所有物之上设立抵押权是处分、对所有权的某些权能予以处分也是处分的形式。[②] 总而言之，私法上的所有权权能并非与国家所有权格格不入。之所以出现不同的理解，是因为国有自然资源形态的复杂化。国有自然资源的功能具有多样性，既可能是以经济效益为主，也可能是以生态保护为主。既然是《物权法》上的国有自然资源，那就应该按照《物权法》的规则进行理解，以更好地确定物的归属以及发挥物的经济属性。当国有自然资源以生态保护功能的面相出现，则不应囿于《物权法》的规定。

自然资源国家所有权与私人所有权在设定的目的、功能等方面都有区别，研究自然资源国家所有权的特殊权能有其必要性。不过，前引王克稳教授所列出的各项“权能”是否都属于权能范围，还是说有

① 崔建远:《物权法》(第2版)，中国人民大学出版社2011年版，第130页。

② 有学者认为，“县级以上人民政府处分土地的情形……这不是所有权整体的处分，而只是部分权能的处分，但是无论如何这是所有权人行使的处分权”。(孙宪忠等:《国家所有权的行使与保护研究》，中国社会科学出版社2015年版，第165页。)

些是所有权人的义务，有些是所有权人应该履行的职责，可以再行分析与讨论。

承认国家所有权具有私法所有权的权能，是国有自然资源配置审批制度改革的重要基础。前文已经充分论证国有自然资源配置审批与其他审批之间的区别，后者基于国家管制权或警察权，前者基于国家所有权。如果把自然资源国家所有权视为公法上的“管理权”，与国家监管权（警察权）不做区分，也就没有必要对审批做类型划分了。或者说，如果国有自然资源配置审批的基础是国家管理权，也就没有必要冠之于“国家所有权”，并因此与民法所有权相抵牾。此外，不承认自然资源国家所有权的私法权能，我们还可以继续提出另外一个问题——为何要设置自然资源国家所有权？让各种自然资源成为无主之物，不承认任何人的无主占有，再施之以各种管制行为，同样可以达到自然资源配置与管理的目标。易言之，建立国家所有权，重要的原因之一就是利用所有权的激励功能来达到自然资源的有效治理。也就是说，如果没有建立起自然资源国家所有权，政府对自然资源更多采用强制性的手段予以管制，不便于引入市场，并建立起一套自然资源的价值衡量机制、评估机制、自我约束机制、内在激励机制等。

2. 以民法物权构建国有自然资源的使用制度

国家一般不直接使用国有自然资源，主要通过公平合理的配置，让公众使用国有自然资源。如果基于民众与自然资源的紧密联系或公众生活所必须，国有自然资源应该免费提供给公众使用，或者采用一般许可的方式适当限制使用者数量以保护使用的可持续性。这些都体现了国有自然资源为了民众利益而设立的特征。但是，经济利益型国有自然资源是属于生产资料领域的自然资源，通常情况下，普通民众无须直接使用，或者直接使用会导致资源被严重破坏。典型者如矿产资源。为实现矿产资源的合理利用，最恰当的方式不是让公众普遍、自由地使用，而是予以特许，让特定企业获得矿业权，生产矿产产品满足市场所需、民众所需，又通过缴纳资源使用费、资源税等增进国家财政收入，最终服务民众、增加民众福祉。

《物权法》不仅规定了自然资源国家所有权，还规定了国有自然资源之上的用益物权。《物权法》第十二章（涉及该法第 135~151 条①）规定了国有建设用地使用权，第十章的第 122 条、第 123 条②规定了海域使用权、探矿权、采矿权、取水权和使用水域、滩涂从事养殖、捕捞的权利。③这些国有自然资源之上设立用益物权的制度，本身就是承认自然资源国家所有权具有私法权能。建立在国家管理权之上的许可权，或许可以被称为“新财产权”，④但无论如何不能被称为用益物权，

---

① 参见《民法典》第 344~361 条。

② 参见《民法典》第 328 条、第 329 条。

③ 探矿权、采矿权、取水权等虽规定于用益物权之下，但是这些权利与传统用益物权相差甚大，有学者根本不承认其为用益物权，有学者称其为特许物权或准物权。（参见崔建远：《准物权研究》，法律出版社 2003 年，第 28~30 页。）该项权利应如何界定性质、如何称呼名称，将在后文详细论述。

④ 美国学者查尔斯 · A. 赖希曾经提出与传统财产权相区别的“新财产权”的概念，“新财产权”，指的是因政府供给而形成的权利，如保障金、救济金、政府提供的工作职位、职业许可、特许、政府合同等。（参见〔美〕查尔斯 · A. 赖希：《新财产权》，翟小波译，载《私法》2006 年第 2 期。）关于“新财产权”概念及其理论，赞同者有之，批评者亦有之。但是，在笔者看来，笼统地把政府的“供给”都称为新财产权是不准确的。例如，当事人与政府订立的合同和私人订立的合同可能在目的、权利义务、纠纷解决规则等方面都存在差别，但是因政府合同形成的债权完全可以适用传统的债权理论与规则。“新财产权”理论的提出，非常重要的一个方面是通过“正当程序”保护相对人因此形成的利益，但是，基于政府合同而形成的债权保护，整体上并不需要求助于正当程序。出于这种认识，笔者认为，如果以该理论观察我国的许可（审批），职业许可等可以纳入新财产权的范围，但是因国有自然资源配置审批而产生的自然资源使用权不能被视为“新财产权”。

因为管理权不可能成为用益物权的母权，以管理权为基础产生用益物权，是物权法理论所无法包容的。当然，论者可能基于反对自然资源国家所有权私法权能的立场，再进一步反对建设用地使用权、海域使用权的用益物权地位，认为自然资源使用权就是国家基于管理者地位授予相对人的权利。这种观点在理论上固然可以成立，然而，从权利保护以及物尽其用的立场，用益物权应该要比“恩赐”利益更符合现代法制的基本原理。因为政府基于管理权而“给予”的权利往往不具有物权属性，因不具有对世性，其保护力度较之物权会有所降低，流转上也受到更多限制，更遑论通过抵押等方面实现更大的收益。

非物权化的自然资源使用权也是按照民法物权理论予以建构的。《物权法》第 50 条①规定，无线电频谱资源属于国家所有。不过无线电频谱使用权并未规定于《物权法》而是规定于《无线电管理条例》，但是后者并非狭义法律，根据物权法定原则，可认定无线电频谱使用权更接近债权而非物权。根据《无线电管理条例》的规定，有权机关可通过竞争性方式将无线电频谱使用权许可给相对人，相对人按照规定缴纳无线电频率占用费，无线电频谱使用权在性质上可认定为债权。被许可人可以将使用权转让给符合使用条件的第三人，尽量彰显与发挥无线电频谱资源的经济价值。而有关机关之所以能将无线电频谱资源给予特定人使用并收取一定费用，在于其代表国家行使了所有权。有关机关与被许可人之间形成了事实上的无线电频谱的租赁关系。

① 参见《民法典》第 252 条。

再以《森林法》为例，该法规定了森林、林木的国家所有权，且“林业经营者依法取得的国有林地和林地上的森林、林木的使用权，经批准可以转让、出租、作价出资等”。这清晰地表达出国有森林、林木使用权与所有权之间的关系。不过该法并没有规定类似采矿权的“采伐权”，只是规定了采伐许可证制度。要特别注意的是，建立采伐许可证制度是为了通过采伐的有序性达到保护森林资源和生态环境的目的，并非在森林、林木所有权的基础上设立使用权或用益物权（准物权），而是政府实施的管制权，故而采伐许可证不可交易，不具有经济属性。

三、国有自然资源配置审批制度改革的行政法基础

（一）自然资源国家所有权的公法属性

如果自然资源国家所有权与私法所有权的权能结构、构造等完全一样，国有自然资源使用配置就应该完全以意思自治为基础、按照民法规则予以建构。在目的方面，完全以所有权人的意志来安排、配置自然资源；在实现形式方面，完全以私法合同等形式实现自然资源所有权或使用权的流转；在义务履行方面，完全以社会义务之负担划定约束的边界。换言之，除了法律强制性规定，自然资源国家所有权可以按照所有权人的意志任意行使。但是很显然，自然资源国家所有权并不能如此“任性”，该所有权与私法所有权在诸多方面存在区别。

1. 根源上，国家所有权与私人所有权的产生基础不同

关于私人所有权，非生产资料所有权的功能之一在于使用权能的

私人独占。与此相对，生产资料所有权的功能不仅在于使用权能的私人占有，还在于通过保护对生产资料的资本投入，赋予资本投入者积极性，从而达到保护投资者个人和增强社会生产力的目的。[①]从历史的角度看，所有权可能在人类尚处于原始社会时期就已经产生，经历奴隶制所有权、等级身份所有权、宗法体制所有权的发展与演变之后，西方文艺复兴与人文主义革命重塑了所有权的道德基础，使之成为人的自然权利，是每一个人都可以且应当平等、自由享有的权利。[②]因此，所有权的产生主要针对私人而言，以保护人格尊严、人格平等为表征，以个人主义、自由主义为思想基础。私法关系上，所有权构建了人与人之间和平、平等相处的财产基础；公法关系上，所有权是保障人性尊严、人格发展的权利，对国家提出了基本的要求——既要尽量减少对私人所有权的干预，又要保护私人所有权免受他人的侵犯。

国家所有权的产生则与国家的产生、发展相关联，国家所有权的功能也与国家的功能相关联。“国家的功能决定了国家所有权的功能，国家所有权是国家遂行国家功能、实现国家任务的工具”。[③]世界上所有国家的功能都有相同的一面，如都必须为公共利益服务。但是基于国家性质、意识形态等方面的差异，不同国家之功能也有所差别。例如，社会主义国家与资本主义国家的国家性质不同，资本主义国家更强调个人自由与财产私有，社会主义国家则更强调集体利益与财产公有。反映在自然资源所有权的设置上，一方面，各个国家普遍在某

① 参见〔日〕加藤雅信：《“所有权”的诞生》，郑芙蓉译，法律出版社2012年版，第145页。

② 参见孙宪忠：《权利体系与科学规范》，社会科学文献出版社2018年版，第164~186页。

③ 张建文：《转型时期的国家所有权问题研究》，法律出版社2008年版，第71页。

些自然资源如水资源之上创设国家所有权，这与水资源的属性有关，也是为了更好地对水资源予以管理（如克服水资源的外部性、实现水权交易等）。[①] 但是另一方面，自然资源国家所有的范围，各个国家并非完全一致，如社会主义国家出于消灭剥削的考虑，追求生产资料的公有制，这是设立自然资源国家所有权的重要原因，[②] 国有自然资源的范围相对广泛。也就是说，理解自然资源国家所有权的功能，既要考察国家的一般性功能，又要考察各个国家所追求的特殊目的。

要把国家功能与国家所有权的关系梳理清楚，需要对不同国家（包括不同性质的国家）的国家所有权如何产生、在哪些领域存在、发挥何种作用等作出全面考察与分析，这无疑是一个巨大的课题与工程，[③] 已超过了本书的研究范围和笔者的研究能力。

2. 自然资源国家所有权具有丰富的公法内涵

自然资源国家所有权被视为公法（行政法）上的所有权，具有丰富

① 参见裴丽萍：《可交易水权研究》，中国社会科学出版社 2008 年版，第 48~57 页。不过，需要指出的是，并不是所有国家都规定了水资源的国家所有权，例如，《日本河川法》规定河流属于公共财产，供公众一般使用，不能为私人所有，但也并未明确可以成为公共所有权客体。水域在日本也未成为所有权的对象。作为淡水资源匮乏的国家，日本如何有效实现水资源配置，以及是否开展水权交易，相关研究尚比较欠缺。

② 1950 年颁布的《土地改革法》第 16 条规定："没收和征收的山林、鱼塘、茶山、桐山、桑田、竹林、果园、芦苇地、荒地及其他可分土地，应按适当比例，折合普通土地统一分配之。为利于生产，应尽先分给原来从事此项生产的农民。分得此项土地者，可少分或不分普通耕地……" 第 10 条规定："所有没收和征收得来的土地和其他生产资料，除本法规定收归国家所有者外，均由乡农民协会接收，统一地、公平合理地分配给无地少地及缺乏其他生产资料的贫苦农民所有……" 这一规定不仅拉开了中华人民共和国成立后自然资源国家所有的序幕，还非常明确地指出了自然资源国家所有的目的——消灭剥削、实现生产资料的公平合理的利用。

③ 例如，有学者把传统社会主义国家所有权称为"平等主义"的国家所有权，把发达市场经济国家的国家所有权称为"新平等主义"的国家所有权，两种国家所有权在国家中的地位、对私人自由的限制及范围等有所不同。（参见张建文：《转型时期的国家所有权问题研究》，法律出版社 2008 年版，第 73~80 页。）

的公法内涵，这可以从如下方面予以阐释。

第一，权能内容的公法属性。传统民法理论认为所有权权能包括占有、使用、收益、处分。对于自然资源国家所有权权能与私人所有权权能的区别，学术界已经有了较充分的讨论，占有、使用、收益、处分四个权能都具有较为明显的公法性质，在此不再赘述。笔者认为，自然资源国家所有权权能的公法属性，可能还更为明显地体现在管理权能上。

关于管理权能，有学者认为是现代市场经济下所有权人与管理人分离的必然产物。[①] 其实不尽其然，非商法领域的法律，所有权的管理权能也是存在的。例如，《民法典》第 273 条第 2 款规定："业主转让建筑物内的住宅、经营性用房，其对共有部分享有的共有和共同管理的权利一并转让。"该规定中的"共同管理的权利"就是管理权能。在国有财产领域，原国务院机关事务管理局 2009 年发布的《中央行政事业单位国有资产管理暂行办法》（已被修改）第 4 条第 2 款规定："各部门应当认真履行管理职责，建立健全本部门国有资产管理具体制度，明确资产占有、使用单位的管理责任，维护资产安全完整和保值增值。"日本学者也认为日本国有财产法不但承认管理权能为国家所有权的内容，而且国家所有权的权能结构是由管理权能和处置权能所构成的二元结构。[②]

但是，私人所有权的管理权能与国家所有权的管理权能具有很大的区别。一则，一般情形下，立法对私人所有权的管理权能不会做

---

① 参见李仁玉、董彪：《所有权权能体系的反思与重构——以管理权能为中心》，载《法学杂志》2011 年第 7 期。

② 参见孙宪忠等：《国家所有权的行使与保护研究》，中国社会科学出版社 2015 年版，第 181 页。

特别的强调，不仅因为私人所有权主要是个人所有，无须突出管理特征，还因为管理权能之上不会建立某种物权，也不会因此与他人产生某种财产关系。与之不同，国家所有权必然存在所有权人（国家）与所有权行使者的分离，因此，基于国家所有权的法律关系，在对“人”的维度上，存在所有权人对所有权行使者的监督与管理；在对“物”的维度上，存在所有权人对国有财产予以各种管理的规则。而且这些管理内容是不能缺失的。二则，私人所有权的管理权能与其他权能一样，可以被所有权人放弃，但是国家所有权的管理权能是所有权人的一种权利，也是一种职责。以国有自然资源为例，相关单行法对如何实现或行使国家所有权都作出了具体、明确的规定，包括对自然资源资产进行调查监测评价、确权登记、统计核算，对土地进行开发整理复垦，对资产的利用和保护进行规划等内容。可以说，这些是所有权人的权利，同时也是所有权人的义务。

这种管理权能与行政监管权亦存在区别，后者涉及国家主权事项，属于绝对国家任务，对相对人的权利义务影响重大，依法应实行职权法定和法律保留原则。并且，在国家管理的对象是集体所有自然资源时，国家行使的并非所有权，而是监管权或基于国家与权利人缔结的合同（如租赁合同）所生之权利。①

第二，自然资源国家所有权需要承担大量的义务。私人所有权神圣不可侵犯成为诸多国家的宪法原则，曾经被认为具有绝对自由与绝对优越性。进入现代社会，随着社会法学思潮的兴起，私人所有权

---

① 参见汪志刚：《自然资源资产国家所有权委托代理的法律性质》，载《法学研究》2023年第2期。

被认为要承担起一定的社会义务。不过，私人财产权作为一项宪法权利，其所受限制也必须被控制在一定限度内，“即对所有权的限制只能局限在公共利益所要求的范围之内并与所有权客体的社会功能和意义相适应”。[①] 就自然资源国家所有权产生的基础与功能看，其无疑要承担大量的社会性义务，甚至在一定程度上，社会性义务成为自然资源国家所有权最为重要的内容。这在公众普遍使用型的国有自然资源、生态维持型国有自然资源上表现得尤为突出。

除此之外，自然资源国家所有权要承担的义务还体现在如下几个方面：一是自然资源所有权要遵守国土空间规划、用途管制要求和节约资源、生态环境保护的要求。这一点在党的十八届三中全会以来的数个重要文件中被一再强调。我国的自然资源管理体制的改革方向是实现所有权人的权利与监管者的权力相分离，而实施国土空间规划和用途管制是监管的基本内容，无论是国有自然资源还是集体所有的自然资源，都应该服从相关规划和管制政策。一定层面上这一服从义务构成了“国家对国家”的义务。二是履行保护自然资源所有权的义务。私人所有权除积极权能外，还包括排除他人干涉的消极权能，如所有物返还请求权、排除妨害请求权、消除危险请求权等。[②] 无论如何，这一实现权利救济的消极权能不可能演变成所有权人的义务，因为法律不能强迫权利人必须行使物权请求权或侵权损害赔偿请求权，否则有违私法自治这一基本原则。但是，自然资源国家所有权一旦被侵犯，所有权人或所有权行使者必须承担起自然资源损害的发现、核

① 马俊驹、江海波：《论私人所有权自由与所有权社会化》，载《法学》2004 年第 5 期。
② 参见崔建远：《物权法》（第 2 版），中国人民大学出版社 2011 年版，第 167~168 页。

实、追偿等责任。三是自然资源国家所有权行使者有接受监督的义务。私人所有权的行使要受到法律的监督，以防止权利的滥用，但是只有在违反法律、行政法规禁止性规定以及公序良俗等情形下，该权利行使才有可能违法，否则所有权人可以任意行使或处分其所有权且任何人不得干预。与之不同的是，自然资源国家所有权的行使要受到诸多方面的监督与限制。自然资源国家所有权人或行使者不能仅基于意思自治对外作出意思表示，它需要受到诸如平等原则、依法行政原则等公法原则的限制。在权利行使过程中，所有权行使者还必须遵守有关法律程序，且受到公众、社会、权力机关等多方主体的监督。

（二）自然资源国家所有权的行政法属性与国有自然资源配置审批制度改革

自然资源国家所有权的行政法（公法）属性，表明自然资源国家所有权的行使不能完全受制于私法所有权的行使规则，这对国有自然资源配置审批制度建设与改革至少提出了如下要求。

1. 国有自然资源配置审批要遵守行政法的基本原则

行政法理论的不少概念借鉴于民法，当前行政法与民法交叉融合也成为一种现象，适用民法规范亦可能成为填补行政法律规范漏洞的一种方式。但是，行政法与民法的立场、视野、规则等都存在本质的区别。即使是不承认公私法分离的普通法系国家，也发展出一套行政法事务的处理规则与行政法学理论，甚至在某些领域，公法规则的适用比大陆法系国家更加激进。如美国深受自由主义思想影响，认为宪法的作用在于规制国家公权力，并不针对私人主体与私人行为。20 世纪中叶以后，随着人权运动的发展以及社会法学的影响，司法实践中需要接受司法审查的“政府行为”范围开始被扩大。不仅是政府作出的行为，其他可能与政府有关但是由私人作出的行为也需要接受司法审查。① 与之有些类似的是，英国法院在审理某些民事纠纷时，可能采用“对象替换理论”来取代合同违约或侵权行为理论，将这些民事行为纳入司法审查的范围。②

英美国家的司法实践已表明，即使是私人行为，也可能需要受到公法原则和规则的制约，更何况一直秉持公私法分离的我国。在我国，虽然自然资源国家所有权的权利外观、权能结构等与私人所有权大致相同，且已经明确被《民法典》物权编所调整，但这并不表示自然资源国家所有权的行使应该完全按照私法规则进行。简言之，把自然资源国家所有权完全等同于私人所有权是不能被接受的。

国有自然资源配置审批虽然是国家以所有权为基础而实施的资源配置活动，但是，这里的所有权之行使，与私人所有权人一般可以随意处分自己的所有权不同。“国家所有即全民所有”这一表达至少包含

---

① 从“公共职责理论”到“政府卷入理论”，再到“对象替换理论”，美国政府行为理论有一个不断发展与扩张的过程，尤其是对象替换理论，其观点甚至有些激进，它“既不考察私行为本身的性质，也不考察私行为与政府之间的联系，而是把对当事人行为审查转换为对立法和适用法律行为的审查”。（参见赵作鹏：《美国宪法中的政府行为理论》，郑州大学 2017 年硕士学位论文，第 19 页。）

② 当然，对于把私人间的行为纳入司法审查，英国法院也是非常谨慎的。在英王诉赛马俱乐部纪律委员会一案中，法院承认赛马俱乐部管制了一种全民性活动，宾厄姆爵士接受这样的观点：如果俱乐部不管该运动，很可能政府不得不自己来管它。尽管该案审判法院最终认定赛马俱乐部的权力不是政府权力，但也没有排除如下可能：一些涉及赛马俱乐部同类机构的案子可能在公法程序中被提起，尤其是当申请者或原告与赛马俱乐部不存在合同关系或者赛马俱乐部制定了歧视性规则时。（参见〔新西兰〕迈克尔·塔格特编：《行政法的范围》，金自宁译，中国人民大学出版社 2006 年版，第 238 页。）

两层含义：一是国家不可能像私人一样享有主观权利。所有权的产生本是为保护私人人格平等、让私人享有人格尊严，以及免于国家侵犯。如果国家享有和私人一样的主观权利，就等于国家可以与私人一样具有人格平等与人格尊严，这和国家的功能、目的迥异，既无必要，也无可能。二是国家所有的目的不是让国家享有独立的利益，国家所有是为了更好地服务全民。因此，国家所有权要在实现目的、实现方式等方面受到诸多限制。其中，最为重要的一点是政府行为应该符合平等原则，不能以所有权人的名义对某些社会公众采取歧视性的对待政策。

具体言之，一则，"不同情况不同对待"。国有自然资源并非应该均等配置。对于生活上对某些自然资源形成依赖者，国家应该允许其自由使用。这种配置并不是对其他公民的不平等对待，乃是因为对于特定地区的群体，能够使用特定国有自然资源是其得以生活乃至生存的必要条件。二则，"同等情况同等对待"。对于非生存依赖的自然资源，普通公众都有使用该自然资源的需求，如休闲娱乐等，为保证使用的可持续性，国家可以采用收取一定费用的办法予以限制；而对于生产资料型的自然资源，最为公平的方式是将其配置给能够实现效益最大化的使用者，实现自然资源初始配置的平等，这是对国有自然资源配置审批及其改革的内在要求。

2. 国有自然资源配置审批要遵守行政法的重要规则

第一，实体规则方面。"全民所有自然资源资产所有权是具有显著公权特征的民事权利"。[①] 自然资源国家所有权具有的私法结构与私

① 陈琛：《促进自然资源资产高效配置　建设生态文明实现永续发展》，载《中国自然资源报》2022年3月25日，第1版。

法属性，决定了国有自然资源配置审批应以民法规范为基础，例如，以民法用益物权（准物权）规则建立起国有自然资源使用权的出让与转让规则，以凸显该使用权的财产权属性；又如，国有自然资源的配置审批往往也需要在政府与使用者之间订立出让合同，该合同的订立、生效、履行等与民事合同规则大多一致，并可准用民事合同法律规则；等等。但是，自然资源国家所有权的公法属性，又决定了自然资源国家所有权在行使中不可能完全如私人交易一样以意思自治为基础。理由是，民事法律行为的核心是意思自治，只要不违背法律行政法规的禁止性规定以及公序良俗，且行为当事人具有行为能力、意思表示真实，则民事法律行为有效。但是，在政府配置国有自然资源的过程中，政府与使用权人只在形成合意的过程中享有有限的意思自治，尤其是政府，作为自然资源国家所有权人的行使者，不能自由选择使用权人，不能随意决定价格，甚至是否可以采用非书面形式的合同都存在争议，至于政府的合同变更、解除权等，已不再是民事合同法上的“形成权”，而是行政法上的行政优益权。

第二，程序规则方面。私人所有权的行使应该采用何种程序，这似乎不是一个问题，法律对此也无规定。但是，为了保证自然资源国家所有权不被滥用，行使者必须按照法律规定的行政程序来行使该所有权。例如，依据《行政许可法》第53条的规定，有限自然资源的许可利用，“行政机关应当通过招标、拍卖等公平竞争的方式作出决定。但是，法律、行政法规另有规定的，依照其规定”。因此，不仅是许可决定本身采用特别程序，即便是被视为要约邀请的招投标公告，也应该严格按照法律规定的程序予以实施。除此之外，国有自然资源配置审批，还因为可能关涉重大公共利益而可能需要公众的参与，对此，《行政许可法》第46条已经作出了初步的规定。[①]

3. 国有自然资源配置审批纠纷可选择公法途径

国有自然资源配置审批过程夹杂着公法方式与私法方式，因此，发生纠纷应该采取公法途径还是私法途径，构成了一大实践难题与理论争点。实践中，对于国有自然资源配置审批过程中形成的纠纷的解决，往往是采用双阶理论：政府招投标过程形成的纠纷，采用公法救济；政府与被审批人形成的合同及其纠纷，多采用私法途径予以解决。2019年最高人民法院发布《关于审理行政协议案件若干问题的规定》，把“矿业权等国有自然资源使用权出让协议”明确列入行政协议的范围，再次在理论界引起了巨大争议。

由于自然资源国家所有权的公法属性，笔者更倾向建议国有自然资源配置审批中的纠纷采用公法途径予以解决。首先，法律已经非常明确地规定，配置审批的前期阶段，行政机关“不采用招标、拍卖方式，或者违反招标、拍卖程序，损害申请人合法权益的”，[②] 申请人可以申请复议或提起诉讼。如果针对合同纠纷采用私法途径予以解决，会导致同一个法律关系被分割为行政和民事两个部分，徒增救济成本。其次，司法实践证明，对于国有自然资源配置审批后期阶段的合同纠纷，无论是采用私法途径还是采用公法途径，基本都可以满足当事人的救济需求，二者各有其优缺点。但是整体而言，公法途径能够更好

① 《行政许可法》第46条规定：“法律、法规、规章规定实施行政许可应当听证的事项，或者行政机关认为需要听证的其他涉及公共利益的重大行政许可事项，行政机关应当向社会公告，并举行听证。”

② 参见《行政许可法》第53条第4款。

地平衡公益与私益之间的关系。以合同撤销、变更、解除为例，一方面，按照公法途径，相对人应该依法向法院提起行政诉讼，请求法院解除合同。也就是说，撤销权、变更权与解除权都成了“形成诉权”，这与《民法典》的规定有所差异。但是，这种对相对人权利的适当约束，有利于保护公共利益。另一方面，行政诉讼的举证规则减轻了相对人的举证责任，从而让公益保护与私益保护实现了动态的平衡。

第四章

国有自然资源配置审批的政府关系改革

政府是国有自然资源配置审批的主体，实施配置审批改革的重要内容是对各级政府的配置审批权予以改革。从整体上说，国有自然资源配置审批的主体改革，最核心的问题是妥善处理中央与地方政府的关系。它不仅关涉管理效率，还直接影响中央权威。另需指出的是，配置审批主体改革还需处理政府职能部门之间的横向关系。因此在本部分，横向部门关系也是研究的一个要点，但是其重要性较之纵向关系不可相提并论。

第一节 传统配置审批权在央地政府间的分配逻辑

一、国家治理理论的选择及其内容

（一）何为国家治理

何为国家治理？不同的语境下其内涵各有不同，甚至差异较大。本书把国家治理作为一个社会学意义的词汇来使用，并不把它作为现代国家所特有的一个概念，相反，它更接近传统理论上“治理国家、处理政务”之含义。

国家治理具有丰富的内涵与复杂的结构，体系上至少包括政府与社会、政府与公民、政府内部的横向及纵向关系及其有效处理等体系。就我国而言，影响国家治理的各种要素中，政府是最为重要、发挥主导作用的要素。而政府间关系，尤其是央地关系又构成我国国家治理的核心内容。理想的央地关系既能够保证中央政府政令的通畅，使中央权威渗透至社会的各个角落并得到地方政府的尊重及社会公众发自内心的认可，又可以保证地方各级政府因地制宜地引导、整合、使用各项社会资源，整个社会呈现蓬勃、兴盛之景象。在这一关系网络之下，中央与地方两种治理主体实现合理的角色分工与高效合作，形成统一的国家治理的意志与行动。①

国有自然资源配置审批权的调整实质是国家治理机制在审批领域的具体实践。借助国家治理的基本框架与要素，了解审批权调整的演变原因与内在逻辑，并确保改革建议与国家治理改革具有内在一致性。

（二）国家治理理论的选择

围绕着中央与地方关系叙述与建构国家治理模式，经济学、社会学以及法学等学科形成了多种理论，呈现了央地关系的不同“面相”。以研究方法为标准，国家治理理论可以分为规范性国家治理理论与实证性国家治理理论。整体而言，法学学者大多采取了前一研究进路：或者以宪法或法律规范为基础，或者借鉴域外经验，将规范化、法律化

---

① 参见封丽霞：《国家治理转型的纵向维度——基于央地关系改革的法治化视角》，载《东方法学》2020年第2期。

作为处理央地关系的基本方向。但是，这一进路往往未能立足国情对当前国家治理结构与状况进行描述，侧重建构“应该是什么”而忽视解释“为什么是这样”，其中所蕴含的风险是所建构的制度与国家治理的历史缺乏衔接与连续性。①

基于“改革举措应在现有国家治理框架之下进行合理修正而非另起炉灶”之认识，本书选择以实证性的国家治理理论为理论基础。以实证方法形成的国家治理理论也颇为丰富，如以公共事务治理为视角的“行政发包制”“上下分治体制理论”“中央权威体制治理逻辑理论”等，以财政分权为基础观察政府如何提供公共物品的“财政联邦主义”“项目制治理理论”等，以激励地方政府为视角的“锦标赛体制理论”“行为联邦主义理论”“压力型体制理论”等。② 但基于研究容量与聚焦程度的考虑，以及国有自然资源配置审批乃政府内部公共事务治理，具有集中体现中央控制与地方效率之特性的双重维度，本书择取“行政发包制”“上下分治体制理论”“中央权威体制治理逻辑理论”为国家治理模式的解释理论。

（三）国家治理的内在逻辑

“行政发包制”“上下分治体制理论”“中央权威体制治理逻辑理论”分别由周黎安、曹正汉、周雪光提出。三种国家治理学说的分析

---

① 诚如苏力教授所言，当前宪法学界对权力配置的研究受欧陆法学的影响，以宪法规范性文件研究为主，与当代中国社会现实有些脱节。（参见苏力：《当代中国的中央与地方分权——重读毛泽东〈论十大关系〉第五节》，载《中国社会科学》2004 年第 2 期。）

② 更加详细的论述参见陈科霖：《纵向府际关系视域下的中国国家治理研究：进路与比较》，载《甘肃行政学院学报》2018 年第 5 期。

对象、进路有所不一，但揭示出了国家治理的基本要素与内在逻辑。

在治理目标上，三大理论都认为国家治理的基本要素在于降低管制风险与提高治理效率。学术界普遍认同这样的观点：中央政府权力太大，就会对地方滥用权力；地方权力过大，就可能拒绝与中央政府合作。① 三大理论也都关注了这两大要素及其互动关系，指出管制风险主要体现为中央可能对地方失去有效控制，以及地方滥用裁量权而激起民众的抗争等，并基于历史发展与现实需要将降低管制风险置于优先地位。所不同的是周黎安教授认为行政发包制是管制风险与治理效率之间产生矛盾的原因，② 而曹正汉教授与周雪光教授则认为这两大要素之间的矛盾催生了他们所分别提出的“上下分治体制理论”与“中央权威体制治理逻辑理论”。③

在治理策略上，三大理论并不认为中央与地方的关系应该完全规范于严格的法律制度，以更为灵活的非正式制度如政策来调整二者关系乃是必不可少的策略。这是因为，我国中央集中统一领导的央地关系，既不同于欧美国家的联邦制，也不同于欧美单一制下的地方法治分权，中央可以随时以发布政策或命令的方式干预甚至否决地方决策，地方政府也可能因为部门与地方利益对中央政策作出“抵制”与变通。而之所以以政策作为调整央地关系的重要手段，在于这一方式既可以克服正式制度的僵化，保证央地关系的灵活性，也可以确保

① 参见刘承礼主编：《分权与央地关系》，中央编译出版社 2015 年版，第 122 页。

② 参见周黎安：《行政发包制》，载《社会》2014 年第 6 期。

③ 参见曹正汉：《中国上下分治的治理体制及其稳定机制》，载《社会学研究》2011 年第 1 期；周雪光：《权威体制与有效治理：当代中国国家治理的制度逻辑》，载《开放时代》2011 年第 10 期。

“中央政府重要的改革主导权，使改革在预设轨道运行，使结果尽可能处于掌控之中”，① 达到在降低管制风险的前提下提高治理效率之目标。

可以说，正是基于这种治理目标与治理策略上的安排，我国国家治理的央地分权走向了一条迥异于欧美国家分权理论与实践的道路——非根据公共产品的溢出范围来划分二者的事务管辖权，而是按照公共事务本身是否会产生某种管制风险来决定。易言之，当某项公共事务所涉及的公共风险较低，中央就倾向将其交由地方管理，② 相反，即使该事务具有典型的地方特征，中央政府也会施之于强有力的干预。③

二、传统审批权分配改革的目标逻辑

（一）国有自然资源配置审批中的管制风险

任何国有自然资源配置审批都以控制风险为底线，其基本方式是实施总量控制。

国有建设用地配置审批中控制风险的基本方式是实施建设用地的总量控制。即国家为了保证粮食安全，制定了“耕地红线”政策，将此作为用地配置审批的基点。其基本逻辑是，为了防止农用地被无序占

① 王丽萍：《分权与国家治理：中国的分权改革及其学术意义》，载《北大政治学评论》2018 年第 1 期。

② 参见周黎安：《再论行政发包制：对评论人的回应》，载《社会》2016 年第 6 期。

③ 参见曹正汉、薛斌锋、周杰：《中国地方分权的政治约束——基于地铁项目审批制度的论证》，载《社会学研究》2014 年第 3 期。

用,《土地管理法》确立土地用途管制政策与占补平衡政策。农用地转为建设用地,必须实施农用地转用审批,有权机关对“农用地转用方案”与“补充耕地方案”予以审查,要求方案符合土地利用总体规划与土地利用年度计划所确定的用地指标,占用耕地的要确保所补充耕地的数量与质量。[①]最终实现国家在土地管理方面“调结构、控总量”之目的。换言之,农用地转用审批保护的是农用地所承载的粮食安全、生态安全,以公共利益为导向和依归,改革农用地转用审批权,必须将风险把握在可控范围之内,防止监管不严引发农用地被无序使用。

矿产资源配置审批亦为如此。矿产资源开发利用实施总量控制,既为保护和合理利用矿产资源,以保护环境的承受能力,也是为防止优势矿产资源过度开采,以稳定矿产资源的市场价格,尤其是国际市场价格。2012 年原国土资源部制定的《开采总量控制矿种指标管理暂行办法》[②],规范的对象就是国务院要求实行开采总量控制的矿种以及原国土资源部(现为自然资源部)依据相关规定决定实行开采总量控制的矿种。

其他自然资源如水资源等,在开发利用时,国家都必须考虑管制风险。反映在配置审批方面,为了更好地控制风险,最为简便的方法就是提高审批主体的层级。理由是,在我国,国有自然资源的所有权由国务院代表行使,实践中则更直接地体现为国务院的职能部门——自然资源部或水利部等。自然资源部等根据各种因素制定自然资源

① 参见《建设用地审查报批管理办法》第 15 条。

② 《开采总量控制矿种指标管理暂行办法》于 2017 年被原国土资源部《关于公布已废止或者失效的规范性文件目录的公告(2017)》废止。

开发利用的年度总量①，由中央或者层级较高的政府审批国有自然资源的配置使用，可以极大减轻监督难度与减少监督成本。毕竟，由上而下分配的资源指标总是稀缺的，个别地方政府为了追求经济社会发展，不惜突破指标的限制，但是，地方的自主行动，必然以破坏国家整体管制风险为代价。只是单纯为降低管制风险而提高审批级别，又将走入另外一个极端——治理效率的降低。

（二）国有自然资源配置审批中的效率要求

公正与效率是任何一项法律制度都应考虑的价值取向，国有自然资源审批制度亦不例外。为了更严格、公正地实施审批，既需要设置更为规范的审批程序，也要做必要的审批权分工，但严密且冗长的审批链增加了成本，降低了国有自然资源配置审批的效率。

与美国、日本及欧洲国家相比，我国自然资源配置审批的效率要求可能存在这两个方面的不同：其一，上述国家的自然资源所有权有多种表现形式，对于非国家所有的自然资源，国家（政府）的作用主要是规划与管制，对开发利用设置特定的条件。政府许可是针对符合特定条件的申请者实施的解禁行为。因此，其自然资源配置的效率更多由市场所决定。与之不同，我国的自然资源主要由国家所有，政府进行自然资源配置审批，既是政府为了公共利益实施的管理行为，也是政府为了实现自然资源国家所有权效益而实施出让使用权的行为。我

① 例如，河流的水资源开采总量指标一般要考虑河流水量、流域途经地区人口、经济发展水平等因素；建设用地总量指标一般要考虑耕地保有量、经济社会发展所需建设用地量、可以补充的耕地量等因素；矿产开采总量指标则需要考虑矿产资源潜力、市场供求状况、资源保障程度、采矿权设置和产能产量等因素。

国建设社会主义市场经济，也主张市场应该在资源配置中发挥决定性作用，但是，国有自然资源配置审批的主体是政府，在引入市场机制的同时，还需用公法规则对政府行为予以制约。因此，我国自然资源配置审批的效率要求必然是戴着“枷锁”而追求的效率。其二，其他国家如美国虽然也承认“促进经济发展是传统的和公认的一项政府职能”，①但是中国政府承担着推动经济发展、实现国家现代化的重任，社会主义市场经济转型过程中政府在投资和经济建设方面的主导作用非但没有减弱，反而有进一步强化的趋势。②如果仅是为了管制风险而限制地方政府的自主性以及在自然资源配置使用方面的审批权，不仅无法使其承担起自然资源管理等职责，也无法适应经济发展、实现资源配置的高效率。换言之，为激发地方政府发展经济的积极性，有必要以更为高效的审批使其掌握更多的经济资源，而这就有必要减少审批环节、压缩审批层级、下放审批权限。

（三）两大要素对审批权分配改革的影响

减少管制风险的结果是上收审批权，提高效率的结果是下放审批权。因此，两大要素对审批权分配改革的影响，最为直观的表现就是审批权在中央（上级）政府与地方（下级）政府间的反复调整。至于具体的影响，可以从如下方面展开。

第一，为了防止地方政府的过度开发利用行为以及加强中央宏观

---

① 高圣平：《发展经济是土地征收的正当理由吗？——凯洛诉新伦敦市案》，载《苏州大学学报（法学版）》2014 年第 2 期。

② 参见张进铭：《论中国经济发展中的政府主导及其弊端》，载《经济评论》2007 年第 6 期。

调控能力，提高审批权实施主体的级别。以用地审批为例，中华人民共和国成立后的相当长一段时期内，市、县级人民政府都拥有用地审批权，并且没有明确的审批依据与标准。直到20世纪80年代以后，部分省份先行探索，中央旋即确认，土地利用总体规划、建设用地总量控制、土地利用年度计划等最终成为征收审批的重要依据。①1998年修改《土地管理法》建立了土地用途管制与农用地转用审批制度，完全取消县级人民政府的用地审批权，以进一步保护农地资源。以矿产资源为例，20世纪50年代之后的很长一段时期内，地方的矿业审批权十分有限，原因是能够取得探矿权、采矿权的主要是中央主管至少是省级人民政府主管的企业，且当时实行矿产资源所有权管理与采矿经营权合一的政策，因此没有地方政府实施审批权的空间。1986年制定《矿产资源法》之后，矿产资源市场逐渐实现投资、经营主体的多元化，市、县级人民政府也开始获得部分矿产资源配置审批权。但是，从近些年的改革可以发现，为了推进生态文明建设，以及对特定矿种的战略性保护，加强中央与上级政府在矿产资源管理中的权威地位，审批权又有上收的趋势。一些市级人民政府发文要求“坚持市辖区范围内不再新设探矿权和采矿权，严控市、县级发证的新设采矿权”。②

可以说，国家对不同国有自然资源在不同时期的管制具有相同的因素——对生态环境的保护需求也可能有不同的因素——如宏观调控

① 参见1981年《浙江省关于国家建设征用土地和农村社队建设用地管理办法（试行）》（已失效）第4条，1982年《国家建设征用土地条例》（已失效）第3条，1986年中共中央、国务院《关于加强土地管理、制止乱占耕地的通知》，1987年原国家计划委员会、原国家土地管理局《建设用地计划管理暂行办法》（已失效），1993年原国家土地管理局《关于加强宏观调控管好地产市场的通知》（已失效）等。

② 2018年铜陵市人民政府办公室《关于进一步加强矿业权审批管理工作的通知》。

需求。因此对于某国有自然资源的“管制风险”，应该结合特定历史背景、特定情境等作出具体的分析，但无论如何，管制风险是对审批权划分的重要影响因素。

第二，提高治理效率主要体现为国有自然资源配置审批被要求为地方经济发展提供更加便利以及灵活的资源使用安排。

以用地审批为例，我国土地征收以分批次建设用地征地为主，并授予市、县政府具体项目的土地配置审批权。经济快速发展引发地方政府极大的土地需求量，以国务院和省级人民政府为主体的“两审批”权配置，不得不面临效率上的挑战。为此，颇具中国特色的分批次建设用地征地模式既能实现中央对地方征地的控制功能，又可以极大减少征地审批次数，提高审批效率。① 在分批次批准的建设用地上，市、县政府被授予安排具体建设项目用地的审批权，使之拥有了最为重要的经济发展资源，再配置以考核晋升机制，地区经济发展与经济竞争的“锦标赛”体制得以形成与运转。用地审批以及用地安排的整个过程，也证成了中央政府掌控正式权力、地方政府行使实际权力的国家治理逻辑。

从整体上看，中央仅对具有战略意义的特定国有自然资源以及规模较大的自然资源进行直接管理，而且近年来还在不断尝试各种权力下放的改革。特别值得关注的是，中共中央、国务院于2015年9月印发了《生态文明体制改革总体方案》，于2019年4月印发了《关于统筹推进自然资源资产产权制度改革的指导意见》。其中分别提出“实

① 参见欧阳君君：《论我国分批次建设用地征地模式的形成机理、影响及其改革》，载《苏州大学学报（哲学社会科学版）》2019年第4期。

行中央和地方政府分级代理行使所有权职责的体制”和“探索建立委托省级和市(地)级政府代理行使自然资源资产所有权的资源清单和监督管理制度”。尽管分级代理与委托代理制度构架还需要进一步地研究与探索,但是其建立更为高效的国有自然资源管理体制之意图是十分明显的。

三、传统审批权分配改革的策略逻辑

管制风险与治理效率之间存在内在张力,国有自然资源配置审批制度处于不断变动的状态,并通过正式制度与非正式制度进行调整。

(一)通过政策调整审批权的分配以弥补法律的僵化

对于大多数的国有自然资源,相当长的时间内我国实行层级限额审批制,中央与市、县以上各级地方人民政府都可能拥有相应的审批权。用何种方式来确定央地政府的审批权在此就显得特别关键与重要。

在自然资源单行立法之中,往往都有国有自然资源配置审批权的划分。倘若没有法律的规定,央地关系会缺乏基本的规则,从而使地方政府无法有一个相对稳定的预期,其行为必然是以追求近期利益为目标的。但是法律对审批权的规定又应该是原则性的,或者可以再次授权的。因为在中央集中统一领导之下,完全以法律或行政法规的形式进行正式分权,显然会对审批管理产生硬性约束效应,并使央地权力调整缺少回旋余地。以矿产资源审批权划分为例,《矿产资源法》第

16 条规定了国务院地质矿产主管部门、国务院授权的有关主管部门、省级人民政府地质矿产主管部门的审批权，并规定其他矿产资源使用审批权由省级人大常委会依法规定。以此为依据，省级人大常委会规定省级主管部门与市、县级主管部门的审批权；甚至有些省级人大立法又进一步规定设区的市人大常委会可以再对审批权予以规定。

但是制定行政法规或地方性法规须遵守严格的程序，以此来调整审批权限还不足以满足灵活性安排的需要。中央及省级政府以政策为手段适时调整，随时上收或下放审批权，成为改革的一种常态方式，甚至曾出现政策与法律规定相冲突的情况。如矿产资源审批，地方政府为了提高审批效率，有将审批权限下放的动机。因此，国务院行政主管部门不得不一再强调必须严格按照法律、行政法规的规定，不得随意将矿产资源审批权下放至市、县管理机关。①而一旦地方（下级）政府的指导理念发生变化，中央（上级）政府可能强制性将审批权予以上收。例如，虽然《矿产资源法》和《河北省矿产资源管理条例》都赋予了省自然资源主管部门相应的审批权，或许是出于环境保护的考虑，河北省通过政策的方式于 2018 年将市、县矿业权许可审批权一律调整至省级主管部门审批②，更是于 2020 年将探矿、采矿项目相关审批权限上收至省政府。③中央政府也有相似的做法。例如，2017 年原国土资源部以规范性文件的形式，委托山西、福建、江西等 6 个省级国土

① 参见董峻：《国土资源部将把采矿审批权限上收到省级主管部门》，载新浪网，https://news.sina.com.cn/c/2001-11-26/407357.html。

② 参见河北省自然资源厅办公室《关于规范采矿权延续审查有关问题的通知》。

③ 参见《河北省人民政府关于 2020 年全省国有自然资源资产管理情况　审议意见整改落实情况的报告》，载河北人大网，http://www.hbrd.gov.cn/system/2022/06/02/ 100959426.shtml。

资源主管部门实施部分原国土资源部的审批权限，有效期为5年。① 但是仅3年之后，自然资源部就废止了该规范性文件，理由是“为贯彻落实党中央、国务院关于矿业权出让制度改革等有关要求，全面推进矿业权竞争性出让”。②

（二）以政策作为规制违法审批行为的重要手段

以土地配置审批为例。《土地管理法》第79条对“无权批准征收、使用土地”“超越批准权限非法批准占用土地”“不按照土地利用总体规划确定的用途批准用地”“违反法律规定的程序批准占用征收土地”等各种行为作出了严厉惩罚的规定，其后果不仅是征地“批准文件无效”，还要追究非法批准征收相关责任人的行政责任甚至刑事责任。但是实践中，中央似乎偏好以政策规制地方政府违法的土地审批行为，具体表现在以下两个方面。

一是对于省级政府下放审批权行为的政策规制。地方政府有获得用地审批权的动力，省级人民政府也有放权的意愿。中央对此有所顾虑但又不过于苛责。如2004年国务院《关于深化改革严格土地管理的决定》强调农用地转用和土地征收的审批权属于国务院与省级人民政府，且省级人民政府不得违反法律和行政法规的规定下放土地审批权。然而，为贯彻该决定，原国土资源部2005年印发的《查处土地违法行为立案标准》，以及原监察部、人力资源和社会保障部、原国土

① 参见《关于委托山西省等6个省级国土资源主管部门实施原由国土资源部实施的部分矿产资源勘查开采审批登记的决定》（已失效）。

② 2020年自然资源部《关于第三批废止和修改的部门规章的决定》。

资源部于2008年联合发布的《违反土地管理规定行为处分办法》，却未将违法下放用地审批权的行为列为违法行为。根据《关于完善农用地转用和土地征收审查报批工作的意见》(国土资发〔2004〕237号，已失效)的规定，其责任追究机制只是要求省级人民政府自我纠正违法放权行为、废止有关文件，否则“暂停该地农用地转用和土地征收报批”。

二是对于越权审批或无权审批行为的政策规制。在建设用地计划管理制度下，用地审批要受到土地利用年度计划指标、永久基本农田保护率、耕地补充情况等要素的制约，然而我国不少地区，尤其是经济发达地区土地利用年度计划严重不足，同时存在突破基本农田保护率和无法在区域内实现占补平衡的巨大压力。[①] 为满足经济发展所需之土地，越权审批、无权审批占用、违法变更土地利用总体规划等在某种程度上成为地方政府的无奈之举。为此，国务院出台的系列政策除强调要追究行为负责人的行政责任甚至刑事责任外，还确立了《土地管理法》所未规定的补救措施——“补办手续”[②]，或者通过国家土地督察，要求省级人民政府对违法违规征收审批进行限期整改，并以暂停限期整改地区农用地转用和土地征收审批工作作为惩罚措施。

简言之，中央与省级人民政府并未完全遵守法律之规定，而是根据经济社会发展的需要通过政策对审批权进行适度调整或变通处理。

---

① 参见汪晖、陶然:《中国土地制度改革：难点、突破与政策组合》，商务印书馆2013年版，第144～146页。

② 参见1986年中共中央、国务院《关于加强土地管理、制止乱占耕地的通知》，1990年原国家土地管理局《转发山东省人民政府〈关于认真做好越权批地清理工作的通知〉的通知》，2004年国务院《关于深化改革严格土地管理的决定》等。

从这个意义上说，非正式制度与正式制度虽有冲突却相互交织，合力塑造了我国用地审批权配置的基本格局与运行逻辑。

第二节　国有自然资源委托代理下的央地关系

国有自然资源委托代理改革是近几年来中央在探索的一项改革，对于重塑自然资源国家所有权行使主体具有深远影响与意义。其基本立意是：自然资源国家所有权的主体是国家，国务院代表国家行使所有权，除法律规定可以由地方政府直接行使所有权外，国务院统一授权自然资源部行使自然资源国家所有权，再由后者以委托代理的方式将所有权交由省（自治区、直辖市）政府行使。享有自然资源国家所有权的行使权，才有可能对国有自然资源实施配置审批。委托代理机制对中央与地方政府的自然资源国家所有权行使资格予以重塑，也就是对国有自然资源配置审批主体关系予以重塑。因此，有必要对此做一个深入、全面的解析。

一、从多层级审批制到委托代理制

（一）自然资源国家所有权行使主体模式的理论争议

1. 公法人财产所有权制

我国法律规定自然资源归国家所有，且所有权主体是“国家”“全民”，地方政府不具有所有权主体资格，因此我国的自然资源国家所有权是“唯一”“统一”的国家所有权。

关于这一点，有部分学者提出了强烈的批评。如尹田教授认为，国家所有制并不是一定要反映为国家所有权，只承认国有企业享有独立经营权，否认国有企业对企业财产的所有权，而是把企业财产视为国家所有客体的体制，必然无法保证企业的经营自主权；承认国有企业与国家都对企业财产享有所有权，又与一物一权理论相背离。① 孙宪忠教授也提出了类似的批评，并指出，抽象的国家无法成为所有权主体，而且国家所有权存在中央政府与地方政府、政府与公众的利益冲突。② 因此，反对“唯一”“统一”国家所有权的学者，一般都会提出公法法人财产所有权的主张。基本观点是，所有权的主体应该是特定的，“利用当代民法技术规则中的法人制度，尤其是公法人制度，明确承认实际行使公共财产占有、使用、收益和处分权利的法人享有公共财产所有权”。③ 按照这一逻辑，国有自然资源应该按照政府层级分为中央政府所有的自然资源、地方各级政府所有的自然资源，再由各级公法人对其所有的自然资源予以管理、配置。④

需要特别指出的是，《生态文明体制改革总体方案》提出“探索建立分级行使所有权的体制”，这被部分学者如王克稳教授理解为分级

① 参见尹田：《论一物一权原则及其与“双重所有权”理论的冲突》，载《中国法学》2002 年第 3 期。

② 参见孙宪忠：《“统一唯一国家所有权”理论的悖谬及改革切入点分析》，载《法律科学（西北政法大学学报）》2013 年第 3 期。

③ 孙宪忠：《“统一唯一国家所有权”理论的悖谬及改革切入点分析》，载《法律科学（西北政法大学学报）》2013 年第 3 期。

④ 国内有学者在 20 年前就提出，国家所有权的国家缺位与政府越位，很大程度上是国家所有权行使环节过多造成的。因此，可以借鉴财政分税制，在国家所有权的大前提之下，设置国家所有与地方所有。（参见周林彬、李胜兰：《试论我国所有权主体制度改革与创新》，载《云南大学学报（法学版）》2001 年第 3 期。）

所有制。王克稳教授认为，我国长期以来形成的自然资源国家所有权行使体制是“中央统一所有、中央与地方统一监管”。这种体制下，中央集中享有自然资源国家所有权，地方政府名义上不享有所有权，但是在承担中央授予的监管职责过程中实际行使部分所有权的权能。而分级所有制下，“省级人民政府为独立的国家所有权主体，对于其管辖的国有自然资源享有完整的国家所有权权能”，[①] 与所有权相对应的监管权也应该由所有权主体行使，中央政府不得随意将其所有的国有自然资源的监管权委托给地方政府行使。这一观点，实质上也是反对“统一”“唯一”国家所有权，主张建立公共财产的分级所有制，即公法人财产所有权制。

2. 分级代表行使制

有不少学者主张自然资源国家所有权的分级行使，这一观点可以说是在委托代理制出现之前最为流行的观点。时至今日，尽管中央出台了系列文件以推动委托代理机制改革，但是仍有一些学者更倾向认同分级行使而非委托代理。该观点的基本逻辑是，国家代表全民实现自然资源国家所有权，必须要经过政府职能机关的意思表达，“在主体制度的建造上形成了‘全民’‘国家’‘国务院’‘地方政府’层层代表和代表行使的制度格局”。[②] 所以，自然资源国家所有权的实现，应该分级代表行使。如果仅由国务院代表行使国家所有权，其依然无法解决主体不清、权责不明等国家所有权的弊端，而分级代表行使，是在尊

---

① 王克稳:《完善我国自然资源国家所有权主体制度的思考》，载《江苏行政学院学报》2019 年第 1 期。

② 郭洁、郭云峰:《论我国自然资源国家所有权主体制度的建构》，载《沈阳师范大学学报(社会科学版)》2019 年第 6 期。

重自然资源国家所有权的前提下，实现自然资源所有权行使的纵向与横向层面的划分。

不过，对于自然资源国家所有权行使如何分级，学术观点上又存在不同。有的学者并未强调分级行使国家所有权时限制地方政府层级，并且建议在中央和各级地方分别建立“自然资源资产管理局”；①有的学者在这个问题上作出了更多的分析，经过比较，认为西方没有哪个国家会将自然资源国家所有权的代表行使权授予各级政府，我国将代表行使国家所有权的主体限定为中央和省级政府两个层级更为妥当，至于省级以下的地方政府，则应辅助执行省级以上政府指令，且以指令机关的名义去作出有关行使国家所有权的行为。②

在中央与地方分级行使所有权的客体上，有学者认为，我国自然资源分布广泛、数量庞大，不可能由国务院作为唯一的代表来行使国家所有权，因此，可以根据《物权法》第45条第2款后半句③的规定，依照特定自然资源的类型、分布、价值等，由全国人大通过立法的形式，将自然资源国家所有权的行使权授予特定职能部门、地方政府甚至国有企业等，“国务院不能擅自将国家所有权交由其他主体行使”。④另有学者从重要性角度出发，编制中央直接行使所有权的自然资源资产清单，包括战略性能源与矿产资源资产、重点国有林区、大江

① 参见程雪阳:《国有自然资源资产产权行使机制的完善》，载《法学研究》2018年第6期。

② 参见郭洁、郭云峰:《论我国自然资源国家所有权主体制度的建构》，载《沈阳师范大学学报(社会科学版)》2019年第6期。

③ 参见《民法典》第246条第2款后半句。

④ 叶榅平:《自然资源国家所有权主体的理论诠释与制度建构》，载《法学评论》2017年第5期。

大河大湖和重要跨境河流、重要的生态环境资源等，其他资源则通过修改法律的方式，由自然资源单行法明确授权，赋予不同层级地方政府代表行使权。①

（二）国有自然资源委托代理机制的政策演变

不同自然资源的配置审批体制并不完全一致，但是各种国有自然资源基本都建立起了多层级审批权体制。受各种因素的影响，目前国家对多层级审批权体制导致的产权不清、所有权权益落实不力等现状不满，开始着手建立新的国有自然资源产权体制，其中国有自然资源委托代理机制是近年来逐步明确的机制。

习近平总书记作出的《关于〈中共中央关于全面深化改革若干重大问题的决定〉的说明》中指出："落实全民所有自然资源资产所有权，建立统一行使全民所有自然资源资产所有权人职责的体制。"《生态文明体制改革总体方案》进一步指出，"合理划分中央地方事权和监管职责，保障全体人民分享全民所有自然资源资产收益"；"划清全民所有、不同层级政府行使所有权的边界"；"探索建立分级行使所有权的体制……分清全民所有中央政府直接行使所有权、全民所有地方政府行使所有权的资源清单和空间范围。中央政府主要对石油天然气、贵重稀有矿产资源、重点国有林区、大江大河大湖和跨境河流、生态功能重要的湿地草原、海域滩涂、珍稀野生动植物种和部分国家公园等直接行使所有权"。方案非常明确地指出，虽然自然资源国家所

---

① 参见苏利阳等:《分级行使全民所有自然资源资产所有权的改革方案研究》，载《环境保护》2017 年第 17 期。

有权是集中与统一的，但是不可能由国务院或中央某一个部委集中行使所有权，这既无必要也不可行，因此应该在不同政府之间划分所有权行使职责。而中央与地方的分权，基本以国有自然资源的重要性为标准。

2019 年，中共中央办公厅、国务院办公厅又印发了《关于统筹推进自然资源资产产权制度改革的指导意见》，其中指出，“探索建立委托省级和市（地）级政府代理行使自然资源资产所有权的资源清单和监督管理制度，法律授权省级、市（地）级或县级政府代理行使所有权的特定自然资源除外”。该指导意见与 2015 年的改革方案既有内在一致性，又确立了新的改革思想。一致性体现为，自然资源国家所有权应该是在国家统一所有权的基础上，由中央政府及职能部门以及地方政府共同行使。新的改革思想则体现为“委托代理机制”。2015 年的改革方案提出分级行使所有权的体制，强调对中央政府与地方政府行使自然资源所有权范围的明确划分，似乎有建立自然资源国家所有权分级代表行使之含义，但是，2019 年的指导意见则明确提出中央与地方政府之间建立委托代理机制，即地方政府并非国家所有权的直接代表者，而是与唯一代表——国务院形成委托代理关系。

2022 年 3 月，中共中央办公厅、国务院办公厅联合印发《全民所有自然资源资产所有权委托代理机制试点方案》，该方案明确提出，针对全民所有的土地、矿产、海洋、森林、草原、湿地、水、国家公园 8 类自然资源资产（含自然生态空间）开展所有权委托代理试点。方案首次将全民所有自然资源资产所有者职责明确为“主张所有、行使权利、履行义务、承担责任、落实权益”，还规定了“统一行使”的模式，包括自然资源部直接履行和自然资源部委托有关地方政府代理履行两个层面。

（三）为什么是委托代理机制

分级所有、分级代表与委托代理是目前自然资源国家所有权如何行使的典型观点，时至今日，委托代理已经成为官方所认定的模式。

“唯一”“统一”的国家所有权被学术界尤其是民法学术界所批评，其基本理由是“唯一”“统一”国家所有权的主体不明、责任不清，不符合民法所有权的基本要求。因此，如果从明晰产权的角度看，打破“唯一”“统一”的国家所有权体制，建立公法法人所有权，由中央与地方各级政府分级所有或分别分散所有，可能是更好的选择。但是，是否如学者所言，“建立由央地分级行使自然资源资产所有权而非由地方政府代理行使自然资源资产所有权的体制，更适合我国的国情”。① 这恐怕有太多的障碍需要克服。最为明显的法律障碍是“分级所有并不符合我国国家所有权的实际情况，且无法律依据”。② 在宪法层面，我国规定了自然资源的国家所有，如果承认该“国家所有”为“国家所有权”，那么恐怕怎么解释分级所有的地方政府所有权，也难以将其纳入国家所有权的范围。按照本书的主张，宪法上的国家所有为所有制，只要能够实现生产资料的公有制，地方政府享有自然资源所有权也尚可成立。但是，在法律层面，无论是《民法典》还是自然资源单行法，都已明确规定了自然资源的国家所有权，其主体为“国家”

① 邓海峰：《生态文明体制改革中自然资源资产分级行使制度研究》，载《中国法学》2021年第2期。

② 郭志京：《穿越公私法分界线：自然资源国家所有权委托行使模式》，载《法制与社会发展》2022年第1期。

以及“全民”。欲将地方政府所有权的主体——地方政府解释为“国家”，或将地方政府所有权代表的利益解释为“全民利益”，也已超越了法律解释的基本功能。诚如有的学者所认为的那样，“分级所有、分级管理、分级行使”实际上明显偏离了关于“国家所有制”法律含义的解释。公法法人所有权实际上是将“国家所有”变为“政府所有”的合法化，其本身并未解释何以能够“合法化”，因而也就不能解决“合法化”之后如何保障“全民”利益的诘问。①

有人可能提出，分级所有不具有法律上的可行性，分级代表可以成为退而求其次的选择。可能的理由是，分级代表虽然以统一、唯一国家所有权为前提，无法让所有权主体更加特定，但是，通过法律的授权，不仅国务院可以成为国家所有权的行使代表人，地方政府也可以取得这一资格，实际上实现了国务院、地方政府在国家所有权行使上的平等法律地位，可以在国家所有权主体虚置的情形下，通过“坐实”行使者的权利，确保国家所有权的实现。而且，分级代表并没有破坏国家所有权制度，可以被现行法律所包容。正如《民法典》第 246 条第 2 款所规定的，“国有财产由国务院代表国家行使所有权。法律另有规定的，依照其规定”。因此，不仅国务院可以成为国家所有权行使的代表者，地方政府同样可以依照法律规定取得这一资格。不过，这一解释也稍显牵强，因为《民法典》的但书规定本身就表明自然资源国家所有权原则上为国务院代表行使，只有在特别情况下方可以法律授权的方式，让地方政府获得直接代表资格。

---

① 参见谢海定:《国家所有的法律表达及其解释》，载《中国法学》2016 年第 2 期。

在笔者看来，无论是分级所有还是分级代理，之所以不适合我国国情，不仅是法律上是否可行，法律障碍能否消除的问题，而应该置于更为宏大的体系下解说——不符合前文所言及的“国家治理模式”。分级所有与分级代理有两个共同的特征：一是实现了中央与地方的分权；二是这种分权是通过法律的形式实现的。而这些都与我国当前国家治理模式所不容。

我国之所以确定自然资源国家所有制度，一方面，是国家力求消灭剥削，实现共产党的革命初衷；另一方面，是国家能够掌握生产资料，实现经济上的资源集中。任何组织体系都会有分工，伴随分工的必然是分权。自然资源国家所有权的实现不可能仅依赖于中央。相反，在实践中，为了激发地方积极性，中央允许地方政府以各种方式实际行使自然资源国家所有权。但是，必须要明确的是，中央与地方在自然资源国家所有权的行使上，其分权不能过于依赖正式的制度，而需要更多灵活的、可随时调整的制度。某些情况下中央与地方的财政关系也会成为调整自然资源所有权行使机制的重要原因。① 换言之，灵活的机制，才有可能保证国家对地方政府行使国家所有权的行为予以规制。

无论是分级所有还是分级代理，前提都是法律的正式分权，一旦确定了地方政府的所有者或代表者身份，除非修改法律，否则中央政府不能随意干预地方政府的行为，也不能随意改变地方政府出让使用权所获收益的分成比例。而这些与保持中央权威、实现自然资源的全

---

① 以土地为例的研究，可参见欧阳君君：《论我国分批次建设用地征地模式的形成机理、影响及其改革》，载《苏州大学学报（哲学社会科学版）》2019 年第 4 期。

民利益都不相符。此外，还需注意的是，分级所有与分级代表制下，为了规范地方政府的行为，中央在失去任意干预权的前提下，必须建立起健全的横向监管机制。否则，失去控制的地方政府会为谋取经济利益而滥用自然资源所有权，其后果必然不堪设想。毫无疑问，就目前来看，我国地方人大制度的建设状况尚不足以支持人大对同级地方政府行为给予有效的监督与制约。

与之对比，分级代理制度与我国的国家治理模式具有高度的契合性。国务院代表国家行使国家所有权，并且是“唯一”“统一”的国家所有权行使的代表者。① 国家所有权的行使权集中于国务院手中，国务院既可以授权自然资源部统一履行自然资源资产所有者职责，又可以经自然资源部将部分自然资源所有者职权委托给地方政府行使。委托代理到底是民事行为还是行政行为，目前尚无定论，作为一项依旧在探索中的制度，委托代理中的中央与地方政府应建立起何种法律关系，双方的权利义务以什么样的方式确定，也无从考据。但是，无须质疑的是，委托代理与法律规定有明显的差异。后者是固定化、稳定的、不易更改的规则，至于委托代理，无论是民事上的委托还是行政上的委托，总应该表现为委托方与受托方的意思表示一致，理论上，无论是委托方还是受托方，都可以单方终止委托代理关系。又因为在国有自然资源所有权行使的委托代理关系中，委托方与受托方乃中央与地方，并不等同于平等民事主体关系，因此，委托方处于优势

① 《民法典》第 246 条第 2 款的但书规定，使得其他机关或组织有可能成为国家所有权行使的代表，但是，时至今日，尚未有法律有此种授予，也就是说，国务院实际上还是“唯一”的国家所有权行使的代表。

地位，可以灵活调整委托代理事务，达到中央整体控制国有自然资源开发利用、激发地方政府积极性、规范地方政府行为等多重目的。是故，尽管委托代理会存在理论与实践的各种难题，但是，与分级所有、分级代表等模式予以比较后，委托代理模式最终成为中央决策者的选择。

二、国有自然资源委托代理机制的缘起

《关于统筹推进自然资源资产产权制度改革的指导意见》提出，自然资源产权制度方面存在“自然资源资产底数不清、所有者不到位、权责不明晰、权益不落实、监管保护制度不健全等问题，导致产权纠纷多发、资源保护乏力、开发利用粗放、生态退化严重”。该指导意见全面且准确地指出了我国国有自然资源资产的管理现状与存在的问题，这也是国家改革国有自然资源资产产权体制，以及建立委托代理机制的根本原因，也是对传统国有自然资源多层级审批权体制的反思。

（一）国有自然资源资产底数不清及其导致的问题

所有制意义上的国家所有，具有宣示性，所有权意义上的国家所有，则必须是具体与明确的。《民法典》第 114 条第 2 款规定：“物权是权利人依法对特定的物享有直接支配和排他的权利……”所以，《民法典》物权编所规定的各种自然资源国家所有，都应该是权利人可以“直接支配”与“排他”的“特定的物”。

诚然，“法律规定是最好的公示方法，通过强行性的规定，任何人

都无法改变此种特殊物的权属关系”，[①]《民法典》第209条第2款规定：“依法属于国家所有的自然资源，所有权可以不登记。”由于我国自然资源只能属于国家或集体所有，在集体所有自然资源需要登记的前提下，国家所有的自然资源即使未经登记，也不影响这种所有权的法律效力。但是，国有自然资源未经登记会导致资产底数不清，国有自然资源资产的利用、保护等也就成了一笔“糊涂账”。例如，国有自然资源资产登记不全面，政府对诸如存在的国有自然资源的类型、数量等基本信息都无法掌握，有关部门不可能制定出科学、准确的国土空间规划。未建立起全面、准确的国有自然资源资产的产权体系，就不可能确保自然资源资产真正成为“国家所有权”的客体，某些自然资源资产就会异化为地方政府资产。

（二）国有自然资源资产的所有者不到位及其导致的问题

作为自然资源资产所有权主体，国家与全民无法直接行使所有权，或者说无法实现占有、使用、收益、处分等权能。为此，《民法典》以及自然资源单行法才规定了国务院的代表地位，以及“法律另有规定的，依照其规定”。但是，即使是国务院作为国家所有权的代表，也无法作为唯一的主体去行使所有权。理由很简单，国有自然资源广泛地分布在中国领土范围内，让国务院作为唯一的主体去摸清国有自然资源资产的底数，实现不动产的登记，代表国家开发利用自然资源资产、出让自然资源资产使用权，以及保护自然资源资产国家所有权等，

① 朱岩、高圣平、陈鑫：《中国物权法评注》，北京大学出版社2007年版，第115页。

是不现实的。在这一背景下，国务院代表国家行使国家所有权就逐渐演化为国务院职能部门以及地方政府行使所有权。

但是，国务院职能部门行使国有自然资源资产所有权，往往是通过央企开发利用，而且在很长一段时间是无偿使用。其逻辑是，央企无偿使用，以生产所得缴纳税金，实现国家利益。但其后果是，首先，由于缺乏竞争，自然资源利用粗放，效率低下；其次，企业利益不等于国家利益，央企内部攫取的高额利益并不一定转化为国家利益，而是为企业自身所享用；最后，自然资源尤其是矿产资源在地理位置上终归是在地方，然而央企开发利用自然资源，地方政府却不能获得应有的收益，尤其是开发之后可能给地方生态环境带来损害，这一结果却又由地方承受。央企与地方政府之间因此可能产生紧张关系。

虽然《民法典》第 246 条第 2 款规定国务院代表国家行使国家所有权，且“法律另有规定的，依照其规定”，但是目前尚没有任何法律明确规定地方政府可以代表国家行使自然资源资产国家所有权。尽管如此，地方政府可能以行使审批权的方式出让国有自然资源资产使用权，且较大的收益归属于地方。以国有土地为例，依照《土地管理法》第 55 条第 2 款的规定，“新增建设用地的土地有偿使用费，百分之三十上缴中央财政，百分之七十留给有关地方人民政府”。从收益的角度看，这是否体现国有自然资源的“全民”利益，存在疑问。

（三）国有自然资源资产管理主体与监管主体的权责不明晰及其导致的问题

《中共中央关于全面深化改革若干重大问题的决定》要求“健

全国家自然资源资产管理体制，统一行使全民所有自然资源资产所有者职责。完善自然资源监管体制，统一行使所有国土空间用途管制职责”。习近平总书记所作的《关于〈中共中央关于全面深化改革若干重大问题的决定〉的说明》指出，“国家对全民所有自然资源资产行使所有权并进行管理和国家对国土范围内自然资源行使监管权是不同的，前者是所有权人意义上的权利，后者是管理者意义上的权力”。上述两个文件深刻地指出了目前国有自然资源资产管理体制上的重大缺陷：国有自然资源资产管理主体与监管主体权责不明晰。

首先，立法上没有区分国有自然资源资产管理与自然资源监管。以《矿产资源法》为例，该法第 15 条、第 16 条都规定了行政审批行为。但是，第 15 条所建立的审批，表达的是政府对矿产资源开发利用的安全、环保等方面的监督审批，属于《行政许可法》第 12 条第 1 项所确立的普通许可，体现政府监管者的职责。第 16 条所建立的审批是政府出让自然资源资产国家所有权的行为，属于《行政许可法》第 12 条第 2 项所确立的行政特许，体现政府作为所有权代表者的职责。但是，实践中可能存在以下两个方面的问题：一方面，这两种审批往往由同一行政机关行使，从而使自然资源资产管理主体与自然资源监管主体合一，这必然导致监管职责的缺位，不利于国有自然资源资产的可持续开发利用。另一方面，把两种审批杂糅在一起，可能损害相对人的利益。因为通过《矿产资源法》第 16 条的规定企业虽然获得了自然资源资产使用权，但是在获得采矿许可证前，该企业还可能需要根据《矿产资源法》第 15 条的规定取得有关许可，而一旦该企业无法获得这一许可，则可能无法获得采矿许可证。①

其次，所有者职责与监管者职责的具体内容不明确。“统一行使全民所有自然资源资产所有者职责”，表明国有自然资源资产所有权人或所有权行使者不仅行使“权利”，还要行使相应的权力和承担相应的责任。但是，在当前的法律体系与管理体制下，无论是国务院下属的自然资源部还是地方人民政府，在通过审批出让国有自然资源使用权以外还应该承担哪些所有者职责，可以说相当不明确。与此同时，监管者的职责有哪些内容，法律也没有系统的规定。职责不明确，导致的后果是政府在自然资源资产管理中“趋利避害”，即更倾向于利用法律规定的审批权出让国有自然资源资产使用权，以获得相应的出让金，但是，对于相应的职责如调查、检测、统计、登记自然资源资产，制止违法使用国有自然资源资产行为等，则可能无暇顾及。

除上述问题外，《关于统筹推进自然资源资产产权制度改革的指导意见》还指出，自然资源资产产权制度还存在“权益不落实、监管保护制度不健全”的问题，这也是中央委托代理机制改革的重要原因。不过，权益不落实与监管保护制度不健全，更多体现为自然资源资产产权制度存在上述所分析的各种问题的结果，而不是问题本身。换言之，国有自然资源资产底数不清、所有者不到位、所有者与监管者职

① 正因如此，自然资源部2019年发布的《关于推进矿产资源管理改革若干事项的意见（试行）》的重要内容之一是“积极推进‘净矿’出让”，“加强矿业权出让前期准备工作，优化矿业权出让流程，提高服务效率……依法依规避让生态保护红线等禁止限制勘查开采区，合理确定出让范围，并做好与用地用海用林用草等审批事项的衔接，以便矿业权出让后，矿业权人正常开展勘查开采工作”。这一改革要求，就是要防止监管审批对使用权出让审批的干扰。

责不明晰等，必然会导致所有权的权益无法落实和监管保护制度不健全。

三、国有自然资源委托代理机制的不同解读与相关主体的法律地位

（一）关于国有自然资源委托代理机制的不同解读

国有自然资源委托代理是一种全新的改革思路与改革方案，但是，这一改革方案的具体构造是什么，如何得以实现，还需要深入地探索，其中的诸多理论问题尚需进一步明确，在世界范围内也很难找到可资借鉴的经验。目前，学术界关于国有自然资源委托代理机制的解读主要有如下两种。

1. 将分级代表与委托代理视为两种并列的自然资源国家所有权行使机制

《关于统筹推进自然资源资产产权制度改革的指导意见》提出探索委托省市两级人民政府代理行使自然资源所有权，法律授权地方政府代理行使所有权的除外。邓海峰教授认为，这一改革的总体思路实际上包括了两种所有权行使机制：国有自然资源委托代理机制和国有自然资源法定授权机制。

所谓国有自然资源法定授权机制，又可称为法定代理机制，是上述指导意见中所言的“法律授权省级、市（地）级或县级政府代理行使所有权”。这种机制下，全国人大或全国人大常委会直接通过法律

授权的方式，允许地方政府直接行使所有权，并不需要其他主体如国务院的授权或委托。按照这种理解，法律的直接授权使地方政府与国务院一样获得了代表国家的地位，“突破国务院代表制的限制”。① 所谓国有自然资源委托代理，是在国务院作为自然资源国家所有权的行使代表的前提下，由国务院根据需要将行使权委托给地方政府行使。这种机制下，“因其未突破国务院代表制的框架，所以并无合法性障碍。更需注意的反而是在此场合应该遵循但书的要求，以例外适用为原则，限缩其适用的场合。原因在于中央政府对由其直接行使所有权的自然资源资产，只有在特殊情况下方可委托地方政府代理行使所有权，而不应常态化地通过代理制度向地方政府转移中央政府的法定职责，否则既有架空法律规定之国务院统一代表制的危险，又易重蹈所有权主体不明的覆辙”。②

根据邓海峰教授的观点，国有自然资源所有权应该实行各级政府分级代表制，这符合所有权行使的内在规律，而且，《民法典》第 246 条规定了国务院代表行使国家所有权的“但书”，这表明地方政府代表行使国家所有权并非没有法律上的依据，而且《企业国有资产法》规定地方政府可以代表国家履行出资职责，这又说明分级代表制是一种可行的国家所有权行使机制。需要特别指出的是，尽管《关于统筹推进自然资源资产产权制度改革的指导意见》的主要意图是建立国有自然资源的委托代理机制，并以法律授权地方政府行使所有权为例

① 邓海峰：《生态文明体制改革中自然资源资产分级行使制度研究》，载《中国法学》2021 年第 2 期。

② 邓海峰：《生态文明体制改革中自然资源资产分级行使制度研究》，载《中国法学》2021 年第 2 期。

外，但是，邓海峰教授却认为应该以法律授权机制为原则，以国有自然资源委托代理机制为补充。

2. 将国有自然资源委托代理机制作为原则性的自然资源国家所有权行使机制

郭志京教授在《穿越公私法分界线：自然资源国家所有权委托行使模式》（以下简称"郭文"）一文中认为，国有自然资源所有权的行使机制在认识上有一个发展的过程，分级管理、分级代理机制都是过去的观点，最终决策者选择了委托代理机制。这一机制的核心是"统一代表行使 + 委托行使"，即"国务院统一代表国家行使国家所有权，国务院既可以通过其职能部门直接行使国家所有权，也可以委托其他主体行使国家所有权"。①

"郭文"认为，实行分级所有、分级代表，理论上都有其合理性，但是，在我国现行法律框架下，委托代理制才是理想的国家所有权行使模式，"委托行使作为代表行使特别是国务院统一代表行使的具体实现方式，在特定历史条件下被提出来，具有重大意义"。更需要指出的是，"郭文"所理解的委托代理机制，在适用范围方面比中央提出的改革方案更广。例如，《关于统筹推进自然资源资产产权制度改革的指导意见》提出，国有自然资源委托代理的受托方仅限于省、市两级人民政府，"郭文"却认为，委托代理机制的基础之一是认定自然资源国家所有权为私所有权，尽管委托代理机制有公法上的目标，以至于委托代理法律关系不能被认定为纯私法关系，但是，委托代理与民事委托代

① 郭志京：《穿越公私法分界线：自然资源国家所有权委托行使模式》，载《法制与社会发展》2022 年第 1 期。

理还是具有较大相似性，因此，受托方不必局限于省、市两级人民政府，只要委托方认为有需要，完全可以将受托方定位为“任何符合条件的主体”。而且，“各级地方政府在接受委托后，可以根据实际需要，建立多层次的委托关系，相关职能部门、社会主体均可成为受托主体”。这有点类似民事代理中的复代理制度。在委托代理的客体方面，2022 年的《全民所有自然资源资产所有权委托代理机制试点方案》提出以土地、矿产、森林等八类自然资源所有权为委托代理试点对象，而“郭文”则从国有自然资源重要性的角度，认为除对国家安全、生态等具有极为重要意义的自然资源外，其他自然资源均可通过委托代理方式行使国家所有权。

（二）自然资源国家所有权委托代理中有关主体的法律地位

1. 中央政府的国家所有权行使代表者地位

尽管国家或全民能否成为所有权的主体在理论上还有一定的争议，尤其是全民所有，有学者认为，人民不是一个法律概念，只是一个集合体，不具有法律上的独立人格，无法实现所有权的权能，不能成为所有权的主体。① 也有学者认为，所有权起源于私人所有权，认为国家所有权概念是苏联等东欧国家“教条式运用马克思主义理论的产物”。② 但是，我国《宪法》规定了自然资源属于国家所有，并明确国家所有即全民所有，《民法典》对此作出了重复性的规定。从法规范学

① 参见周林彬、李胜兰：《试论我国所有权主体制度改革与创新》，载《云南大学学报（法学版）》2001 年第 3 期。

② 李昌庚：《国家所有权理论拷辨》，载《政治与法律》2011 年第 12 期。

或法教义学看，无论如何也不能否认国家所有权的存在。不可否认，国家所有权容易导致产权界定不清、监督成本高昂、滋生腐败等问题。《关于统筹推进自然资源资产产权制度改革的指导意见》也指出自然资源产权管理方面存在诸多问题，这与国家所有权的特性有一定的关系。但是，国家所有权形成的原因，本就是克服以个人主义、自由主义为基础的私人所有权所具有的各种弊端。关于这一点，前文已经从生产资料公有制、国家功能等方面予以论述。因此，对国家所有权，理论上不能只是单纯地批评，更需要提出建设性的意见。

或者说，在国家所有权主体因具有抽象性而不便于直接行使所有权的情形下，可能更为重要的是建立科学合理的国家所有权的行使主体机制，由具体的国家机关代表国家行使与实现国家所有权。

目前，我国的《民法典》以及自然资源单行法都普遍规定，自然资源国家所有权由国务院代表行使；部分自然资源单行法如《森林法》已明确，国务院可以授权国务院自然资源主管部门统一履行国有森林资源所有者职责。2019 年发布的《矿产资源法（修订草案）》（征求意见稿）第 4 条第 2 款也规定，“国务院自然资源主管部门具体履行矿产资源所有者职责”。另外，2018 年中共中央办公厅、国务院办公厅发布的《自然资源部职能配置、内设机构和人员编制规定》明确了自然资源部的基本职责之一是“履行全民所有土地、矿产、森林、草原、湿地、水、海洋等自然资源资产所有者职责和所有国土空间用途管制职责”。可以发现，国有自然资源所有权行使体制设计体现了两个重要特点：一是对于国有自然资源所有权的行使，中央层面一定要实现所有权实行主体的特定化，防止所有权主体的虚置。二是在制度层面，采取了更加务实的态度，确保所有权的实现能够落到实处。不过，对于现行的规定，仍有两个问题需要讨论。

(1)全国人大在自然资源国家所有权体系中的地位

在讨论国有自然资源所有权的行使过程中，人们往往会忽略全国人大的地位。但是，从自然资源国家所有、全民所有，转化为国务院代表行使国家所有权，其中关键的因素是全国人大。一则，国务院的代表者地位是全国人大通过制定法律(包括《民法典》以及《矿产资源法》《森林法》等单行法)的形式所确定的；二则，自然资源部"履行全民所有土地、矿产、森林、草原、湿地、水、海洋等自然资源资产所有者职责"，最终也需要获得全国人大的认可。关于这一点，需要特别予以讨论。自然资源部的设立由全国人大批准，但是其职责却由2018年中共中央办公厅、国务院办公厅发布的《自然资源部职能配置、内设机构和人员编制规定》所确定。也就是说，自然资源部的职能配置、内设机构、人员编制方案是在党中央领导下，由中央机构编制委员会制定的，或者说，自然资源部的职责并非由全国人大确定。因此，自然资源部履行国家所有权职责，在法律上无完全的正当性。或许是出于这方面的考虑，2018年之后自然资源单行法的修改，都会特别强调国务院可以授权自然资源部履行所有者职责。

全国人大作为我国的最高国家权力机关，体现了全民之意志，是自然资源国家所有权的代表主体。正因如此，有学者认为，唯有资格代表全民的主体，才能成为自然资源国家所有权的代表，而这一主体只能是全国人大，国务院作为最高国家行政机关，仅是全国人大决策的执行者而已，依法行使的是自然资源使用管理权。①

质言之，全国人大通过行使立法权与重大事项决策权，既可以决定自然资源国家所有权的代表主体，也可以在中央与地方政府机关之间分配自然资源国家所有权的行使权，在特殊事项上还可以直接决策。根据全国人大与国务院的关系，我国还建立起了全民所有自然资源资产专项报告制度，由国务院或自然资源主管部门定期向全国人大常委会报告自然资源资产总数、变化情况、所有权实现情况等，并接受全国人大常委会的询问与质询。所以，我国的政治体制决定了全国人大在自然资源国家所有权体系中的地位，其实就是国家与全民的代表。只是鉴于国有自然资源事务的繁杂，全国人大不可能全面履行所有者的职责，而只能借助国家机构体系，把国务院、地方政府以及行政职能部门纳入所有者行使框架中，建立起自然资源国家所有权行使机制。

（2）自然资源部在自然资源国家所有权行使体系中的地位

国务院代表国家行使自然资源国家所有权，然而因其承担大量重要的经济社会管理事务，故不可能真正履行所有者的职责，从而不得不再次授权。自然资源部作为隶属于国务院的职能部门，被授权“统一履行全民所有自然资源资产所有者职责”，并且，“部分职责由自然资源部直接履行，部分职责由自然资源部委托省级、市地级政府代理履行”。② 这表明，自然资源部在自然资源国家所有权行使机制中处于一个承上启下的枢纽角色，但是在已有的讨论中，自然资源部的法律地

① 参见蔡定剑：《宪法精解》，法律出版社2004年版，第128页；王克稳：《完善我国自然资源国家所有权主体制度的思考》，载《江苏行政学院学报》2019年第1期。

② 2022年中共中央办公厅、国务院办公厅发布的《全民所有自然资源资产所有权委托代理机制试点方案》。

位并没有受到足够重视。人们认为，既然自然资源部是国务院的职能部门，由其承担国务院的有关职责并不应该存在法律障碍。显然，这种观点并没有与我国行政主体理论相结合。我国法律上，国务院、自然资源部、地方政府都是行政主体，为机关法人，具有独立的法律地位。自然资源部所作出的行为，必须由自然资源部承担相应的法律责任。然而，笔者发现，经过授权之后，自然资源部以独立地位行使自然资源国家所有权，国务院作为行使国家所有权的代表者的职责完全转移给了自然资源部。换言之，国务院代表国家行使自然资源所有权已经“名不符实”。①

2. 地方政府在自然资源国家所有权行使体系中的地位

根据《关于统筹推进自然资源资产产权制度改革的指导意见》和《全民所有自然资源资产所有权委托代理机制试点方案》的规定，自然资源国家所有权委托代理机制中的受托人为省、市两级人民政府。但是，地方政府在自然资源国家所有权行使体系中的地位，又有一系列值得探讨的问题。

（1）地方政府可以代理行使哪些自然资源的国家所有权

笔者一再提及的《民法典》第 246 条第 2 款，以及《关于统筹推进自然资源资产产权制度改革的指导意见》规定的“法律授权省级、市（地）级或县级政府代理行使所有权的特定自然资源除外”，表明自然资源国家所有权的行使应以国务院代表为原则，以地方政府代表为例

① 国务院职能部门与国务院的关系十分复杂。某些事务，法律虽然明确规定属于国家的职责，但是现实中却以职能部门的名义作出。例如，对于地方政府的征地申请，国务院并不亲自审批，自然资源部以自己名义作出批复（尽管在行文中会强调“经国务院批准”），这与省级人民政府征地审批不同，因为后者直接以省级人民政府的名义作出征地批复。

外。或者说，如果法律直接授权地方政府代表国家行使某特定资源国家所有权，那么这部分自然资源不在委托代理的范围之内。不过，何为法律授权地方政府行使所有权，到目前为止没有明确的解释。尽管《矿产资源法》《土地管理法》等都授予地方政府及其职能部门审批矿产资源、国有建设用地等自然资源的权利，而且理论上将行使审批权的行为解释为国家所有权的行使也完全可行，① 但是，毕竟法律未能将此予以明晰，② 而且对相关法律规范予以解释也会遇到一定的障碍。③ 另外，从中央发布的最新文件看，似乎中央政府也不认为《矿产资源法》《土地管理法》等授予了地方政府国家所有权的行使权。因为《全民所有自然资源资产所有权委托代理机制试点方案》提出"针对全民所有的土地、矿产、海洋、森林、草原、湿地、水、国家公园等 8 类自然资源资产（含自然生态空间）开展所有权委托代理试点"，这明确表示国有土地、矿产资源所有权要采用委托代理机制。既然如此，似乎可以反推《土地管理法》《矿产资源法》等并未授权地方政府行使国家所有权。

据此，委托代理机制与现行的自然资源审批机制如何协调又成为一个大问题。改革设想之一是自然资源部对若干重要的自然资源直接

---

① 这是本书的基础性观点。相同见解者，可参见屈茂辉、柳婷婷：《国务院代表国家行使自然资源所有权的法体系构造》，载《湖南大学学报（社会科学版）》2020 年第 4 期。

② 以《土地管理法》为例，1998 年修订的《土地管理法》之所以要规定"国家所有土地的所有权由国务院代表国家行使"，主要是为了明确"地方各级人民政府不是国家所有权的代表，无权擅自处置国有土地，只能依法根据国务院的授权处置国有土地"。（卞耀武、李元主编：《中华人民共和国土地管理法释义》，法律出版社 1998 年版，第 37 页。）然而时至今日，国务院从未明确授权市、县级人民政府行使国有土地所有权。

③ 依旧以《土地管理法》为例，该法只规定国家所有土地的所有权由国务院代表国家行使（第 2 条），县级以上人民政府批准使用国有建设用地的申请（第 53 条），如果审批行为是国家所有权的行使行为，那么与第 2 条之间又必然产生抵牾。

行使所有权，[1] 其他国有自然资源委托给地方政府行使，这与《土地管理法》《矿产资源法》已经确定的审批体制必然产生直接的冲突。因为，现行法规定了地方各级政府自然资源使用权出让的审批权限，在法律未能修改的情况下又实施委托代理，就可能出现同一自然资源却有两个使用权出让主体的情形。

（2）哪些地方政府可以成为受托方

哪些地方政府可以成为委托代理中的代理人（受托方），这似乎不是一个需要讨论的问题，因为改革政策已经非常明确地指出，省、市两级人民政府为受托方。但是理论上对此却存有争议。有观点认为，自然资源国家所有权委托代理机制应该是灵活的，根据自然资源的类型、价值等，中央可以委托各级地方政府机关以及非政府组织行使所有权；有观点认为，在域外，即使是行使公共所有权分级所有的国家，能够代表国家所有权的也往往限于中央与州政府，我国“自然资源资产国家所有权代理行使代理人适宜限定为省级政府，其他各级政府可通过复代理制度辅助省级政府具体代理行使”。[2]

关于代理人仅限于省级政府，其他各级政府施之于复代理制度的观点，笔者认为，这并不是可取的选择。因为分级所有与委托代理乃差异甚大的制度，以分级所有中的国家所有权之代表主体推导出委托代理中的受托方，缺乏足够的说服力；以复代理制度作为省级政府

---

① 《生态文明体制改革总体方案》提出：“中央政府主要对石油天然气、贵重稀有矿产资源、重点国有林区、大江大河大湖和跨境河流、生态功能重要的湿地草原、海域滩涂、珍稀野生动植物种和部分国家公园等直接行使所有权。”

② 李冬：《自然资源资产国家所有权委托代理行使的法律表达》，载刘云生主编：《中国不动产法研究——深化宅基地制度改革》（2021 年第 2 辑 · 总第 24 辑），社会科学文献出版社 2021 年版，第 182 页。

以下的地方政府参与国家所有权的行使，可能会因代理层级的增多而增加监督成本，与改革目的并不相符。如果仅立足于民事委托代理理论，受托方不应限于省级与市级人民政府，而是根据中央政府的需要选择受托方的观点是成立的。不过，过多的受托方会带来另外一个挑战：中央政府如何监督受托方的行为。在国家所有权“统一代表”模式下，如果仅靠中央政府直接行使所有权，就必须建立一支无比庞大的队伍，以设立派出机构的方式来执行中央政府的决策与命令。这显然是不现实的。因此，自然资源所有权委托代理的基本目的就是充分发挥地方政府的积极性，使国家所有权能够得到真正实现。然而，如果省、市、县、乡等各级地方政府都成为受托方，意味着委托人——中央政府需要对众多受托方实施严格的监督、考核，① 这恐怕是中央政府难以承受之重。有必要指出的是，自然资源所有权委托代理的受托方不是简单地承担使用权出让工作。《全民所有自然资源资产所有权委托代理机制试点方案》非常明确地指出，“全民所有自然资源资产所有者职责为主张所有、行使权利、履行义务、承担责任、落实权益”。具言之，所有者职责可能包括负责自然资源资产的统一调查、监测评价和清查统计，所有权的出让，监督指导自然资源资产合理利用和保护，拟定收益管理政策、制度、规定，负责收益统一核算，建立与履行所有者职责相关的动态监测、考核评价等管理工作，保护自然资源资产不受非法侵害，向自然资源部报告自然资源资产相关情况，等等。面对

① 《全民所有自然资源资产所有权委托代理机制试点方案》还指出，“完善委托代理配套制度，探索建立履行所有者职责的考核机制，建立代理人向委托人报告受托资产管理及职责履行情况的工作机制”。

众多的受托人以及如此繁杂的工作内容，委托人如何开展考核、监督工作，本身又是一个相当大的挑战。当前，改革处于探索阶段，受托人定位为省、市两级人民政府可能是一个比较稳妥的选择。不过，诚如上文所述，目前我国《土地管理法》《矿产资源法》等规定的自然资源出让审批主体包括县级人民政府甚至乡镇人民政府，这与委托代理机制受托人为省、市两级人民政府的安排并不一致，为此，修改法律是不可避免的事情。

此外，地方政府获得代理人地位之后，需要对委托代理的自然资源实施各种管理行为，与国务院不能亲自代表国家行使所有权从而授权自然资源部履行职责一样，代理人尤其是省级人民政府恐怕也难以亲自行使受托的国家所有权。倘若受托人通过地方立法的形式确立所有权行使主体，这与委托代理机制是否相容也值得再探讨。①

（3）委托代理行为以谁的名义作出以及法律责任由哪一主体承担

如果把国家所有权视为完全的国家公权力，中央与地方政府在自然资源国家所有权上只能通过行政授权或行政委托建立起相应的关系。而行政授权与行政委托显然与委托代理的基本构造不同。所以，

---

①　以国家公园为例予以说明，《生态文明体制改革总体方案》提出，中央政府对部分国家公园直接行使所有权。2019 年中共中央办公厅、国务院办公厅发布的《关于建立以国家公园为主体的自然保护地体系的指导意见》又提出，“结合自然资源资产管理体制改革，构建自然保护地分级管理体制。按照生态系统重要程度，将国家公园等自然保护地分为中央直接管理、中央地方共同管理和地方管理 3 类，实行分级设立、分级管理”。因此，如何对国家公园予以分类，也是一个需要注意的问题。尤其是在分级设立、分级管理未建立起来之前，可能一些非常重要的国家公园为地方申请、中央批准设立，但由地方管理。将来是否会把目前由地方管理的国家公园调整为中央直接管理，如何协调其中的利益，都是非常复杂的事务。例如，早在 2017 年青海省就制定了《三江源国家公园条例（试行）》，并确立“三江源国家公园管理局统一履行自然资源资产管理和国土空间用途管制职责”。但是，国务院批准设立三江源国家公园的时间是 2021 年。

一般而言，委托代理的法律基础之一是国家所有权为私法所有权，委托代理是以民法理论为基础的一项制度。①

但是，委托代理在自然资源国家所有权的行使上，受到了法律责任由谁承担这一问题的挑战。《民法典》第 162 条规定："代理人在代理权限内，以被代理人名义实施的民事法律行为，对被代理人发生效力。"自然资源国家所有权委托代理行使，是指自然资源部委托省、市两级人民政府代理履行部分自然资源所有权人的职责。由此产生如下疑问，其一，受委托的省、市两级人民政府是否以自己名义实施行为。代理的特征之一是代理人以被代理人的名义作出行为，除非实施隐名代理（又称间接代理）。然而，自然资源国家所有权委托代理与一般的民事代理不同，前者属于国家事务，尽管委托代理行为与行政授权、行政委托等公法行为存在不同，但是，自然资源部委托地方政府代理履行自然资源国家所有权，应该制定清单，明确双方权利义务，并向社会公告。换言之，自然资源国家所有权委托代理是一般形态的代理，代理人应以被代理人的名义实施行为。但是，这与过往地方政府以自己的名义出让自然资源使用权的惯例不符，又容易侵夺相对人信赖利益，导致地方政府自主权丧失，与改革初衷不符。② 其二，被代理人是否应该承担代理人实施行为的法律责任。民事委托代理理论下，被代理人无疑要为代理人实施的代理行为承担民事法律责任。自然资源国

① 有学者对此评价道："全民所有自然资源资产所有权委托代理机制是将民事委托代理制度的制度优势移植到自然资源资产管理当中，以期能够实现自然资源资产的高效利用和管理。"（参见王秀卫、李静玉：《全民所有自然资源资产所有权委托代理机制初探》，载《中国矿业大学学报（社会科学版）》2021 年第 3 期。）

② 参见邓海峰：《生态文明体制改革中自然资源资产分级行使制度研究》，载《中国法学》2021 年第 2 期。

家所有权委托代理下，倘若省、市两级人民政府所实施的代理行为的法律后果都应该由中央政府承担，这恐怕是后者难以承受之重。

目前，学术界对此作了不少的解释，但没有形成令人信服的结论。在此，借鉴法定代表人就特定事项向法人职员授予代理权之规定，可能构造出一种可行的解释路径。① 其基本逻辑是：代理人的代理权来自法定代表人的授权，基于法定代表人的行为等同于法人行为的一般法理，这里的被代理人应被理解为是法定代表人所代表的法人，而非法定代表人本人。套用这一理论，自然资源所有权委托代理，形式上是中央政府（严格地说是自然资源部）委托省、市两级人民政府行使特定自然资源国家所有权，但实质上，国务院（自然资源部）类似于法人组织中的法定代表人，自然资源部的委托授权行为类似法定代表人向组织员工的特别授权，省、市两级人民政府的代理行为需以国家的名义而非中央政府的名义实施。这就解决了上述所言代理行为是否以中央名义作出和法律责任是否归于中央政府的困境。

这一观点也有需要解答的诘问——借鉴职权代理，如何解释省、市两级人民政府以自己名义而非国家名义作出行为，以及为何法律责任不是国家承担？对此，笔者认为，在我国，无论是公法还是私法，国家都不能成为法人，或者说不能成为法律责任主体。因此，当前公法体系中，以国家名义实施的行为，最终还是由具体行政机关作为实际上的实施主体，如地方政府以自己的名义出让国有建设用地使用权、采矿权等，行政机关违法侵权之后，以赔偿义务机关的名义履行国家

① 参见汪志刚：《自然资源资产国家所有权委托代理的法律性质》，载《法学研究》2023年第2期。

赔偿等。在自然资源国家所有权委托代理领域，国家是真正的所有权人，中央机关是所有权统一代表者，省、市两级人民政府是特定自然资源所有权代理人，但中央机关与地方政府都是所有权行使主体，二者都在实现国家所有权和履行所有者职责。在国家不能成为法人实体的情形下，中央机关和地方政府可以代替国家承担起相应的法律责任。

第三节 国有自然资源配置审批改革中政府职能部门之关系

一、改革政策关于政府职能部门的整合规定

《中共中央关于全面深化改革若干重大问题的决定》以及习近平总书记所作的《关于〈中共中央关于全面深化改革若干重大问题的决定〉的说明》都要求建立统一行使全民所有自然资源资产所有者职责的体制。而且习近平总书记所作的《关于〈中共中央关于全面深化改革若干重大问题的决定〉的说明》中还强调“所有者和管理者分开和一件事由一个部门管理的原则”，这表示所有权的行使应该由一个职能部门来行使。《生态文明体制改革总体方案》对此作出了重申。在这一改革原则的指导下，2018 年国务院实施大部制改革，新组建的自然资源部获得了统一履行国有自然资源资产的所有者职责。根据国务院机构改革方案，自然资源部整合了“国土资源部的职责，国家发展和改革委员会的组织编制主体功能区规划职责，住房和城乡建设部的

城乡规划管理职责，水利部的水资源调查和确权登记管理职责，农业部的草原资源调查和确权登记管理职责，国家林业局的森林、湿地等资源调查和确权登记管理职责，国家海洋局的职责，国家测绘地理信息局的职责”。①

不过，关于自然资源部当前所拥有的职责，也有学者提出了批评意见，认为其中与改革最不相符的，就是自然资源部不仅需要履行国有自然资源资产所有者的职责，还需要行使自然资源监管者的职责，如负责建立空间规划体系并监督实施、统筹国土空间生态修复、组织实施最严格的耕地保护制度等。可以说，自然资源部的综合职责与中央改革政策所强调的“所有者和管理者分开”原则并不一致。

二、政府职能部门的进一步整合

在本书的第二章，笔者详细地论述了目前国有自然资源配置审批的横向职能部门所存在的诸多问题，包括自然资源行政主管部门与水资源行政主管部门之间的关系，以及自然资源行政主管部门与相对独立的管理局之间的关系等。国有自然资源配置审批主体的横向改革，关键是进一步整合政府相关职能部门的利益关系。

（一）实现实质性的部门内部整合

根据《自然资源部职能配置、内设机构和人员编制规定》的规定，

---

① 《关于国务院机构改革方案的说明》，载中国政府网，https://www.gov.cn/guowuyuan/2018-03/14/content_5273856.htm?cid=303。

自然资源部设27个内设机构，管理国家林业和草原局。自然资源部与国家林业和草原局的关系，对于自然资源国家所有权的实现具有重要的影响。

国家林业和草原局是2018年大部制改革时成立的国家局，整合了原国家林业局的职责、原农业部的草原监督管理职责，以及国土资源部、住房和城乡建设部、水利部、原农业部、国家海洋局等部门的自然保护区、风景名胜区、自然遗产、地质公园等机构的管理职责。国家林业和草原局在国有自然资源配置审批中扮演着重要的角色，从其设置的机构即可窥探一二。该局一共设有17个内设机构，除办公室、人事司等行政事务管理机构外，还设有生态保护修复司、森林资源管理司、草原管理司、湿地管理司、野生动植物保护司等机构。而这些司局机构，基本都承担了自然资源开发利用的职能。例如，《森林法》第16条规定，“国家所有的林地和林地上的森林、林木可以依法确定给林业经营者使用”。国有森林的使用审批主体即为各级林业和草原行政主管部门。近年来，国家在推动国有森林资源资产有偿使用制度改革，“优化中央投入机制，赋予所有者履行职责必要的调控手段，确保中央投资真正用于森林资源保护发展”，[①]这项工作的具体负责部门即为国家林业和草原局。

然而，国家林业和草原局是自然资源部管理的国家局，并非自然资源部的内设机构。而国务院部门与部委管理的国家局之关系，可以说是国家机构横向关系中最为复杂的问题之一。1993年成立的国务

① 肖世尧：《国家林草局：尽快出台方案全面推行“林长制”》，载中国政府网，https://www.gov.cn/xinwen/2019-12/09/content_5459783.htm。

院部门管理的国家局，其前身是国务院部门归口管理的国家局，最早可追溯到1984年的机构改革，国务院把一些直属机构归口到业务比较相近的部门进行管理，主要是为了减少直接领导层级，减少职责交叉。此时国家局虽然强调“归口管理”，但仍属于国务院直属机构。①实施国务院部门管理国家局，其基本定位是发挥国务院部门对国家局的宏观管理，实现政策制定与行政管理相分离，同时又保持国家局的相对独立性，在一些专业领域依法行使行政管理职能。但是，这种半独立的管理体制却很容易走向另一个方向：一方面，国务院部门对国家局管理不力，二者在事务上各分一块，形成一个类似松散联盟的组织体系；另一方面，国务院部门对国家局又在一些事务上管得过多，无法发挥国家局的专家性。②因此，“如何在赋予足够的独立协调权力，以便于发挥其专业、高效的体制优势之同时，加强其与部内司局的互动，促进其职能逐渐转变，形成有机统一的部门体制和部门文化是当前大部制改革进程中必须正视的一个问题”。③

能否实现机构职能的真正融合，是检验大部制改革是否成功的基本标准。笔者认为，从当前的机构设置看，自然资源部与国家林业和草原局具有高度的类似性，但是二者在事务管理上又进行了分割。在管理的资源种类上，后者可能比前者还要多。这无疑不利于自然资源部统一履行自然资源国家所有权职责。更为重要的是，国家已经树立

① 参见赵涛：《国务院部委管理的国家局应然角色定位研究》，中共中央党校2019年博士学位论文，第36页。

② 参见杜倩博：《主管部委与国家局的职责关系研究——基于中美大部制内部治理结构的比较》，载《探索》2018年第2期。

③ 胡象明、陈晓正：《“大司局”视野下大部制改革内部运行机制探微》，载《南京社会科学》2011年第5期。

“山水林田湖草(沙)”资源与生态保护的整体观,自然生态空间业已成为国有自然资源登记管理的一个单元,也可能成为国有自然资源使用权整体出让的对象。这就更需要破除自然资源部与国家林业和草原局之间的区隔,避免职责交叉、政出多门,真正实现二者在核心职责和决策层面上的一体化。

(二)部门之间利益的再调整

国有自然资源配置审批权横向分配上的外部矛盾,主要表现为自然资源部与水利部的利益冲突。

水利部的基本职责包括负责保障水资源的合理开发利用,负责生活、生产经营和生态环境用水的统筹和保障等16项,[①]其中,最为重要的两项可能是水资源的配置与保护、水利工程建设与管理。水利部作为水资源配置主体的地位,已经被《水法》《取水许可和水资源费征收管理条例》等法律法规所明确。而水资源又是最为重要的一类国有自然资源,其不仅与民众生活、企业生产息息相关,而且与其他自然资源开发利用可谓是“一鼓一板”,与此对应,水资源保护的工程建设等,又涉及国有土地的配置使用。[②]也正因如此,水利部与国务院自然资源主管部门(先后包括原国家土地管理局、原国土资源部、自然资源部等)形成了既合作又竞争的微妙关系。例如,水利部、原国土资源部于2004年发布的《关于进一步加强土地及矿产资源开发水土保持工

① 参见《关于水利部》,载水利部网,http://www.mwr.gov.cn/jg/zzjg/gyslb/。

② 参见1992年原国家土地管理局、水利部联合发布的《关于水利工程用地确权有关问题的通知》。

作的通知》规定，各级水行政主管部门和国土资源行政主管部门要根据《水土保持法》《土地管理法》《矿产资源法》的规定，落实政策性文件，认真履行职责，加强配合，从源头上防止水土流失和生态环境的破坏。各级水行政主管部门要严格执行开发建设项目水土保持方案报告制度和水土保持工程“三同时”制度，督促开发建设单位依法编报水土保持方案，落实水土流失防治责任。各级国土资源行政主管部门在办理土地使用、征用和采矿登记、许可时，要严格把关，切实落实水土保持的有关规定。而在地热水资源、河道砂石资源等开发利用方面，两个部门也曾经因为利益纠葛而产生过矛盾与争执。

经过机构整合，自然资源部与水利部的关系仍然没有完全梳理清楚。2018 年《国务院机构改革方案》组建自然资源部整合了“水利部的水资源调查和确权登记管理职责”，建立在这一基础上的《自然资源部职能配置、内设机构和人员编制规定》，又明确自然资源部承担履行全民所有的各类自然资源的所有者职责。然而，水利部依旧行使着水资源所有权的主要职责，只是把部分水资源所有者职责整合至自然资源部。根据《全民所有自然资源资产所有权委托代理机制试点方案》的解释，全民所有自然资源资产所有者职责为主张所有、行使权利、履行义务、承担责任、落实权益。那么，自然资源部在水资源上的所有者权益主要就是负责水资源的统一调查和统一确权登记。至于水资源的分类、水资源的开发利用、水资源保护规划的制定、水资源违法使用行为的查处、水量分配以及水资源有偿使用工作的开展等，基本上是由水利部负责。这与“一个事情由一个部门负责”，以及自然资源部统一履行全民所有自然资源资产所有者职责的改革设想，显然是不一致的。

其实，自然资源所有权登记工作本来就应该由自然资源行政主管部门行使，因此，2018年机构改革时从水利部转移到自然资源部的所有者职责，严格地说只有水资源统一调查职责。要实现改革所设想的目标，就有必要将水利部的自然资源所有者职责，尤其是配置审批权限转移至自然资源部。不过这一改革必须要考虑许多因素，如自然资源部承受水资源所有者职责，是否会导致机构过于膨胀？水利部在切割这一职责之后，剩余职责是否会过于单一，从而影响其作为一个国务院部门的地位？兹事体大，不得不察。

（三）为某些自然资源的所有权溯源

这个问题主要围绕环境容量指标展开。因排污权是环境容量的权利化载体，在经过政府许可之后，排污权成为一种准物权，而环境容量资源所有权也就被追溯为排污权的“母权”。一般而言，唯有国家才能成为该所有权的主体。出让排污权是在行使环境容量资源国家所有权的行为，但是它更应该被认为是保护环境的一种行为——如果不是为了实现后一目的而“出卖”环境容量，其正当性必定受到质疑。无论如何，为了实现自然资源国家所有者权益以及统一行使所有权的构想，审批出让排污权的职责应该由自然资源主管部门承担。但是，就目前而言，这一职责主要是由生态环境主管部门实施。

第五章

国有自然资源配置审批的市场化改革

前文分析了我国国有自然资源配置审批的市场化改革及存在的困境，本章研究内容是国有自然资源配置审批的市场化改革应该解决的主要问题：市场化的范围与市场化的基本构造。其基本逻辑是：确定哪些国有自然资源应该从传统配置审批方式走向市场化配置，这是市场化改革的前提；市场化配置应该采取何种方式，建立何种权利构造体系，这是市场化改革的核心。

第一节　国有自然资源配置审批市场化改革的前提

一、确定政府与市场在国有自然资源配置中的作用

（一）政府与市场在资源配置中的作用之变化

中华人民共和国成立之后，我国逐步建立起全面的计划经济体制，由政府配置各种资源，既是一种治理目标，也是一个政治与经济常态。改革开放之后，计划经济向市场经济渐进转型，市场在资源配置中的作用逐渐增强。发展至今，有学者将其归纳为四个阶段。①

① 参见史蕾：《从“辅助性作用”到“决定性作用”——党对市场在资源配置中作用的认识演变》，载《学习与实践》2014 年第 2 期。

一是从“破坏性作用”到“辅助性作用”（1979~1983 年）。在 20 世纪 80 年代初，人们尚未从计划经济体制与思维中走出，无论是政府还是学术界，主流观点依旧坚持计划经济的重要性，把计划经济作为社会主义经济的一个本质特征。《中国共产党第十一届中央委员会关于建国以来党的若干历史问题的决议》提出，“个体经济是公有制经济的必要补充……必须在公有制基础上实行计划经济，同时发挥市场调节的辅助作用”。《第六届全国人民代表大会第一次会议关于 1983 年国民经济和社会发展计划报告的决议》正式提出“计划经济为主、市场调节为辅”的原则。

二是从“辅助性作用”到“工具性作用”（1984~1991 年）。党的十二届三中全会与党的十三大先后提出计划与商品经济的结合，计划与市场的统一，强调要善于使用计划与市场两种手段。另外，计划经济中的“计划”被区分为指令性计划与指导性计划，有学者认为，计划经济在立足点上必须要有根本性的转移，以指导性计划作为计划工作的基本形式，指令性计划虽然有存在的必要，但不是社会主义计划经济的普遍形式。①

三是从“工具性作用”到“基础性作用”（1992~2012 年）。党的十四大明确提出，我国经济体制改革的目标是建立社会主义市场经济体制，就是要使市场在社会主义国家宏观调控下对资源配置起基础性作用。党的十五大、十六大、十七大、十八大分别提出“使市场在国家

① 参见华生:《转到有计划的商品经济轨道上来》，载《经济研究》1984 年第 11 期。另外，1984 年国务院《批转国家计委〈关于改进计划体制的若干暂行规定〉的通知》（已失效）中提出，适当缩小指令性计划的范围，扩大指导性计划和市场调节的范围，搞好计划体制的改革工作。

宏观调控下对资源配置起基础性作用”，“在更大程度上发挥市场在资源配置中的基础性作用”，“从制度上更好发挥市场在资源配置中的基础性作用”，“更大程度更广范围发挥市场在资源配置中的基础性作用”。①

四是从“基础性作用”到“决定性作用”（2013 年至今）。党的十八届三中全会提出“要紧紧围绕使市场在资源配置中起决定性作用，深化经济体制改革，坚持和完善基本经济制度，加快完善现代市场体系、宏观调控体系、开放型经济体系，加快转变经济发展方式”。党的十九大明确将要素市场化配置作为经济体制改革的两个重点之一。党的十九届四中全会强调要推进要素市场制度建设，实现要素价格市场决定、流动自主有序、配置高效公平。

（二）市场在资源配置中起决定性作用的内涵

党中央提出市场在资源配置中起决定性作用，本质上要求重新定义政府与市场在资源配置中的地位与关系。对其基本内涵可以做如下解读：

首先，在市场经济领域，市场不再是在政府宏观调控的前提下发挥基础性作用，而是发挥自主性的决定性作用。决策者对政府与市场关系的认识不断转变，从拒绝市场到承认市场，从承认市场到重视市场，每一次转变都是一次深刻的思想革命，并由此带来制度革命。党

① 参见《人民日报：“看不见的手”和“看得见的手”都用好——谈政府和市场的关系》，载国务院国有资产监督管理委员会网 2014 年 8 月 22 日，http://www.sasac.gov.cn/n2588025/n2588139/c2819146/content.html。

的十八届三中全会提出“使市场在资源配置中起决定性作用和更好发挥政府作用”，再一次调整了政府与市场在资源配置中的地位和作用。政策表达非常微妙地把“发挥政府作用”置于市场起决定性作用之后，表明了市场的决定性作用不是在政府宏观调控的基础上，相反，政府的宏观调控行为应该是建立在市场的决定性作用之上的。“市场作用新定位下，市场在资源配置领域享有主导型的话语权并在活动方式的选取上享有绝对的自由。而政府在此过程中只需要配合与尊重市场行为与作用。”①

其次，“市场在资源配置中起决定性作用”中的“资源”为市场资源。资源有不同类型，包括市场资源与非市场资源或者说公共资源，市场的决定性作用发挥于市场资源而非公共资源。“公共资源的配置不能由市场决定，原因是市场配置资源遵循效率原则，而公共资源配置则要遵循公平原则”，“因此就形成市场资源配置由市场决定，公共资源配置由政府决定的格局”。②

最后，市场在资源配置中起决定性作用应适用于微观经济领域，宏观经济领域的资源配置不由或不完全由市场发挥决定性作用。在某些方面，政府起着决定作用；在另一些方面，政府起着引领式的决定作用。③ 例如，西部大开发需要政府制定各种政策，引导资本进入，而不能完全依赖市场的自觉与自发。

---

① 周佑勇：《法治视野下政府与市场、社会的关系定位——以“市场在配置中起决定性作用”为中心的考察》，载《吉林大学社会科学学报》2016 年第 2 期。

② 洪银兴：《论市场对资源配置起决定性作用后的政府作用》，载《经济研究》2014 年第 1 期。

③ 参见卫兴华、闫盼：《论宏观资源配置与微观资源配置的不同性质——兼论“市场决定性作用”的含义和范围》，载《政治经济学评论》2014 年第 4 期。

（三）国有自然资源领域政府与市场作用的特殊性

市场与政府的关系是一个永恒的、亦无定论的话题。在深化改革时期，决策者提出市场的决定性作用，不是取消政府的作用，而是要减少其不合理的干预。不过，国有自然资源配置领域具有特殊性，市场与政府作用的界分也更容易引起争论。

1. 自然资源配置是否应由市场发挥决定性作用

以土地资源市场为例，在党的十八届三中全会提出“使市场在资源配置中起决定性作用”的理念之际，时任中央农村工作领导小组副组长、办公室主任陈锡文提出，“在土地利用和农地规划这个领域，市场不能起决定性作用，只有在土地用途管制及合理规划的情况下，才能允许市场起作用”。[①] 对此，有学者提出批评意见，认为规划与用途管制只是为了弥补市场的失灵，尽管土地资源与其他资源相比外部性可能更强，政府需要发挥更大的作用，但这不足以成为抑制市场功能的理由。[②] 两种观点的分歧点，从表面上看，似乎在于政府管制是土地利用市场化的基础还是土地利用市场化的补充。但是这一问题并不简单，展开分析如下：

第一，如果仅从土地资源配置角度看，第二种观点更具合理性。理由很简单，第一种观点把政府管制作为一个似乎必须接受、不能质疑的前提，在政府制定好土地管制政策之后，才允许发挥市场的作用。

---

① 马永涛：《陈锡文：市场在土地领域不能起决定性作用》，载搜狐网，https://news.sohu.com/20131121/n390500117.shtml。

② 参见蔡继明、王成伟：《市场在土地资源配置中同样要起决定性作用》，载《经济纵横》2014 年第 7 期。

这是我国土地市场建立以来，政府与市场关系的真实写照，但是也导致了中国土地市场的非完全市场化。诚如有学者所言，“土地用途行政管制先于土地市场的发育和完善；至今土地市场的基础地位尚未确立，管制并非源于市场失灵，而来源于政府对土地开发、利用行为的直接、全面干预，是国家高度集中的资源配置权力不断在土地市场剥离、收缩、退出的结果”。① 以近些年饱受争议的小产权房为例，国家先从土地用途管制的层面，限制了集体土地上房屋交易的可能性，所以，市场的土地资源配置作用只能发生在国有建设用地范围内。对此，不少人认为政府实施这种土地用途管制的背后动机是保护国有建设用地的交易，维护政府财政收入，其正当性并不充分。

第二，当前的土地市场是政府管制下的市场。党的十六大报告就已经提出要“发展产权、土地、劳动力和技术等市场”，也有官员撰文主张要发挥市场在土地资源配置中的基础性作用。② 但是，这里所指的市场，都是政府管制之下的出让市场（一级市场）和转让市场（二级市场）。必须承认，在当前法律体系下，要发挥市场在土地资源配置中的决定性作用，还有太多的障碍。集体经营性建设用地入市的有关争议就足以表明其中缘由。③ 有学者认为，土地配置市场化的瓶颈，首先在于土地所有权问题，产权排他性的不明确严重影响了土地市场化进程。无论是国家所有权还是集体所有权，主体的不清晰导致难以保证

---

① 郭洁：《土地用途管制模式的立法转变》，载《法学研究》2013 年第 2 期。

② 参见冷宏志、雷爱先：《充分发挥市场配置土地资源的基础性作用》，载《今日国土》2002 年第 7 期。

③ 参见欧阳君君：《集体经营性建设用地入市范围的政策逻辑与法制因应》，载《法商研究》2021 年第 4 期。

其运作会遵守市场规则。[①]笔者认为,所有权主体之制度安排并不是主要原因,根本原因在于国家所有权与集体所有权法律地位不平等,而这不仅涉及政府利益,更多与法律规定甚至《宪法》规定相关。欲实现市场在土地资源配置中的决定性作用,难度不可小觑。[②]

第三,土地资源配置需要考虑市场之外的因素,无法简单把政府管制和市场作用进行排序。资源在国家间的流通并不只受市场规律的影响,相反,自然资源可能成为维护国家安全或国家之间相互博弈的工具,土地资源更是如此。例如,对于我国制定的耕地红线政策,有部分经济学家表示反对,认为市场可以调节粮食供给,耕地红线政策是计划思维的产物。[③]但是,中央政府强调"把饭碗牢牢端在中国人自己手中",显然是结合市场以及其他各种因素考虑粮食安全。换言之,在某些场合下,自然资源配置中政府如何开展干预或管制,并非只是处理与市场的关系。

2. 政府的多重角色与自然资源的配置

在国有自然资源配置审批中,政府角色多样。角色一,使用权出让主体。我国自然资源所有权体系由国家所有主导,政府代表(代理)行使国家所有权。也就是说,在自然资源使用权市场,政府本身就是最主要的市场主体。角色二,使用权人监督主体。国有自然资源使用

---

① 参见郑红亮等:《论市场在资源配置中的决定性作用》,广东经济出版社 2015 年版,第 65 页。

② 2020 年 3 月,中共中央、国务院发布了《关于构建更加完善的要素市场化配置体制机制的意见》,"市场决定,有序流动"是市场化体制机制的原则之一,建立该机制,摆在首位的就是"推进土地要素市场化配置",但是,土地要素市场的前提依旧要符合国家的各种管制。为贯彻该意见而发布的《要素市场化配置综合改革试点总体方案》同样如此。

③ 参见江雪文:《对话茅于轼 开办民营银行 解决高房价》,载《华商报》2010 年 11 月 7 日,B6 版。

权出让之后，政府还需要对使用权人使用国有自然资源的行为予以监督。[①] 角色三，市场规则的制定主体。在国有自然资源市场领域，政府不仅是市场主体，还是市场具体规则的制定者。如国务院及相关部门为了规范出让行为而出台了《招标拍卖挂牌出让国有土地使用权规定》《招标拍卖挂牌出让国有土地使用权规范(试行)》等。角色四，自然资源监管主体。为了保护自然生态环境，实现自然资源的有序利用，政府还必须以监管者的角色出现，开展国土空间规划监督、国土空间用途管制、生态保护修复监管、自然资源市场公平竞争监管和各种环境保护监管等工作。

虽然政府的不同角色可以由不同的部门承担，但是由于自然资源国家所有权具有公私交融特性，且其与自然资源国家监管权的区分存在难以克服的模糊地带，政府在自然资源市场中的角色很可能产生错位，容易引起社会争议。例如，在使用权出让环节，是否应该建立一个类似国有资产监督管理委员会的机构，专门负责国有自然资源的出让？在使用权人监督环节，政府是基于何种角色对使用权人予以监督？[②] 在市场规则制定环节，政府是作为所有权行使者予以自我约束，还是作为监管者为实现市场竞争公平而开展外部监督？在监管环节，争议就更大了，有不少人认为自然资源所有权为公权力，该权力的行使很大程度上就是监管行为。

总而言之，国有自然资源领域也应该建立起市场机制，打破完全

① 例如，国家出让国家建设用地后，需监督土地开发行为，对于闲置土地可依照规定予以收回。参见《土地管理法》第 38 条。

② 从所有权人的角度，可以解释为所有权人对使用权人的使用行为予以监督；从审批的角度，可以解释为审批权人对被许可人的事后监督。

由政府单方面配置资源的传统分配机制。不过，该领域具有很大的特殊性，政府本身就是自然资源国家所有权的行使者，又是规则制定者与监管者，除此之外，可能还需要考虑市场之外的因素。是否能够完全套用“在市场起决定性作用的基础上更好发挥政府作用”之定律，不可笼统回答。或许，更可行的方案是结合不同自然资源的特点，处理政府与市场的关系。一方面，市场的资源配置作用会随着法律的修改而不断变化，土地、矿产、水资源市场即为如此。另一方面，资源配置又应该尽量按照市场的规律不断修改规则，如后文将要讨论的如何按照物权要求构建自然资源使用权，从而不断提升市场在资源配置中的作用。可见，法律的修改与市场化改革，二者互相影响、互相促进。

二、确定市场化配置的资源范围

我国国有自然资源种类繁多，属性有别，因此需要类型化管理。在前文中，笔者提出将国有自然资源分为民众高度依赖型自然资源、公众普遍使用型自然资源、经济利益型自然资源、生态维持型自然资源。这一分类的作用，是要求政府根据不同种类的自然资源建立起不同的配置方式。

（一）可市场化的自然资源是经济利益型自然资源

1. 经济利益型自然资源有市场化的可能

经济利益型自然资源本质上具有生产资料属性，它或者衍生出企业生产或民众生活所需的自然资源产品，如由矿产资源转化而来的矿产产品、由水资源转化而来的水产品等；或者设立（准）用益物权让权利人从中获得经济利益，如利用国家建设用地从事生产经营，利用国有水域、滩涂等从事养殖、捕捞活动等。这些自然资源能够产生经济利益，以追求利润为目的的资本就有进入该领域的动机与动力，当投资主体为多个时，竞争由此产生，也就有形成市场的基础。

2. 经济利益型自然资源有市场化的必要

传统审批体制下，谁需要什么样的自然资源，审批权人决定如何产生自然资源使用权，都具有极大的主观性、任意性。市场化具有如下优点：(1)通过市场调节价格和需求，降低交易成本，大大减少传统审批制下的资源浪费。(2)通过透明的市场规则，建立一个公平竞争的环境，减少“暗箱”操作和各种寻租行为。(3)通过竞争形成一个良好的价格——对于经济利益型自然资源，国家所有权的重要目的之一是追求经济利益，一般情况下，政府应该以最高的市场价格出让自然资源使用权。(4)可以让资源自由流通，实现资源的经济效益。“在市场中自由是第一位的，没有人能够强制他人买什么，而自由的保障就是对产权制度的尊重。”[①] 使用权人获得的自然资源使用权无论被认为是债权或物权，都是一种财产权，在完善的规则下，根据需要实现流转，从而尽可能实现资源的经济价值，有效克服传统审批制下使用权流转困难的弊端。

(二)国有自然资源改革政策中的类型化表达

已有的改革政策，主要是针对经营性自然资源资产与生态功能重

---

① 张维迎:《市场的逻辑与中国的变革》，载《探索与争鸣》2011年第2期。

要的公益性自然资源资产的改革。例如，中共中央办公厅、国务院办公厅于2019年发布的《关于统筹推进自然资源资产产权制度改革的指导意见》一方面要求"强化自然资源整体保护"——主要针对公益性自然资源资产而言；另一方面提出"促进自然资源资产集约开发利用"——主要针对经营性自然资源资产而言。

对于改革政策中的"资产"之含义也需要进一步分析：首先，与经济学意义上的资产一般仅指具有经济价值的资产不同，《生态文明体制改革总体方案》已经明确提出了"绿水青山就是金山银山"，"保护自然就是增值自然价值和自然资本"和"山水林田湖是一个生命共同体"等理念，自然资源资产同时包含了经济价值（含物的使用价值和交换价值）和生态价值（自然价值）。其次，公益性自然资源不仅包括生态价值，也包括经济价值。这类自然资源能够衍生出自然资源生态产品，可以在市场上交易，具有调节生态和实现经济价值的双重功能；或者在实现生态功能之余，适当发挥经济功能，在可能的范围内进行经济开发利用。换言之，对于经济利益型自然资源，改革政策要尽量发挥市场作用以实现其经济价值；对于生态维持型自然资源，改革政策同样将其作为资产看待，在进行整体保护实现其生态价值的同时，尽可能地实现其经济价值。诚如《关于统筹推进自然资源资产产权制度改革的指导意见》所期待的那样，"健全自然保护地内自然资源资产特许经营权等制度，构建以产业生态化和生态产业化为主体的生态经济体系"。

对于民众高度依赖型自然资源、公众普遍使用型自然资源，已有改革政策并未涉及。虽然《全民所有自然资源资产所有权委托代理机制试点方案》要求建立“统一行使、分类实施、分级代理、权责对等的所有权委托代理机制”，但是其中的“分类”，具体指向的是“土地、矿产、海洋、森林、草原、湿地、水、国家公园等8类自然资源资产”，也可以解读为经营性自然资源资产和公益性自然资源资产。需再次强调的是，民众高度依赖型自然资源与公众普遍使用型自然资源，与改革所涉及的经营性自然资源和公益性自然资源，在样态上可能交叉。后两种自然资源会表现出前两种自然资源的特性，或者说，后两种自然资源在特定场合下可能会成为前两种自然资源。例如，海域乃国家所有，能表现出各种使用形态。目前的改革政策主要注重海域的经济价值与生态价值，对于民众的特别或自由使用并未专门提及。这是国有自然资源配置审批改革需要注意的问题。

（三）国有自然资源类型化的实质

自然资源是天然形成之物，作为人的认知对象，它首先是一种客观存在，也就是哲学层面的“事实”。同时，某些物之所以被称为自然资源，以及某些物之所以被排除在自然资源范围之外，根本原因在于人们对这些客观存在的认识与评价，这就是所谓的价值判断。对人类是否有用，以及对人类起到何种作用，皆属于此。各种自然资源被纳入国家所有的范围，并被法律所确认，这是第一层面的价值判断。这体现在我国《宪法》的规定上。在《民法典》以及自然资源单行法层面，国有自然资源的价值可能被进一步明确，成为第二层面的价值判断。例如，《民法典》第344条规定，国有土地之上可设立建设用地使用权；第345条规定，建设用地使用权的设立范围包括地表、地上或者地下；第347条规定，建设用地使用权主要以竞争方式予以出让，用于“工业、商业、旅游、娱乐和商品住宅等经营性用地”。这些规定表明，国有土地的重要使用方向是建设用地，是作为经营性国有自然资源存在的。不过，《民法典》第346条亦规定，设立建设用地使用权应当符合节约资源、保护生态环境的要求。也就是说，即使是经营性自然资源，也要承担生态保护之功能。

换言之，国有自然资源成为民众高度依赖型、公众普遍使用型、经济利益型或生态维持型自然资源中的一种，是所有权主体的国家或全民选择的结果。价值就是“有用性”的再表达，而有用性与价值的大小，归根结底取决于评价者。问题在于，利益的表现形式是多元的。在自然资源领域，利益既可能表现为经济利益，也可能表现为生态利益，还可能是民众的生活生存利益等。所有权即为财产权，以及自然资源国家所有的生产资料属性，都强烈地体现出自然资源国家所有权的经济属性。更何况，国有自然资源之开发使用，能够增进政府收益，充盈国库，有利于提升官员政绩，因此，无论是自然资源国家所有权的代表者或委托代理人，都具有天然的获取经济利益的动力。如果所有权被地方政府行使并缺乏有力的监督，地方政府就有可能把国有自然资源视为纯粹的、增进政府财政收入的来源，地方官员则可能将其视为谋取私人利益的工具。不少学说，如公共选择理论已经作出了有力的诠释，实践中资源滥用的现象也不时给社会敲响警钟。

因此，笔者不断重申，不同于以实现自然资源的经济价值为目的的私法所有权，国家所有权的最终目的是实现公共利益，是有着相当浓厚的公法属性的。也就是说，对国有自然资源功能的定性，不能仅靠决策者单方面的价值选择。第一，在决策者与特殊群体之间，不能简单地以所有权人利益压倒特殊群体的利益。相反，作为一个人道且文明的社会，弱者的利益要受到特别的重视。在协调强者与弱者的关系上，“作为一个以建立和谐社会为目标的社会制度而言，必须充分认识到强弱之别可能带来的社会冲击，必须将强弱之间的差别控制在一定的范围之内”，[①] 国家可以通过税收等手段调节强者与弱者之间的财富差距，实现“劫富济贫”。那么，当社会关系的双方变成自然资源国家所有权人与特别使用人的时候，更加有理由相信，国家（政府）应该放弃所有权所能带来的部分经济利益，保护特殊群体的使用权与生存权。第二，在决策者与普通公众之间，不能以所有权人利益排除公共利益。某些自然资源可能被不特定的公众所普遍使用——这种直接的、物理层面的普遍使用，符合公共利益的特性，[②] 在这种情形下，若无特殊原因，国家（政府）不得以所有权对抗公众的一般使用权。第三，在所有权行使者与自然资源监管者之间，不能因经济开发而不顾生态保护。《关于统筹推进自然资源资产产权制度改革的指导意见》提出了非常明确的改革原则，“坚持保护优先、集约利用。正确处理资源保护与开发利用的关系，既要发挥自然资源资产产权制度在严格保护资源、提升生态功能中的基础作用，又要发挥在优化资源配置、提高资源开发利用效率、促进高质量发展中

① 胡玉鸿：《法律如何面对弱者》，载《政法论丛》2021 年第 1 期。

② “公共使用”（publicuse）一词见诸《美国宪法第五修正案》，其内涵也随着美国经济社会的发展而不断扩张。狭义上的公共使用仅指公众的确切使用、直接使用、物理使用。（参见欧阳君君：《如何抑制经济发展型征收——美国经验与启示》，载《海南大学学报（人文社会科学版）》2016 年第 5 期。）

的关键作用”。

（四）健全国有自然资源类型化的建议

国有自然资源的类型化由政府予以确定，但是终归是各种利益的平衡。在国有自然资源类型化的过程中，立法先确定可能的类型，之后由行政机关作具体规划，确定特定自然资源的功能。健全国有自然资源类型化，需要从这两个环节入手。

1. 立法上实现科学分类与规范表达

不少自然资源单行法律对自然资源的功能予以类型化。例如，《水法》第 21 条规定，水资源的功能包括满足城乡居民生活用水、农业、工业、生态环境用水以及航运等需要；第 48 条规定，国家实行取水许可制度和水资源有偿使用制度，“但是，家庭生活和零星散养、圈养畜禽饮用等少量取水的除外”。这表明水资源在特定场域能够表现出民众生存依赖、经济利用、生态保护等功能形态，“航运”在一定程度上反映出自由、普遍使用的功能形态。《矿产资源法》基本体现为矿产资源的经济利用功能，该法第 35 条体现了矿产资源的民众依赖型利用的功能。《海域使用管理法》中的“海洋功能区划”一章，体现了海域所拥有的功能形态，具体可见该法第 11 条的规定：“统筹安排各有关行业用海”——体现了经济利用；“保护和改善生态环境”“保障海上交通安全”“保障国防安全，保证军事用海需要”——体现了海域的生态及其他公益功能形态。《野生动物保护法》以野生动物的保护为目的，符合生态保护功能形态，对非国家重点保护野生动物的限量捕猎之规定，可以作为经济利用的依据。《森林法》第 3 条规定：“保护、培育、利用森林资源应当尊重自然、顺应自然，坚持生态优先、保护优先、保育结合、可持续发展的原则。”这也体现了森林资源的生态与经济功能。①《湿地保护法》以保护优先为原则，但亦可合理利用。依据该法第25条的规定，在避免改变湿地的自然状况的前提下，可从事旅游、种植、畜牧、水产养殖、航运等利用活动。

法律对于特定自然资源的功能形态规定不全面时，公众权利就可能受损，这方面最为典型也最受关注的可能是《海域使用管理法》。根据学者的研究，侵害渔民权益的事件在国内屡屡发生，变成了许多地区的共同问题，甚至还得到了一些政府部门的合法性肯定。在不少征用水域的事例中，政府一纸命令便剥夺了渔民赖以生存的水域，渔民也不能得到应有的补偿。重要原因就是政府没有把渔民在特定水域从事养殖或捕捞的权利作为基于生活需要而享有的一种基本人权对待，而是当成政府的“恩赐”。②虽然从民众与自然资源之紧密关系，可以推论出特定群体应该享有习惯法上的自然资源使用权，或称为习惯权利。对于该权利，有学者将其视为人权，③也有学者认为某些习惯权利所蕴含的自由是其他自由无法替代的。④但是，我国是成文法国家，与法定权利相比，习惯权利总是容易被忽视的，而且在不同部门法中有不同地位。在民事法律关系中，习惯可以成为民法法源，这已被

① 特别值得注意的是，2016年国务院制定的《关于全民所有自然资源资产有偿使用制度改革的指导意见》提出：“严格执行森林资源保护政策，充分发挥森林资源在生态建设中的主体作用。国有天然林和公益林、国家公园、自然保护区、风景名胜区、森林公园、国家湿地公园、国家沙漠公园的国有林地和林木资源资产不得出让。”这也是对特定森林资源功能形态的明确规定。

② 参见孙宪忠主编：《中国渔业权研究》，法律出版社2006年版，第302~303页。

③ 参见谢晖：《论作为人权的习惯权利》，载《法学评论》2016年第4期。

④ 参见耿焰：《地域方言权：从习惯权利到宪法权利》，载《政法论坛》2017年第1期。

《民法典》确定,[1] 习惯权利据此获得国家的保护。在行政法上,习惯也可能成为行政法的渊源,但是并没有为法律所明确,仅在司法实践中为部分法官所承认。因此,行政法上的习惯与习惯权利,尚不可与民法上的习惯与习惯权利相提并论,对其效果不能抱有过度的期望。

《海域使用管理法》未规定海域的公众自由使用之功能,是一个立法缺憾。其他的自然资源单行法亦可能如此。立法者在立法过程中,应该对该自然资源的功能形态做尽量完整的列举,明确行政机关承担实现这些功能的义务。需要特别指出的是,行政机关具有追求经济利益的动机,所以立法者应该注意自然资源非经济利用功能形态的规范表达,否则行政机关会滥用市场化机制,损害特定群体利益、公共利益、生态利益等,这显然并不符合国有自然资源配置审批市场化改革的目的。此外,对于某些生态属性突出的国有自然资源,在立法重视保护的同时,也应该考虑该自然资源合理开发利用的可能,否则政府的开发利用行为会受到合法性质疑。

2. 建立自然资源类型化讨论的公共场域

法律规定了国有自然资源的使用类型,特定领域自然资源使用类型如何确定,还得根据规划来实现。当前,这一规划的基本形态是国土空间规划和自然资源专项规划。在中央,全国国土空间规划纲要由自然资源部会同相关部门组织编制;在地方,省级与市级国土空间规划的编制主体分别为省级人民政府与市级人民政府,并分别由省级、市级自然资源主管部门会同有关部门开展具体编制工作,县和乡镇国

① 《民法典》第10条规定:"处理民事纠纷,应当依照法律;法律没有规定的,可以适用习惯,但是不得违背公序良俗。"

土空间规划由同级政府组织编制。编制国土空间规划，需以中共中央、国务院关于国土空间保护和开发利用等的政策、《土地管理法》、国民经济和社会发展规划、国土空间规划编制技术标准、上一级国土空间规划等作为依据，越是基层政府，其国土空间规划越要编制得具体详细，县、乡人民政府制定的国土空间详细规划对具体地块用途和开发建设强度等要作出实施性安排。具体的自然资源单行法上，有的法律也对特定自然资源类型化进行了规定，例如，《海域使用管理法》第12条规定海洋功能区划实行分级审批；《湿地保护法》第15条规定了湿地保护规划的编制依据和主体。

编制各种规划，实现国有自然资源类型化的过程，实质就是国家对自然资源予以监管的过程，是与行使自然资源所有权有所不同的一种权力。不过，根据相关规定可以看出，各种规划的编制主体、批准主体都是行政机关，民主性在这个过程中相对缺失。编制规划，确定具体自然资源的使用类型，需要对行政机关的权力予以必要限制，否则行政机关会因过于追求经济利益而忽视其他利益。

机制之一是完善人民代表大会的监督机制，当前，人民代表大会在规划制定过程中的作用尚不够突显，以最为重要的国土空间规划为例，人民代表大会的作用主要体现在人大常委会对同级政府制定的规划予以审议，只有“建议权”而无决定权。鉴于国土空间规划等在经济与社会发展中的重大作用，依据《宪法》规定的人民代表大会职权，规划审批权可以交由人民代表大会实施。人民代表大会监督权的真正落实，有赖于有关法律的修改以及人民代表大会制度的完善，改革的难度较大。机制之二是建立起编制机关、审批机关与公众之间的沟通机制。社会主义协商民主是我国的制度优势之一，通过协商，民众的意见得以反应，民众利益得以保护。2017 年，习近平总书记在党的十九大会议上所作的报告《决胜全面建成小康社会　夺取新时代中国特色社会主义伟大胜利》中指出："协商民主是实现党的领导的重要方式，是我国社会主义民主政治的特有形式和独特优势。"2019 年，习近平总书记在上海考察时首次提出"人民民主是一种全过程的民主"的重要论述，创造性提出"全过程人民民主"的新概括、新表达。这一论断具有丰富的内涵，可以从程序、手段、过程、结果等角度予以理解，[①] 其中也包括政府与公众的理性协商。"各级政府与相关利益方围绕公共事务、公共政策和社会问题进行沟通与协商。协商采取的方式主要包括了官民对话会、决策咨询、公开听证、网络媒体议政等形式。治理性协商通过各方平等、公开和透明的对话，实现了对相关方具体利益的综合与协调。"[②] 总而言之，在编制规划，确定国有自然资源类型的过程中，政府应该以各种可能的方式，与社会公众展开对话，在法律确定国有自然资源具有的功能形态下，对特定区域国有自然资源的功能予以细化。

国有自然资源配置审批的市场化，是克服自然资源配置审批传统方式的一种手段。但是，并不是所有的国有自然资源配置都应该市场化，相反，某些自然资源不能进入市场交易；有的国有自然资源配置应该实现市场化，可以借助市场实现国家对效益的追求。无论出于何种

---

① 参见胡玉鸿：《全过程人民民主的法理释读》，载《法律科学（西北政法大学学报）》2022 年第 4 期。

② 李笑宇：《全过程人民民主：运行机制与显著优势》，载《科学社会主义》2021 年第 5 期。

原因，国家都应该建立起国有自然资源类型化的机制，既要防止把不应该进入市场的资源市场化，又要防止应该进入市场的资源依旧采用传统的方式进行配置。

第二节 国有自然资源配置审批的市场化构造

一、形式：从传统申请审批到竞争式出让

（一）国有自然资源配置审批方式的立法转变

计划经济年代，审批可以说是防止资源浪费、实现资源配置的最有效方法。一方面，自然资源被纳入国家所有的范围，任何个人和组织可以自由进入与获取的场域。换言之，为防止发生公地悲剧，政府必须建立起管制机制，为资源获取者设置进入门槛。① 另一方面，自然资源不允许私有，集体经济组织亦高度依附于国家，服从国家的指令成为计划体制的一部分，因此国有自然资源不可能被下放至社会，形成埃莉诺·奥斯特罗姆所描述的自主治理机制②。

改革开放之后，乡镇企业的兴起、外资企业的进入、民间资本的活

① 尽管水资源被明确为国家所有，但是在很长时间内，由于其特殊属性以及对生产生活的重要性，人们对水资源的利用处于开放状态，基本不存在水利用的竞争问题。水资源事实上成为一种开放的可获取资源，国家所有蜕变为名义上的所有。

② 传统认为，解决公共资源使用困境的方法有两个，一是国有化，二是私有化。奥斯特罗姆对世界多个国家的地方治理进行实证分析后，提出了自主治理模式，并归纳了八项基本原则。具体可参见〔美〕埃莉诺·奥斯特罗姆：《公共事物的治理之道——集体行动制度的演进》，余逊达、陈旭东译，上海三联书店 2000 年版。

跃，使得建设用地的需求被极大激活，工业园区建设则使得建设用地需求规模化。1987年深圳实施国有土地使用权有偿出让，被决策层迅速接受，全国人大于1988年修改《宪法》予以回应，在删除土地不得出租规定的同时，增加了“土地的使用权可以依照法律的规定转让”。1990年国务院发布《城镇国有土地使用权出让和转让暂行条例》，其第13条规定土地使用权出让可以采取协议、招标、拍卖三种形式，该条例的第七章规定了土地使用权的划拨。划拨土地体现为传统的审批方式，即需用地人提出申请，审批权人对申请予以审查并作出是否同意的审批决定。招标、拍卖等形式则是典型的市场竞争方式。1999年原国土资源部发布《关于进一步推行招标拍卖出让国有土地使用权的通知》，要求“商业、旅游、娱乐和豪华住宅等经营性用地，有条件的，都必须招标、拍卖出让国有土地使用权”。国有土地使用权出让市场化至此成为一个基本原则。为了进一步规范国有土地使用权出让，中央土地行政主管部门后续出台了多个规范性文件。①

矿业权出让方面，2000年原国土资源部印发的《矿业权出让转让管理暂行规定》（部分失效）第4条规定，矿业权的出让由县级以上人民政府地质矿产主管部门根据各自权限，采取批准申请、招标、拍卖等方式进行。2005年国务院发布了《关于全面整顿和规范矿产资源开发秩序的通知》，要求“全面实行探矿权、采矿权有偿取得制度，采

① 例如，原国土资源部2002年发布的《招标拍卖挂牌出让国有土地使用权规定》，原国土资源部、原监察部2002年发布的《关于严格实行经营性土地使用权招标拍卖挂牌出让的通知》，原国土资源部2003年发布的《协议出让国有土地使用权规定》，原国土资源部2006年发布的《招标拍卖挂牌出让国有土地使用权规范（试行）》《协议出让国有土地使用权规范（试行）》等。

取市场竞争方式出让探矿权、采矿权，规范矿业权市场”。2006年原国土资源部发布《关于进一步规范矿业权出让管理的通知》，对矿业权予以分类并规定相应的出让方式。2012年原国土资源部发布《关于严格控制和规范矿业权协议出让管理有关问题的通知》①，要求“坚持依法依规采取招标拍卖挂牌等市场竞争方式公开出让矿业权的原则，从严控制协议出让范围，严格执行矿业权协议出让的审批权限和程序，逐步减少协议出让数量”。海域使用权方面，2012年原国家海洋局发布了《关于全面实施以市场化方式出让海砂开采海域使用权的通知》，提出“要充分发挥市场在资源配置中的基础性作用，减少和规范行政审批，资源性资产的出让应由行政审批逐步走向市场化配置”，全面推行以市场化方式出让海砂开采海域使用权。2019年自然资源部发布了《关于实施海砂采矿权和海域使用权“两权合一”招拍挂出让的通知》②，全面实施海砂采矿权和海域使用权“两权合一”招标拍卖挂牌，以解决海砂采矿权和海域使用权“两权”出让不衔接、不便民的问题。

除了上述典型的经营性自然资源使用权配置的市场化，其他自然资源的市场化配置也在推进之中，如以环境容量资源为载体的排污权出让拍卖。2016年国务院制定了《关于全民所有自然资源资产有偿使用制度改革的指导意见》，提出要“充分发挥市场配置资源的决定性作用，按照公开、公平、公正和竞争择优的要求，明确全民所有自然资源资产有偿使用准入条件、方式和程序，鼓励竞争性出让，规范协议

① 《关于严格控制和规范矿业权协议出让管理有关问题的通知》于2015年因原国土资源部《关于严格控制和规范矿业权协议出让管理有关问题的通知（2015修改）》（此文件有效期5年，也已失效）的施行而废止。

② 此通知有效期3年，已失效。

出让”。换言之，只要符合经济利益型自然资源的特征，原则上都应该以市场方式予以初始配置。

(二)传统申请审批与竞争式出让的概念梳理与内容异同

1.传统申请审批与竞争式出让概念的梳理

审批与出让之间的关系，无论是法律的规定，还是学者的学术研究，都显得较为混乱。这种混乱在一定程度上会导致人们对政策产生错误的理解。

首先，关于法律上的规定。《行政许可法》第12条把有限自然资源的开发利用等需要赋予特定权利的行为，视为行政许可(审批)。该法第53条规定，实施有限自然资源开发利用的许可，“行政机关应当通过招标、拍卖等公平竞争的方式作出决定。但是，法律、行政法规另有规定的，依照其规定”。“法律、行政法规另有规定的”，即为非竞争式方式的审批，也就是传统的申请审批方式。总而言之，依据《行政许可法》的规定，国有自然资源审批包括两种类型，一种是以竞争方式实施的审批，另一种是以传统申请方式实施的审批。

原国土资源部于2000年发布的《矿业权出让转让管理暂行规定》(部分失效)第15条规定：“矿业权出让是指登记管理机关以批准申请、招标、拍卖等方式向矿业权申请人授予矿业权的行为。”据此，矿业权的出让有两种方式，一种是批准申请的方式，即以传统的申请审批方式予以实施；另一种是以招标、拍卖的方式即竞争方式予以实施。传统申请审批方式与竞争方式成为并列方式，属于出让方式的两种类型。但是，2017年发布的《矿业权交易规则》第2条第2款规定，

“矿业权出让是指国土资源主管部门根据矿业权审批权限，以招标、拍卖、挂牌、申请在先、协议等方式依法向探矿权申请人授予探矿权和以招标、拍卖、挂牌、探矿权转采矿权、协议等方式依法向采矿权申请人授予采矿权的行为。”按照这一规定，矿业权出让主体为审批主体，招标、拍卖、挂牌等竞争方式以及申请、协议等非竞争方式，都是审批权主体进行授予矿业权的手段。亦即，矿业权出让过程就是行政审批的过程，出让等同于行政审批。《矿业权交易规则》虽已因《矿业权出让交易规则》的施行而废止，但地方立法受其影响，对矿业权出让的含义采取了几乎相同的界定。①

《城镇国有土地使用权出让和转让暂行条例》第13条规定，国有土地使用权出让可以采取协议、招标、拍卖的方式予以出让。根据该条例第43条规定可知，政府以无偿方式允许土地使用者取得土地使用权的行为是土地划拨。原国土资源部制定的规范文本——《国有建设用地划拨决定书》明确表明，“本宗国有建设用地业经依法批准，决定以划拨方式提供”。划拨的实质就是传统申请审批的表现形式。由此可知，国有土地使用权出让仅指协议、招标、拍卖出让，土地划拨（传统申请审批）并非出让形式，传统申请审批与土地出让构成了并列的两种方式。但是，《城镇国有土地使用权出让和转让暂行条例》的名称仅指出“国有土地使用权出让”，并不包括“划拨”，也就是说，从条例名称看，国有土地使用权出让应该包括“土地使用权划拨”行为。之所以会出现这种情况，在于该条例的立法语言不够细致与谨慎。具

① 参见《上海市矿业权交易市场管理办法》（沪规划资源规〔2021〕2号）第3条；《内蒙古自治区矿业权交易实施细则》（内国土资规字〔2018〕6号）第2条。

言之，该条例名称使用的“出让”，是各种国有土地使用权的出让，既包括有偿出让，也包括无偿出让。但是，该条例第二章的“土地使用权出让”，却仅指有偿出让。[①] 在立法内容安排上，“划拨土地使用权”又单独成为一章，与“土地使用权出让”相并列。顺便指出的是，《民法典》第 347 条规定了国有建设用地使用权的设立方式[②]，其中也是把出让与划拨作为两个并列的概念予以使用。出让并不包括划拨，仅指招标、拍卖等竞争式方式。

其次，学术界的学术用语不统一。或许是立法上用词的不统一，导致学者在用词上的随意，这进一步加剧了有关概念的混乱。例如，在《自然资源特许权有偿出让研究》一书中，王克稳教授以《行政许可法》为基础，认为自然资源开发利用的使用许可包括两种，一种是以申请审批方式出让的自然资源使用权，通常为使用许可方式；另一种是以招标、拍卖等竞争方式出让的自然资源使用权，一般采用协议方式，由自然资源行政机关与中标人、买受人签订自然资源使用权出让协议。[③] 但是，在其他论著中，王克稳教授又认为《行政许可法》第 53 条的实质依旧是审批制，只是在出让程序中引入了竞争机制，未来的改革应该“以公平竞争替代传统的审批、以合同替代许可”。[④] 其内在

---

① 《城镇国有土地使用权出让和转让暂行条例》第 8 条第 1 款规定：“土地使用权出让是指国家以土地所有者的身份将土地使用权在一定年限内让与土地使用者，并由土地使用者向国家支付土地使用权出让金的行为。”

② 《民法典》第 347 条第 1~2 款规定：“设立建设用地使用权，可以采取出让或者划拨等方式。工业、商业、旅游、娱乐和商品住宅等经营性用地以及同一土地有两个以上意向用地者的，应当采取招标、拍卖等公开竞价的方式出让。”

③ 参见王克稳：《自然资源特许权有偿出让研究》，北京大学出版社 2021 年版，第 14 页。

④ 王克稳：《论行政审批的分类改革与替代性制度建设》，载《中国法学》2015 年第 2 期。

之意似乎又认为协议（合同）方式并非许可（审批）的类型，二者应该是并列关系。

陈灵峰博士对矿业权出让予以研究，认为出让方式包括两大类：竞争出让方式与非竞争出让方式。所谓竞争出让方式，就是将市场竞争机制引入矿业权出让领域，具体包括使用招标、拍卖、挂牌的方式出让矿业权。非竞争出让方式即行政审批，是指自然资源主管部门受理、审核矿业经营主体的用矿申请，经双方协商达成协议，并签订矿业权出让合同后，自然资源主管部门将矿业权授予给申请主体的方式。① 然而，传统的行政审批决定虽以行政相对人的申请为前提，但是否同意申请完全取决于政府意志，并无协商之程序，也无合同之载体形式。唯以《行政许可法》第 53 条之规定引入竞争方式，才可能使行政审批以双方合意为基础，以合同文本为意思载体。

最后，本书立场的重申。由此可见，无论是立法还是理论研究层面，对审批与出让这两个概念的使用均非常混乱。在笔者看来，出现这一乱象的根本原因，在于大家对审批与出让性质的认定存在很大差异。不少学者尤其是民法学者认为，出让行为是民事行为，审批行为是行政行为，② 二者应该成为并列的概念。或许另有人认为，国

---

① 参见陈灵峰：《我国矿业权出让制度研究》，湖南大学 2022 年博士学位论文，第 106 页。

② 有的学者对《行政许可法》第 12 条第 2 项规定的特许，在认识上是矛盾的。一方面，认为特许是行政机关代表国家向申请人授予某种权力或者授予申请人对有效资源进行配置的开发利用的形式。另一方面，又认为特许与普通许可的区别是特许所针对的事项更为特殊，且要求更为严格，属于市场准入的例外情况，金融机构、保险机构和某些特种行业的登记也属于特许。（参见路瑶：《中国行政审批权配置研究》，商务印书馆 2021 年版，第 33~34 页。）在笔者看来，金融机构、保险机构等特殊行业的进入，是在符合一般登记条件的基础上，需要满足特别的条件，但其依旧是《行政许可法》第 12 条第 5 项所规定的“企业或者其他组织的设立等，需要确定主体资格的事项”，不能因为登记上有特别要求，就当然地将其理解为“特许”。

有自然资源配置审批是自然资源所有权主体之代表（代理）人使用权出让行为，那么审批就可能成为出让的下位概念。关于这一点，本书第一章已经展开过论述，在此不再赘述，只是重申如下两点：其一，不同于其他行政许可行为，国有自然资源配置审批以自然资源国家所有权为依据，具有典型的财产权属性；其二，在法律规范基础上，以《行政许可法》为基本依托，把行政审批作为上位概念，把竞争式出让和法律行政法规规定的其他方式（非竞争式出让）作为实施行政审批的两种手段。而笔者所倡导的国有自然资源配置审批改革的市场化，就是针对经营性国有自然资源，建立起符合市场特征与规律的机制。

如果不把国有自然资源配置审批与国有自然资源使用权出让两个概念梳理清晰，就无法展开传统申请审批方式与竞争式出让方式之间的比较。笔者在此无意批判他人观点与立法用语的混乱，只是为了确立某个基点，以此作为对话和扩展研究的基础。

2. 传统申请审批方式与竞争式出让的异同

无论是传统申请审批式出让还是竞争式出让，都是国有自然资源使用权出让的方式，也都是国有自然资源配置审批的方式。

（1）二者的相同之处及其意义

二者的相同之处表现为两种行为都以自然资源国家所有权为依据。承认这一点，对于厘清不少问题都有重要意义。例如，国家所有权如果是公权力，那么无论是传统申请审批还是竞争式出让，都是公法行为。不过，这会直接带来一个诘问——公权力能够通过竞争方式出让吗？如果国家所有权是私权利，那么无论是传统申请审批还是竞争式出让，都是民事行为。同样，这也会带来一个诘问——私权利能用行政审批的方式作出吗？

对此，前文已经表明了笔者的观点，自然资源国家所有权与私人所有权具有大致相似的外在形式与权能结构，这是自然资源国家所有权能够设立（准）用益物权或准物权的基础，也是国有自然资源使用权能够按照民法基本规则予以使用、转让、抵押等发挥效益的基础。但是，自然资源国家所有权又有不同于私人所有权的地方，其之所以存在是为了公共利益，而且，与私人所有权相比，自然资源国家所有权主体与行使主体之间往往有多重委托关系，过多的委托层级有可能导致行使者偏离该所有权追求的目标。因此，对于自然资源国家所有权的行使，必须要有更加严格的制约机制，要有明确的法律依据，且要遵守公法原则、程序等，以至于在形式上与一般的行政行为别无二致，这与私人所有权完全遵守意思自治具有相当大的差别。

自然资源国家所有权是公私法相融性质的权利——具有公法的目的和私法的权能结构，在公法的框架下对所有权行使主体予以限制，但是，私法的权能结构使之能够按照私法规则发挥权利效果。

（2）二者的不同之处及其意义

毫无疑问，传统申请审批制与竞争式出让之间的不同之处更加重要，这也是市场化改革的重要原因。

首先，传统申请审批制会模糊国家所有权与管制权的界限。传统申请审批制度下，对于申请人的使用申请，审批权人根据法律规定的审批权限作出是否准许的决定。从形式上看，这与其他许可别无二致。而其他许可得以实施的前提是国家（政府）为了保护公共利益，有必要对某些事务具有管制权，代价就是限制公民在这一领域的自由，实施许可本质上是对这一限制的解除。理解这一逻辑，就得以明白实施行政许可原则上为何不得收取费用[①]——因为许可的结果只是把公民本就享有的自由予以"归还"。在很长时间内，国人申请使用国有自然资源也是无偿的，通过审批将自然资源使用权配置给某个单位、使用多长时间等，与政府计划指令设立某个企业、在何处设立、生产何种产品、产量多少、产品销往何处，并不存在实质区别。审批机关在作出自然资源配置审批决定时，无须，也可能不会有这样的想法——"本机关是在代表国家行使自然资源国家所有权"。换言之，与其说国有自然资源配置审批是在实现国家所有权，不如说是通过审批的方式对使用国有自然资源的行为予以管制。或许基于这个原因，尽管《矿产资源法》根据矿产种类、规模等给从中央到地方的各级政府分配了相应的探矿、采矿审批权，但是，对于这种审批权是否为国家所有权的行使形式，是存在不同意见的。

其次，传统申请审批制容易导致使用权许可与其他许可的混合。国有自然资源配置审批过程中，涉及的审批事项可能是多样的。以采矿审批为例，矿业权审批是"财产权、特许经营权和实际开发权的结合体，又与矿产资源国家所有权、矿区用地使用权、矿产品所有权及相邻关系人环境权等多有关联"。[②] 实务中，采矿审批的申请材料包括且不限于"申请登记书和矿区范围图""采矿权申请人资质条件的证

---

① 《行政许可法》第 58 条第 1 款规定："行政机关实施行政许可和对行政许可事项进行监督检查，不得收取任何费用。但是，法律、行政法规另有规定的，依照其规定。"

② 江必新：《矿业权法律关系调整中的国家干预和私人自治——兼论法律行为效力理论之重构》，载《法学评论》2018 年第 1 期。

明”“矿产资源开发利用方案”“依法设立矿山企业的批准文件”“开采矿产资源的环境影响评价报告”等，从中可以看出，采矿审批不仅包含矿产资源的使用权审批，还包括与采矿有关的各种环境影响审批、采矿资质审批等。在这种情况下，政府作出一个审批决定，虽然其名义为“采矿”审批，申请人也获得了相应的矿业权——源自国家所有权的审批，但是，该审批决定之中还有其他的审批——源自国家监管权的审批，这种审批机制导致所有权的行使与国家监管权的行使混合在一起。

再次，竞争式出让有利于构建自然资源使用权的独立法律地位。竞争式出让较之传统申请审批，有一个非常突出的特色：围绕国有自然资源使用权开展相关工作。在工作流程上，随着市场化进程的推进，国有自然资源配置审批对招投标人（竞买人）的资质要求越来越低，目前只需有营利法人资格即可。[①] 通过招投标之后，政府确定竞得人，并与之签订成交确认书以及后续的自然资源使用权出让合同。竞得人履行相关手续后，持中标通知书或者成交确认书、矿业权出让合同等相关材料，向有审批权限的自然资源主管部门申请办理使用权登记手续。在此过程中，政府以合同的形式与竞得人形成了转移国有自然资源使用权的合意，然后又通过登记的方式确认了竞得人的使用权，并以公示的手段使之效力物权化。

在此，需要进一步关注和探讨的问题是，对竞得人获得的自然资源使用权予以登记，属于什么行为。对此可以现行《矿产资源法》与

---

① 当然，一些特殊矿产资源的矿业权出让对竞买人会有特别的资格要求，另外，被列入政府失信名单的企业也可能难以获得竞买资格。

2019年发布的《矿产资源法(修订草案)》(征求意见稿)为例予以分析,《矿产资源法》第16条规定的采矿审批权,被修订草案第22条修改为矿业权的出让权限,以及从采矿许可证转变为矿业权登记(修订草案第25条)。可能有人据此认为,根据《民法典》第209条的规定,[①] 矿业权登记应属于不动产物权之设立行为,亦即经过登记之后,竞得人享有了作为物权的矿业权,从而不同于现行《矿产资源法》以许可证的方式予以授权。[②] 笔者对此完全赞同。在笔者看来,经过招投标之后,竞买人与行政机关签订使用权出让合同,只是达成了使用权出让的合意,或者说只是将行政机关和竞买人在招投标过程中的意思表示以书面的形式予以确认,并未发生使用权的移转。因此,在订立自然资源使用权出让合同之后,竞得人应按照合同约定及时缴纳出让金以及其他税费,否则行政机关可以依法解除出让合同。而使用权得以发生移转,关键还是在于不动产物权登记。事实上,这一登记行为有两重含义,一是实现使用权的转让,即从国家手中让渡给竞得人,或者说,直到登记之时,竞得人才真正取得自然资源使用权;二是实现使用权的物权化,经过登记之后产生了物权效力。[③] 当然,在登记要件主义模式下,没有登记并不意味着不产生任何法律效力,因为依据

---

① 《民法典》第209条第1款规定:“不动产物权的设立、变更、转让和消灭,经依法登记,发生效力;未经登记,不发生效力,但是法律另有规定的除外。”

② 参见王克稳:《自然资源特许权有偿出让研究》,北京大学出版社2021年版,第114页。

③ 2019年《矿产资源法(修订草案)》(征求意见稿)第25条第1款规定:“受让人缴纳探矿权出让金、采矿权出让金后,有关人民政府自然资源主管部门应当将矿业权有关事项载入矿业权登记簿,办理矿业权登记,发放探矿权证书、采矿权证书。矿业权设立自记载于矿业权登记簿时发生效力。”这一规定非常直接且明显地指出,登记的作用既在于设立了矿业权,也是发放探矿权证书、采矿权证书的依据,体现出双重作用。

《民法典》第215条的规定，不动产物权合同自成立时生效，未办理物权登记的，不影响合同效力。因此，无论是行政机关还是竞买人违反出让合同的约定，都有可能需要承担违约责任。总而言之，竞争式出让改变了传统申请审批制的基本结构，但是并没有改变国有自然资源配置审批的基本特征：行政机关将国有自然资源使用权授予相对人使用。只是这种授权不一定是通过许可证的方式表现出来的，而是以竞争方式选择相对人，以合同方式约定双方权利义务，形成所谓的“许可化协议”。[①]

由于竞争式出让围绕使用权展开，尽量与其他许可相分离，因此该使用权的财产权属性显得特别突出，以此为基础的物权化过程也就更为便捷，该权利予以抵押、转让等所遇到的阻碍也将减少。改革开放数十年，各类国有自然资源使用权的竞争式出让，最为成熟、对经济社会影响最大的，当属国有土地。建设用地使用权的物权效力早就被国家所承认，转让、互换、出资、赠与、抵押等各种流转形式也被广泛使用，政府在物权流转方面的干预也相对较少。与此对应的是，虽然《物权法》早已将矿业权纳入用益物权的范围，但是现行《矿产资源法》规定矿业权原则上不得转让，[②]《探矿权采矿权转让管理办法》以《矿产资源法》为依据，对矿业权不得转让之原则予以重申，符合条件予以转让的，要经过审批机关的同意，审批材料包括转让申请书、转让合同、受让人资格条件的证明文件，以及转让人是否缴纳有关

① 参见陈国栋：《行政协议的许可化研究》，载《环球法律评论》2021年第6期。
② 参见《矿产资源法》第6条。

费用等。[①] 在笔者看来，产生这一现象的原因就是过去矿业权的授予主要采用传统申请审批制，把使用权审批与其他监管审批相混合，导致矿业许可证不可转让，对于例外情形下实施的转让，审批机关又必须再次予以监管审批。2019 年《矿产资源法（修订草案）》（征求意见稿）对此作出改变，第 29 条规定，“矿业权人可以依法转让、出租、抵押矿业权”，从而突出及肯定了矿业权的物权属性，尊重矿业权人行使处分权能的自由意志。不过，自然资源使用权作为物权而流转，依旧可能受到政策性的外在限制。如《城市房地产管理法》规定，转让房地产时，要完成土地使用权出让金的支付，以及完成相应的开发程度。[②]《城镇国有土地使用权出让和转让暂行条例》也对此作出了更细致的规定。[③] 这种附加性的政策性要求，体现了国有财产的公共福利属性，国家在收取出让金之后，督促建设用地使用权人及时完成土地开发项目，使国有土地的社会公共职能得以充分实现，是对物权的必要限制。[④]

最后，竞争性出让与“净矿”出让无必然联系。需要特别指出的是，2019 年自然资源部印发了《关于推进矿产资源管理改革若干事项的意见（试行）》，有解读者认为，该意见提出的矿业权全面竞争性出让，并不是对 2003 年以来实施的矿业权分类出让制度的简单复制，而是要对矿业权出让制度重新进行流程再造，切实维护矿业权人的合法

① 参见《探矿权采矿权转让管理办法》第 8 条。
② 参见《城市房地产管理法》第 39 条。
③ 参见《城镇国有土地使用权出让和转让暂行条例》第 19 条、第 28 条、第 34 条等。
④ 参见田丰：《中国建设用地使用权制度研究》，法律出版社 2018 年版，第 33~34 页。

权益。[①] 笔者认为，这种观点似乎对竞争性出让提出了过高期望。竞争性出让是有别于传统申请审批制的国有自然资源配置审批方式，它为构建独立的自然资源使用权提供了条件，但是，它并不能完全克服传统申请审批制存在的所有问题。例如，采矿权审批过程中，“因为前期各种进场手续繁杂，取得土地、海域、林地、草地等使用权周期长，导致企业在取得矿业权后，迟迟无法进场开工，不仅给企业造成了损失，而且严重影响了政府的公信力”[②]。这一问题，在传统申请审批制下会存在，在竞争式出让制度下同样会存在。[③] 相反，改变这一状况，实施“净矿”出让改革，其实在传统申请审批制下同样可以实现。[④] 换言之，竞争式出让与净矿出让改革之间并无必然关联。毕竟，竞争式出让是市场机制在国有自然资源配置审批中的一种方式，“净矿”出让则是为了解决矿业权人与土地、林地、草原等使用权人之间的潜在矛盾。

---

① 魏莉华：《推进矿产资源管理改革须转变观念》，载百家号“i 自然全媒体”2020 年 4 月 8 日，https://baijiahao.baidu.com/s?id=1663397184980481683&wfr=spider&for=pc。

② 杨旋：《自然资源部〈关于推进矿产资源管理改革若干事项的意见（试行）〉正式实施》，载湖南红网，https://zrzy.rednet.cn/content/2020/05/08/7187667.html。

③ 查阅地方政府采矿权公开拍卖出让公告可以发现，当前采矿权出让基本采用竞争式出让的方式，不过，很多出让公告强调，“涉及到用林用地的，由竞买人自行和所有人（村集体、单位）按相关规定办理；并自行解决除出让标的物以外等方面的问题和矛盾，所需费用由竞得人自行承担”或其他类似表达。可参见《长治市规划和自然资源局采矿权公开拍卖出让公告》（长自然告字矿交公〔2021〕01 号）、《朔州市采矿权挂牌出让公告》（朔自然资矿公告字〔2021〕1 号）、《宜宾市采矿权拍卖出让公告》（宜公共矿拍〔2022〕1 号）等。

④ 目前尚无法律对净矿出让予以定义，原浙江省国土资源厅 2013 年发布的《关于推进净采矿权出让工作的指导意见》对“净采矿权”的定义是，“采矿权出让前期的相关政策处理到位，竞得人不再受土地、地面附着物及固定资产等权益制约，且可进场开展矿山建设的拟出让采矿权”。简单地说，通过净矿出让，竞得人不仅获得了采矿权等矿业权，还获得了采矿所需的厂房、职工住房等所需的建设用地使用权，防止竞得人在获得采矿权后，却由于无法获得所需的建设用地使用权，或者无法获得环境许可等，而无法开展采矿工作的情形发生。其核心要义是，通过政府各职能部门的联动，把矿业权有关的各类审批一次性完成，发挥政府的权威作用，减少竞得人获得建设用地使用权的成本，为采矿权竞得人顺利实施开采活动创造条件。

（三）出让方式市场化改革应保持必要审慎

从传统审批到竞争性市场，几乎成为各种国有自然资源配置方式的改革方向。但是，在突飞猛进的市场化浪潮中，我们似乎对传统审批模式已经持完全否定的态度，甚至到了谈审批色变的程度。然而，观察其他市场高度发达的国家可以发现，目前仍有不少国家的某些自然资源配置采用的是与我国传统申请审批相同或相似的方法。国内一直被反思的某些制度，并不代表在其他国家就不存在，或者说，我们欲追求的市场化改革目标，并不一定是市场经济较为发达的国家所追求的。

例如，日本的渔业法律制度基本以行政管理为内容，以省、市、县所颁发的渔业权执照为管理手段。① 即日本的都道府县的首长，将渔业权授予根据水产业协同组合（公会）法设定的渔业协同公会或渔业协同公会联合会。得到渔业权的渔业协同公会或渔业协同公会联合会，按照"渔业权行使规则"许可属于该公会成员的渔民从事渔业行为。②所以，日本法上的渔业权（包括共同渔业权、养殖渔业权、定置渔业权）之授予，严格地说是渔业法上的行政许可。在渔业权的基础上，渔业协同公会或渔业协同公会联合会的成员再获得入渔权，非组织成员则无法获得这一权利。为了防止受到资本冲击，影响传统渔民的利益，渔业权转让行为需要受到日本政府严格的审批。再以德国的水资源使

① 参见税兵：《论渔业权》，载《现代法学》2005 年第 2 期。

② 参见〔日〕奥田进一：《日本 2918 渔业法修正及其要点》，载《台日法正研究》第 3 期（2020 年）。

用权为例予以说明。《德国基本法》以及《德国水利基准法》,都没有提及水资源为国家所有,① 因此对于水资源的规制依据完全依靠立法者的规划,关于何种条件下以及用何种方法利用水资源,主要通过公法的规范。水之利用行为并非公众请求即可取得,国家对此要审查是否符合法律规定。换言之,水权取得与否取决于主管机关的裁量:免于许可、许可以及高等许可。② 而且,作为公法上的权利,德国的水资源使用权原则上不得任意转移给他人。③ 再者,对于矿业权的设立,无论是德国、日本、法国,还是印度、韩国等国家,往往都要受到政府规制,以许可的方式实现。《德国联邦矿山法》规定,土地所有权不及于所谓的可开采矿藏。20 世纪初,德国将煤矿、盐矿、石油等收归国有。任何打算勘查矿藏的人,均须获得许可,任何打算勘查并开采这种矿藏的人,均须获得同意,或被授予矿山所有权(许可制)。许可、准许以及矿山所有权之授予,均为有约束力之行政行为:在不存在拒绝事由时,主管行政机关必须作出该行政行为。④《日本矿业法》第 21 条规定,“凡拟接受矿业权之设立的人员,必须向通商产业局长提出申请,并得到他的许可”。⑤《韩国矿业法》虽未规定矿产资源国家所有,但是

---

① 有学者提出,“水资源在德国属于公物的一种,归属于国家所有”。(彭诚信、单平基:《水资源国家所有权理论之证成》,载《清华法学》2010 年第 6 期。)学者之所以会如此推断,或许是认为德国公物皆为国家所有,但是,在德国法上,公物主要体现为物的使用目的,其既可能是国家所有,可能是私人所有。

② 参见胡博砚:《德国法上授予水权审查之程序》,载《兴大法学》第 8 期(2010 年)。

③ 参见黄俊杰等:《水权管制手段之发展——以德国、日本及美国法制之探究为中心》,载《厦门大学法律评论》2006 年第 1 期。

④ 〔德〕鲍尔、〔德〕施蒂尔纳:《德国物权法》(上册),张双根译,法律出版社 2004 年版,第 683 页。

⑤ 参见国土资源部地质勘查司编:《各国矿业法选编》(上册),中国大地出版社 2005 年版,第 110~112 页。

规定了国家对矿业权的垄断地位（该法第2条），矿业权的设定则是应许可产生（该法第17条第1项），并且对重复申请如何作出许可决定，特殊矿物的许可限制，不予许可的情形、区域等作出了详细规定（该法第21~30条）。①《法国矿业法典》第51条规定，矿山开采许可证，经调查并征得矿业委员会同意后，由矿业部长命令授予。②

至此，有不少疑问盘旋于笔者脑海之中。日本的渔业权的设立，更多是为了保障传统渔民利益，内含了渔民对海域的习惯利用权利，故以许可方式配置资源，此种方式尚可理解。那么，为何许可对象是相关公会而不是个体渔民？如果说水资源具有公物属性，但是其作为生产资料时，是否也应该通过许可的方式予以配置？矿产资源具有典型的经济价值，是本书分类中的经济利益型自然资源，既然如此，为何不少国家都采用的是许可方式而非竞争出让方式进行配置？③相关国家自然资源配置采取类似我国传统审批的方式，是如何克服低效率、防止腐败的？

无论如何，类似我国传统申请审批的方式，在域外并不是没有用

① 参见国土资源部地质勘查司编：《各国矿业法选编》（上册），中国大地出版社2005年版，第82~84页

② 参见国土资源部地质勘查司编：《各国矿业法选编》（上册），中国大地出版社2005年版，第599页

③ 或许有人认为，那些市场高度发达的国家的矿业权许可可以采用竞争方式作出。但是，《韩国矿业法》第21条规定，“对同种矿物设定矿业权的申请在同一区域重复时，以矿业权设定申请书先到达为优先”；“如矿业权设定申请书同时到达时，商工资源部长官以抽签决定”。《日本矿业法》第27条规定，“如果要求设立矿业权的申请所提及的土地区域重叠，则邮寄申请书的时刻在先的人员，对此重叠部分之矿业权的设立，享有优先权”。《西澳大利亚矿业法》第40条规定，“在不违反本法的情况下，管理员一接到任何的申请，可以授予该人一个称为勘测许可证的许可证”。第43条规定，“对于同一块土地，如果有两个或两个以上的勘测许可证申请，在不违反本法的情况下，最先依照法规标出土地的勘测许可证方面有优先于其他申请人的权利”。

武之地，相反，它体现了对市场的必要警惕，也说明了市场国家对市场的力量也心存顾虑，并没有盲目相信与依赖市场的作用，而是希望通过国家干预的方式来保证自然资源配置的公平、合理。与之对应的是，已有研究成果表明，在我国部分学者中似乎衍生出一种较为极端的“学术情绪”，强烈批评我国目前自然资源配置模式是政府主导的计划体制，由政府借助强大的行政权力对自然资源进行规划、配置与调节，排斥市场的作用，造成自然资源使用的低效与浪费；① 认为传统申请审批制是非常落后的行为方式，应该以更为自由、更突出竞争的方式取而代之。② 而颇为奇怪的是，我国不少学者在论及市场高度发达的国家渔业权、矿业权、水权的设立时，没有对这种体制做过多的评价，对于这些国家的政府在自然资源配置中的主导作用，也未有必要的比较分析。鉴于学识不足以及研究资料的欠缺，笔者目前也不能对域外国家的自然资源审批制的成因予以剖析，以及不能对该制度对相应国家的经济社会产生了哪些影响作出全面、准确的评估，在此只能期待今后能够有条件对这些问题作出一个更加深入的分析，并尽可能地得出准确答案。

二、实质：国有自然资源使用权的物权化

关于自然资源使用权的性质，学说史上有多种观点。有学者归纳

---

① 参见王小军：《美国水权制度研究》，中国社会科学出版社 2011 年版，第 3 页；王克稳：《自然资源特许权有偿出让研究》，北京大学出版社 2021 年版，第 185 页。

② 例如，关于取水权的配置，有学者就提出必须以合同方式完全取代传统审批方式。（参见裴丽萍、王军权：《水资源配置管理的行政许可与行政合同模式比较》，载《郑州大学学报（哲学社会科学版）》2016 年第 3 期。）

了自然资源使用权的争议点：一是有关使用权的法律性质之争，焦点是该权利到底是公法上的权利还是私法上的权利；二是使用权的权利形态之争，焦点是该权利是否为物权形态的权利。[①] 例如，就水权的效力而言，日本的学说和判例就有多种观点，有观点认为系属债权，亦有观点认为系属物权，更有观点认为系属具有“地役权作用”之权利。[②] 当前，将自然资源使用权界定为物权（或准物权，或用益物权，或准用益物权等）为主流观点。其理由无非在于物权化可以更好地保护权利人的权利，以及更好地实现使用权的经济价值。因为，“从法律的角度观察，交易的基础形态是物从一个市场主体移转到另一个市场主体，其本质为物权在市场主体之间发生移转”。[③] 国有自然资源配置审批的市场化，不仅是把市场竞争机制引入出让程序中，使得国有自然资源能够尽量实现经济价值，还在于把国有自然资源使用权塑造为一种可以在市场上便于流转的权利，从而使该使用权作为资源能够被市场所配置，并发挥其决定性作用。

（一）国有自然资源使用权物权化的基本要求

传统民法将物权分为自物权（所有权）和他物权，前者是所有权人对物享有的全面排他支配的权利，后者是他物权人对他人所有之物享有的排他支配权利。在我国，他物权又分为用益物权和担保物权，用益物权在于对物进行使用收益，担保物权在于取得物的变价权以担

---

① 参见王克稳：《行政许可中特许权的物权属性与制度构建研究》，法律出版社 2015 年版，第 187 页。

② 参见朱柏松：《水权之理论与实务》（上），载《台大法学论丛》第 25 卷第 2 期（1996 年）。

③ 屈茂辉：《市场交易的内在需求与物权行为立法》，载《中国法学》2000 年第 2 期。

保债务的履行。由于我国自然资源所有权只能是国家或集体所有，不可在自然资源所有权上直接设立担保物权。自然资源使用权出让市场产生的都是以开发利用自然资源为目的的权利，因此自然资源使用权物权化，仅可能是自然资源使用权的用益物权化。[①] 正因如此，我国《民法典》将海域使用权、探矿权、采矿权、取水权等规定于用益物权分编。至于国有建设用地使用权，则是无可争辩的、最为重要的，也是最为典型的用益物权。自然资源使用权作为物权，需要满足哪些条件、具备哪些属性，法律并未作出明确规定。有学者认为，自然资源使用权物权属性的规定应该体现为排他性规定、可交易性规定、有效期间的规定、登记制度的规定、适用或准用民法不动产规则的规定等。[②] 笔者对此整体赞同，认为自然资源使用权物权化，最基本的要求是自然资源使用权须符合物权的基本属性，特别之处是适用不动产登记规则。

1. 国有自然资源使用权应具有排他性效力

排他效力，是指在同一标的物上，不能同时成立两个以上内容互不兼容的物权。用益物权因系以物之占有使用为内容，在同一标的物上不能成立两个典权或两个农育权；但得成立两个以上内容不同（如用水、通行），或内容相同但互不排斥（如不作为）的不动产役权。[③] 排他性是物权的基本效力之一，倘若物权人对物不能实现排他，也就不

① 参见王洪亮等：《自然资源物权法律制度研究》，清华大学出版社 2017 年版，第 50~51 页。

② 参见王克稳：《自然资源特许权有偿出让研究》，北京大学出版社 2021 年版，第 104~109 页。

③ 参见王泽鉴：《民法物权》，北京大学出版社 2010 年版，第 48 页。

能对物实现有效的管领与支配，所享有之权利也就不能被称为物权。

关于自然资源使用权的排他性，有的学者认为存在例外，例如，主张水权虽然为物权，但是水权原则上不具有排他性。“在特定区域的水资源上可同时存在着数个水权，排他原则对水权之间的效力冲突时常无能为力。”① 笔者认为，这一观点是值得商榷的。一方面，如果水权为物权，就应该具有排他性，即使水权有其特殊之处，也应该人为创造出排他规则。这一点，即使在没有物权法的英美国家，水权作为财产权可以交易，其边界也必须是清楚的，该权利须具有排他性。另一方面，如果水权无法建构起排他属性，那么水权就不可能是真正的物权。实践中，水量充沛能够满足所有水权人的需求时，相当于多个水权内容相同但互不排斥，一旦水量不足以满足所有水权人的需求，则必须建立起有关规则，满足部分水权要求，而排斥其他水权。再则，水权在性质上虽然不具有对水资源独占的地位与作用，但水权人对于来自第三人的不法侵害，也应享有排他作用之权能，否则，水权之享有无法圆满达成。②

2. 自然资源使用权应具有让与性效力

“物权系对物之直接支配，物权人处分其物权时，不需义务人之介入或得其同意，故物权具有让与性，此与债权中以相互信赖关系所成立者，其让与需要得债务人之同意，无让与之自由者有异。”③ 可见，物权的让与性效力与排他性效力一样，都源自物权所具有的支配力。无

---

① 崔建远：《水权与民法理论及物权法典的制定》，载《法学研究》2002 年第 3 期。
② 参见朱柏松：《水权之理论与实务》(上)，载《台大法学论丛》第 25 卷第 2 期(1996 年)。
③ 谢在全：《民法物权论》(上册)，中国政法大学出版社 2011 年版，第 19 页。

论是大陆法系的物权，还是英美法系的财产权，可让与（或可交易）都是物权的重要权利属性。英美法系甚至不承认不可交易的物为法律中的财产。[1] 可以进入市场的自然资源使用权，就是以其财产属性为基础，具有让与性或可交易性。

一般而言，自然资源使用权因其具有较为明显的公益特征，在让与方面与其他典型物权相比要受到更多的限制。其实，这是因为国有自然资源普遍具有的多重功能属性。对自然资源使用权让与做必要限制，也就是在自然资源的经济利益与公共利益之间寻得一个平衡。[2]

3. 自然资源使用权应具有优先效力

物权的优先效力，是指同一标的物上有数个利益相互矛盾、相互冲突的权利并存时，具有较强效力的权利排斥或先于具有较弱效力的权利而实现。物权的这种优先效力仍源于物权的对物支配权和排他性。[3] 物权的优先效力包括物权之间的优先效力和物权优先于债权的效力。在这里，主要讨论前一种情形，即根据物权原理，一物之上可以设立数个性质并不矛盾的物权，在多个物权并存的情况下，先设定的物权优先于后设定的物权。

强调自然资源使用权具有优先效力，在于解决性质相同的自然资源使用权之间的冲突，由此制定实现顺序，赋予前权优于后权的效力。自然资源使用权的优先效力对于国有自然资源配置审批的市场化改革

---

① 参见高富平：《物权法原论》（第 2 版），法律出版社 2014 年版，第 249 页。

② 例如，如果纯粹从经济效益计算，农业用水的效益一般低于工业用水，但为了农业发展，对水权在不同行业的转让就必须给予必要限制。[See Richard Epstein, *Why Restrain Alienation*,Columbia Law Review, 1985(85), p.981.]

③ 参见杨立新：《物权法》（第 7 版），中国人民大学出版社 2020 年版，第 26 页。

非常重要，某些自然资源使用权如果不能有优先效力，物权人的利益就不能得到很好的保障，最终会影响该使用权的市场价值以及可转让性。比较典型者如水权，一旦水量不足，难以满足所有用水权人的用水需求，行政机关就需要对水权人进行限制，而限制的标准是按比例还是按设立顺序，会对水权价值产生重要影响。

有些自然资源使用权由于其特殊性，可能很难实现优先效力，如狩猎权。有学者否认狩猎权的优先效力，理由是如果先设立的狩猎权优先于后设立的狩猎权，意味着只要设立在先的狩猎权未实现，后设立的狩猎权就不能实行，政府期望通过狩猎进行野生动物数量控制的目标就可能无法实现。① 笔者认同狩猎权不具有优先性，但是不认同该学者的理由。在笔者看来，狩猎权是一种狩猎的资格，在捕猎量的额度之内可以并存多个狩猎权。倘若在设定狩猎权之后由于某种原因，导致可狩之猎物远少于政府计划的捕猎量，原则上应该建立先狩猎权优于后狩猎权的规则。问题在于，狩猎权能否实现，不仅与捕猎量相关，而且与狩猎权人的狩猎能力直接相关，而狩猎能力是法律无法调整的，从而使狩猎权实现优先效力缺少可行的技术基础。如果先设立的狩猎权因权利人自身原因一直未能实现权利，导致后设立权利的狩猎权人不能行使权利，这显然与诚实信用原则不符，也可能为权利滥用埋下伏笔。

4. 自然资源使用权应普遍建立登记制度

公示原则是物权法的基本原则之一，不动产以登记作为物权公示

---

① 参见戴孟勇：《狩猎权的法律构造——从准物权的视角出发》，载《清华法学》2010 年第 6 期。

的手段，动产一般以交付作为物权公示的手段。不动产登记制度产生于欧洲，在古代，法律就强调不动产物权的存在或者变动要伴随某种客观的现象，以使其便于识别。近代以来，随着抵押权的不断发展，公示作用更加重要，登记制度因此产生。通过登记，不动产物权的权属得以明确，第三人也拥有了一种低成本获得相关物权信息的路径，这有利于保护第三人信赖利益，从而促进不动产的交易和不动产市场的发展。

自然资源使用权既不是动产也不是不动产，不过，为了更好地凸显使用权的物权属性，各国或地区普遍比照不动产登记的规定，将登记作为自然资源使用权设立、变更、转让、消灭的生效要件，未经登记不发生法律效力或无效。这对于自然资源使用权的市场化配置具有重要的基础性作用。

（二）自然资源使用权为何种物权

除了建设用地使用权为用益物权已有定论外，对于探矿权、采矿权、水权、渔业权等为何种物权，存在诸多争论。

有学者如屈茂辉、梅夏英、高圣平等认为，这些权利既不是所有权也不是担保物权，其行使往往涉及不动产，符合传统用益物权的特征。[①] 以崔建远教授为代表的一些学者将这些权利称为准物权。一方面，这些权利都是绝对权，具有支配力、对抗效力、物上请求权等法律效果，实行法定主义等，属于物权的范畴；另一方面，这些权利客体是

① 参见屈茂辉：《用益物权论：源流分析 · 制度比较 · 立法思考》，湖南出版社 1999 年版，第 271 页；梅夏英、高圣平：《物权法教程》，中国人民大学出版社 2010 年版，第 271 页。

否具有特定性、权利构成是否具有复合性、权利是否有排他和追及效力等，又皆成疑，与典型的物权存在这样或那样的差别。① 有学者如王克稳教授认为，将这些自然资源使用权认定为特许物权更为合适。理由是：从权源上看，该权利源于公法上的所有权；从权利的设定与取得方式看，该权利是由公法设定并依公法上的许可方式取得；从权利内容上看，该权利的行使不以占有或支配自然资源为前提；从权利所附随的义务看，该权利附随公法上的特别义务；从权利的可转让性看，该权利的转让受到公法的严格限制；从法律责任看，权利人滥用使用权需要承担的基本为公法责任。②

除概念名称之争外，可能更为重要的分歧在于权利内容。一是特许物权概念比较凸显公权色彩，与之不同，准物权理论强调这些权利符合物权基本属性，总体上是私权。二是这些权利是“视为”物权，还是本身就是物权。有学者认为，“准物权”之“准”，仅表意为相似、相近，并非等同，准物权在性质和成立要件上与物权比较相似，故准用传统物权理论和规则；③ 另有学者认为，准物权的个性是在符合物权基本属性前提下的特殊性，共性更应受到重视和评价，准物权即为物权。④

笔者对自然资源使用权物权性质的认识主要有如下几点。

---

① 参见崔建远：《准物权研究》，法律出版社 2003 年版，第 24~26 页。

② 参见王克稳：《行政许可中特许权的物权属性与制度构建研究》，法律出版社 2015 年版，第 204~209 页。

③ 参见李显冬、唐荣娜：《论我国物权法上的准用益物权》，载《河南省政法管理干部学院学报》2007 年第 5 期。

④ 参见崔建远：《准物权研究》，法律出版社 2003 年版，第 21~24 页。

1. 应该把自然资源使用权定位于私权

或许有人认为，强调自然资源使用权的公法属性，按照公法路径保护该权利，对相对人是较为不利的。原因是，根据《行政许可法》的规定，行政机关为了公共利益的需要，可以撤回或变更行政许可，并依法补偿给相对人造成的损失。然而，按照行政补偿的规则，补偿内容往往是相对人的已有投入和实际损失，其未来可得利益并不在补偿范围内。如果按照私权看待，行政机关收回使用权可能构成征收，给予的征收补偿则更有利于被许可人的利益保护。笔者认为，这种保护力度的差异，不是公权利与私权利本身带来的，而是因为目前行政补偿（赔偿）机制存在缺陷，不能够达到填平损失之基本要求。不过，笔者也更倾向把自然资源使用权定位于私权。理由有两点，其一，虽然自然资源使用权的产生要经过许可，但是，公法的手段亦可能产生私法上的财产权。一个简单的类比，行政机关对某人予以行政奖励，某人获得的奖金同样可以作为私权利而存在。其二，前文已经详细论述了自然资源国家所有权的公法与私法双重属性，但是在权利结构与运作方式上，该所有权更接近私权。既然如此，由国家所有权衍生而来的使用权，性质上也更接近私权。

2. 准物权并不能准确界定自然资源使用权

无论是准物权还是特许物权的概念，都不足以揭示自然资源使用权的本质。准物权的支持者崔建远教授一直非常重视准物权的一个重要属性——准物权派生于所有权。为此，他不得不为某些特殊的准物权寻找母权，如捕捞权。崔建远教授认为，捕捞权属于渔业权，与养殖权一样，其母权为水域使用权（包括海域所有权与水资源所有权）。有学者如税兵博士认为捕捞权非(准)物权,理由之一是捕捞权派生于水产生物资源,而水产生物资源并不属于国家所有。[①]在立法上,关于捕捞权的定位也存在矛盾。《民法典》第 329 条规定了使用水域、滩涂从事捕捞的权利,似乎从法律上承认了捕捞权的物权属性,以及认为其母权为水域、滩涂所有权。但是,毗连区、专属经济区、大陆架乃至公海等,并不属于国家所有。此外,根据《渔业法》第 23 条以及《渔业捕捞许可管理规定》第 46 条的规定,又很难得出捕捞权是(准)物权,从相关规定无法看出捕捞许可是为了实现水域的国家所有权,而且,捕捞许可证是授予渔民捕捞的资格,不得买卖、出租或其他行使转让,未体现出财产权的属性。

在日本,渔业权、水权、矿业权都被视为物权,即准物权。然而,无论是海域、水资源还是矿产资源,日本法律都未将其纳入国家所有的范围。例如,海域曾经被宣布为国家所有,"凡竖海面皆为国有,杂税废止后,向来渔场的使用权亦告消灭,今后拟从事渔业者,应重新向政府呈请借用海面"。因渔业纠纷激化,日本政府撤销海面国有宣言,认为"海面系公有水面(公共用水面),不是政府所有"。《日本民法典》规定地下水资源依附土地,属于私人所有。《日本河川法》第 2 条规定,河川属于公用资源,河川的水资源不得据为私有。换言之,日本法律并未将水资源国有化,但是依旧通过许可的方式建立起水权利制度,"获得河川管理者给予许可之占用流水权利……此种权利性质

① 参见税兵:《论渔业权》,载《现代法学》2005 年第 2 期;崔建远:《论争中的渔业权》,载《法商研究》2005 年第 6 期。

上属财产权”。[1] 在矿业权方面,《日本矿业法》未规定矿产资源的所有权归属,该法认为,“矿业权应视作物权”,并以许可方式设立之。相关疑问因此产生:在国家没有所有权的情形下,为何得以通过许可的方式派生出物权?或许有人认为,日本法律既然没有规定水资源、矿产资源为国家所有,可以退而求其次,视之为公共所有权。但是,何为公共所有权,这本身又是一个没有统一认识的概念。有的学者认为,公共所有权是指在法律上公众所有的权利,任何成员都不能主张所有权,任何人不能排斥其他人使用该财产。[2] 按照这一理解,该所有权显然不是民法上的所有权,基本等同于“无所有权”[3],这类物为自由获取的物。既然不是严格意义上的所有权,又如何得以派生他物权?有的学者认为,公共所有权是特定公法组织享有的所有权,包括国家所有权与集体所有权。[4] 按照这一逻辑,法律没有规定为国家所有权的物,却因为无人所有而被推定为国家所有,这显然不符合法理。因此,在笔者看来,日本法律中的“视为物权”并不是真正的物权,纯粹为法律拟制,完全是国家为了赋予渔业权、水权、矿业权更加稳固的财产权利益,使权利人便于防范、排除第三人的侵害、对抗公权力机关的侵

---

① 陈春生:《行政法之学理与体系(二)》,台北,元照出版有限公司 2007 年版,第 204 页。

② 参见周林彬:《物权法新论:一种法律经济分析的观点》,北京大学出版社 2002 年版,第 371 页。转引自张建文:《转型时期的国家所有权问题研究:面向公共所有权的思考》,法律出版社 2008 年版,第 102 页。

③ 顺便指出,对于“无所有权”有不同理解,有学者如简·汉考克将其理解为一种资源不开放体制,拒绝人类对特定资源的使用。“无所有权”最著名的例子是南极的冰川及荒野资源,这片区域不允许人类的开发活动。(参见崔建远主编:《自然资源物权法律制度研究》,法律出版社 2012 年版,第 68 页。)

④ 参见张建文:《转型时期的国家所有权问题研究:面向公共所有权的思考》,法律出版社 2008 年版,第 103 页。

扰。对于这一观点,《日本矿业法》所规定的"租矿权"可以作为进一步的佐证。①

所以,在笔者看来,在非国家所有权的自然资源之上,设立拟制的物权,必定需要国家(政府)管制性行为,否则无法找到权利的来源。而这一管制性行为,即表现为"许可"。只是这种许可显然不同于以国家所有权为基础的许可。分析至此,可以发现,从世界范围内看,对自然资源配置审批,实际存在两种路径,一种是以国家所有权为基础的配置审批;另一种是以国家管制权为基础的配置审批。前一种情形下,可能产生典型的用益物权,如我国的国有建设用地使用权,也可能会产生非典型的用益物权,如海域使用权等;在后一种情形下,"视为物权"的权利因此产生,如日本的矿业权、水权等。

不过,问题并非如此简单,尚有两种情况需要解释,其一,在我国,是否有如同日本一般的、被"视为物权"的权利?其二,在有的国家如德国,矿产资源被规定为国家所有,然而,矿业权并非物权而是"视为物权",是何原因?关于问题一,我国规定了几乎所有重要的自然资源都属于国家所有,因此,以国家所有为基础,以配置审批为手段向市场化转变时,则表现为许可的协议化——足以派生出相应的自然资源使用权,其或者是用益物权,或者与用益物权具有很大相似性,所以被规定于《民法典》的用益物权部分。关于问题二,笔者的理解是,尽管德国将矿产资源纳入国家所有的范围,但是对矿产的开发利用,

① 《日本矿业法》第71条规定"租矿权视同物权",而这一权利是依据某法律行为而取得的,在他人的矿区内采掘及获得那些成为矿业权的标的物的矿物的权利(该法第6条)。在形式上,租矿权更接近债权,但法律依旧将其拟制为物权。

德国并没有以国家所有权为依据，而是以社会管制权为依据。换言之，在有些国家，存在自然资源国家所有权，并不意味着该国政府必定会以国家所有权为依据实施资源配置，而是可能以社会管制权力予以配置，从而使该自然资源使用权体现较为浓厚的公法色彩，并与物权存在较大差别，因而仅被“视为物权”。

至此，笔者认为，在我国法律语境下，使用准物权来描述自然资源使用权的性质可能并不是特别准确。矿业权、取水权、海域使用权等，都是建立在自然资源国家所有权基础上的使用权，为（准）用益物权。顺便指出的是，对德国法、日本法上的准物权作出分析后，笔者似乎也能够理解我国学者对特许物权之基础到底是“国家所有权”还是“社会管理权”的分歧所在了①——认为特许物权是以国家所有权为基础的，是因为有关自然资源国家所有权在我国法律上已被明确；认为特许物权是以社会管理权为基础的，则可能认为政府对某些自然资源配置，与德国的水权、矿产资源配置一样，并不突出国家所有权的作用，仅是政府进行社会管制的方式。

3. 部分自然资源使用权与传统用益物权存在差别

用益物权体现为权利人对标的物的直接支配，因而对标的物的

① 梅夏英教授认为，“特许物权直接是对土地上自然资源的利用，而资源本身也是有主财产，如果是无主财产，也就谈不上特许的问题了。在物权法确定资源本身属于谁的情况下，才谈得上特许开发的问题。另外，特许物权本身是由国家强力赋予的权利，理所当然蕴含着国家有权对其开发进行特别许可，这样只有在国家为资源所有者的情形下才可能出现特许物权的问题”。（梅夏英：《特许物权的性质与立法模式的选择》，载《人大法律评论》2001 年第 2 期。）梁慧星教授与杨立新教授认为，国家对取得准用益物权进行许可的根据，并不是出于自然资源所有者的身份，而是出于社会公共事务管理者的身份。［参见梁慧星主编：《中国物权法研究》（下），法律出版社 1998 年版，第 632 页；杨立新：《物权法》（第 7 版），中国人民大学出版社 2020 年版，第 134 页。］

实际占有成为用益物权的前提，丧失实际占有，用益物权便失去了存在依据。[①] 一般认为，占有权能是权利人对财产的实际管理和支配的权能。有的自然资源使用权具有典型的占有权能，如国有建设用地使用权、海域使用权、采矿权等，可成为传统用益物权；[②] 有的使用权不以对物的占有为基本要件，或者权利人的对世权不体现对物的实际控制，而以公力震慑和救济来排除他人对其使用权的干扰，[③] 如探矿权、捕捞权、取水权等。不过，设置用益物权的目的就是对他人所有的动产或不动产的使用和收益，“占有”也是为这一目的服务的。故而，尽管这些自然资源使用权不具有占有权能，但是终归是对物之价值的利用，作为准用益物权来看待，是能够成立的。

（三）国有自然资源使用权物权化的改革

实施市场化改革的重要内容之一是实现国有自然资源使用权的物权化，最基本的理由是有利于权利的流转与保护。本书主要从如下几个方面提出改革建议。

1. 把某些自然资源使用权纳入物权范围

《民法典》规定了矿藏、水流、海域等自然资源的国家所有权，又在用益物权部分规定了海域使用权、探矿权、采矿权、取水权和使用水域、滩涂从事养殖、捕捞的权利。但是，还有一些自然资源使用权法律

---

① 参见杨立新：《物权法》（第 7 版），中国人民大学出版社 2020 年版，第 129 页。

② 《民法典》第 323 条规定：“用益物权人对他人所有的不动产或者动产，依法享有占有、使用和收益的权利。”

③ 参见娄耀雄：《论无线电频谱使用权的准物权特征及面向技术进步的制度变革》，载《法律科学（西北政法大学学报）》2009 年第 5 期。

并未明确规定其为物权。例如，与国有森林资源有关的国有林地使用权、国有森林使用权、国有林木经营权等；又如，无线电频谱使用权并未规定于《民法典》而是规定于《无线电管理条例》。

2003 年中共中央、国务院发布了《关于加快林业发展的决定》，第 14 点提出“加快推进森林、林木和林地使用权的合理流转。在明确权属的基础上，国家鼓励森林、林木和林地使用权的合理流转，各种社会主体都可通过承包、租赁、转让、拍卖，协商、划拨等形式参与流转……森林、林木和林地使用权可依法继承、抵押、担保、入股和作为合资、合作的出资或条件”。在这一时期，学术界也针对国有或集体林权的内容以及属性展开讨论，并认同林权的物权属性。[①] 根据《森林法实施条例》以及《森林法》的规定，国家实行森林、林木和林地登记发证制度。依法登记的森林、林木和林地的所有权、使用权受法律保护，任何单位和个人不得侵犯。可以说，与森林资源有关的使用权之物权属性已经越来越明显。

《无线电管理条例》规定，使用无线电频率应当取得许可，对于“地面公众移动通信使用频率等商用无线电频率”，有权机关可通过竞争方式将无线电频谱使用权许可给相对人，相对人按照规定缴纳无线电频率占用费。该条例还规定，无线电管理机构批准之后，无线电频谱使用权可以转让给符合条件的受让人。[②] 当前法律规则下，无线电频谱资源使用权可以解释为债权，即使用权人通过许可的方式，与管理

① 参见温世扬:《“林权”的物权法解读》，载《江西社会科学》2008 年第 4 期；林旭霞、张冬梅:《林权的法律构造》，载《政法论坛》2008 年第 3 期。

② 参见《无线电管理条例》第 16~21 条。

机关订立合同，从国家租赁一项权利，并且可以将该权利转让给符合使用条件的第三人，以实现无线电频谱资源的经济价值。不过，该使用权基本符合物权的特性：首先，无线电频谱看似不特定，但是其无形性的特征并没有妨碍人类的支配与控制；其次，可供使用的无线电频谱资源是有限的，符合物的稀缺性特征；最后，在同一频段、时间和地点，不能以两个以上的装置通过该频道传输信息，否则会相互干扰而影响使用效果，具有排他的特性。无线电频谱尤其是商业用无线电频谱资源使用权与《民法典》规定的矿业权、取水权等准用益物权具有很大的相似性，将其纳入物权的范围不会存在法律技术上的障碍，并可以使该项权利受到更有力的保护，更好地发挥其经济价值。

2. 按照物权规则设计某些自然资源使用权的效力

既然自然资源使用权为准用益物权，那么就应该按照物权规则使之具有物权效力，如前文提及的排他效力、优先效力等。在此，水权的物权化规则之建立可以作为一个典型予以分析。

水资源使用权方面，《民法典》第 329 条只是规定了依法取得的取水权受法律保护。严格地说，水权是对水资源享有的使用与收益之权利，包括取水权与用水权。物权化的水权不同于债权，具有对世性、独立性与绝对性等特征。

第一，建立水权的排他性规则。水资源的特点决定了水权的排他性不是通过占有支配排他，而是法律拟制的排他，通过设定水权优先性的方式来实现。

我国《水法》第 21 条规定："开发、利用水资源，应当首先满足城乡居民生活用水，并兼顾农业、工业、生态环境用水以及航运等需要。

在干旱和半干旱地区开发、利用水资源，应当充分考虑生态环境用水需要。”这一规定只是在原则上确立了水资源使用的优先顺序，在可操作性上还有所不足。首先，“首先满足”“兼顾”“充分考虑”等用词都有很大的弹性空间，不足以作为解决用水权人纠纷的依据；其次，水资源不足时，是根据用水目的，还是按照取得水权的先后时间来确定水权的优先性，也不明确；再次，各水权之间发生矛盾，在先的水权是被充分保障，还是按照一定比例予以减少，也无明文规定；① 最后，我国不同区域水资源的丰富程度不一，经济发展程度不一，甚至特定区域的功能定位也有所不同，全国各地严格遵守一个固定的用水顺序是否合理，也值得怀疑，而《取水许可和水资源费征收管理条例》授予地方政府用水顺序调整权，可能又不太符合物权法定原则。②

鉴于此，为实现水权的排他性效力，可考虑从以下几个方面建立规则：其一，《水法》对用水顺序作出了原则性的规定，为了兼顾各地用水安排上的灵活性与水权的法定性，建议《水法》授权省、自治区、直辖市人民代表大会，根据《水法》原则，结合本行政区域的水资源现状规定水权的优先位序。③ 其二，水量不足的情形下如何对水权进行限制，不仅直接关系水权是平等的还是排他的，还直接决定了水权为债权还是物权。当前，法律与改革政策倾向按照物权规则设定水权，那

---

① 依据《取水许可和水资源费征收管理条例》第 41 条的规定，在特定情形下，审批机关可以对取水单位或者个人的年度取水量予以限制，但是没有具体规定按照何种标准限制。

② 《取水许可和水资源费征收管理条例》第 5 条第 2 款规定：“省、自治区、直辖市人民政府可以依照本条例规定的职责权限，在同一流域或者区域内，根据实际情况对前款各项用水规定具体的先后顺序。”

③ 参见王克稳：《自然资源特许权有偿出让研究》，北京大学出版社 2021 年版，第 193 页。

么就应该保证水权的排他性与优先性。水权优先位序确定后，法律应当规定，水量不足以满足已设定的所有水权时，排序在先的水权有优先权，同一顺位上的不同水权，则以审批登记的先后顺序确定水权的优先性。

第二，建立水权交易规则。随着水资源短缺问题凸显，国内不少地方在 21 世纪初就开始探索有关水权交易的实践。例如，被称为全国首例水权交易的浙江东阳市与义乌市的水权交易、2002 年甘肃张掖灌区农户用水权交易、2003 年的宁蒙工农业间水权交易等。有关水权交易的规则散见于中央与地方立法之中，2016 年水利部印发的《水权交易管理暂行办法》成为指导水权交易的基本规范性文件。但是目前的规定存在可交易水权范围狭窄、交易条件不合理、交易方式单一等弊端。①

德国将水权视为公权利，原则上不得转让。与之相似，我国在很长时间内对水权转让持非常谨慎的态度。一方面，水权流转有利于促进水资源节约和高效配置；另一方面，水资源初始分配在任何国家都是一个巨大的难题。目前我国水资源使用权初始分配尚难以保证公平公正，如果允许水权过于随意流转，会造成国家利益部门化、部门利益个人化。② 因此立法对水权交易相当谨慎，并将“未经批准擅自转让取水权”的行为作为行政处罚的对象。③

不过，既然水权已经被纳入物权的范畴，就应该符合物权的基本

① 例如，依据《取水许可和水资源费征收管理条例》第 27 条的规定，只有通过调整产品和产业结构、改革工艺、节水等措施节约的水资源，并经审批机关批准，方可转让。

② 参见张穹、周英主编：《取水许可和水资源费征收管理条例释义》，中国水利水电出版社 2006 年版，第 128 页。

③ 参见《取水许可和水资源费征收管理条例》第 51 条。

属性，即使是国家干预也应该在合理的限度内，不能因为过度干预而使之失去物权之属性。当然，正如笔者一直坚持的观点，自然资源配置审批改革应该坚持一个系统、整体的思路。可交易水权不能局限于节水措施后节约的水资源，但是这一限制条件的去除，应该以更加科学、合理的水权初始配置为基础。诚如有学者所言，水资源初始分配过于市场化，会彰显效率但忽视公平，支付能力弱的社会成员可能无法获得基本的、必要的水资源量；完全由政府配置，又可能因为信息不对称导致政府作出错误的配给方案。应建立一个政府、市场以及公众参与的混合机制，以民主来保证水资源初始分配的公平和有效。①唯有如此，减少一些限制水权交易的外在约束才更具正当性。

另外，为了更好地实现水权的财产价值，在不违背《水法》强制性规定的情形下，还应该让水权转让的形式更加丰富，除了水权交易之外，还应当允许水权的出资、抵押、继承等。

第三，建立水权登记规则。登记是不动产物权设立与变动的公示手段。水资源既可以视为不动产，也可以视为动产，这取决于立法者的选择。在水资源配置被政府高度干预的背景下，水权登记似乎不能消除人们对水权性质的争议，公权说与私权说一直有各自的支持者。理由是，水权登记的目的可能是作为公示作用以保证交易安全，也可能是行政机关用于统计之用以了解水资源开发利用之状况。②不过，出于管理上的需要，“为将水权纳入不动产物权体系，凡是将水权视为不

① 参见裴丽萍：《可交易水权研究》，中国社会科学出版社2008年版，第196页。
② 参见吴明孝：《水权登记制度之检讨》，载《万国法律》第12期（2012年）。

动产物权的国家和地区，都单独建立起水权登记制度”。[①]

2019年，自然资源部等部门出台了《自然资源统一确权登记暂行办法》，仅对自然资源所有权进行登记，并未对自然资源使用权登记作出规定。但是，放眼于将来，自然资源登记的改革方向之一是“统一”，水权登记也应该朝向这一要求设计相关规则：首先，不仅要实现不动产登记与其他自然资源登记的协同统一，还应该实现所有权登记与使用权登记的统一。其次，登记类型、内容、程序、效力等方面，可以参照使用不动产登记的相关规则，但是一些特殊之处需要设计特别的规则。如《取水许可和水资源费征收管理条例》规定了免于申请取水许可的情形，包括家庭生活用水，农村集体经济组织及其成员使用本组织水塘、水库中的水等。这类似国有草原、森林等由集体组织使用，后者再允许集体成员使用。对于这种用水，实施确权登记确实没有太多的必要。最后，世界上主要国家和地区几乎都采取了水权许可制，[②]这说明水资源配置国家干预的必要性。不过，实施水权登记需要处理好与水权许可的关系。例如，若水权登记是相对人获得水权的标志，那么取水许可的效力是什么？水权许可的内容是否与水权登记的内容必须保持一致？水权许可一旦被行政机关基于某些理由撤销，对水权登记又将产生何种影响？诸如此类的问题，都需要做进一步的探讨。

---

① 王克稳：《论建立水权登记制度》，载《华北水利水电大学学报（社会科学版）》2021年第5期。

② 这不是说世界上的任何一个国家都只会实施许可制，不同国家会根据地区水资源的丰富程度、历史习惯、水资源需求变化等，建立相应的水权取得制度，不过，某些国家的先占规则下的水权取得制度，也逐渐融入许可制度。（参见王小军：《美国水权制度研究》，中国社会科学出版社2011年版，第86页。）

顺便指出的是，国有自然资源使用权的物权化改革，并不意味着绝对权物权人可以随意处分该权利，相反，国家为了公共利益的需要可以对自然资源使用权予以必要的干预。① 例如，使用权在规定时间内不行使，可能被国家无偿收回；使用权的转让也可能需要国家的审批；等等。② 囿于本书的研究主题是国有自然资源一级市场的配置审批，对于这些相关问题，在此不作过度扩展。

① 在有的国家如德国，无论是国有还是私有的自然资源所有权与使用权，其流转都可能受到限制。例如，农业用地、林业用地等出让需要获得国家许可，其目的是防止出现土地的分散，并防止将土地出让给不内行的取得人。如果贯彻自由原则，可能会导致土地被不合经济目的地瓜分，并导致土地投机的危险。［参见〔德〕鲍尔、〔德〕施蒂尔纳：《德国物权法》（上册），张双根译，法律出版社2004年版，第585页、第611页。］

② 对自然资源使用权作出何种程度的限制，在限制与权利转让之间如何达到一个较好的平衡，无疑是一个非常具有挑战性的问题。这或许需要在具体的自然资源使用权的具体流转形态中予以特别的考察。如矿业权的流转方式可以包括转让、抵押、出资、入股、继承和赠与等，如何适当限制以实现适当的自由，需要专门的制度建设。相关讨论参见黄锡生：《自然资源物权法律制度研究》，重庆大学出版社2012年版，第194~195页。

第六章

国有自然资源配置审批的公众参与制度改革

党的二十大报告提出,“扩大人民有序政治参与,保证人民依法实行民主选举、民主协商、民主决策、民主管理、民主监督”。国有自然资源配置审批是政府一项重要的管理职责,不仅需要政府内部建立起健全的监督制度,还需要通过公众参与来实现对政府审批行为的有效约束。前文已经描述了我国国有自然资源配置审批中公众参与的现状,本章在此基础上作出进一步分析,以期建立实现公众参与的良好机制。

第一节　国有自然资源配置审批公众参与的正当性基础

一、自然资源国家所有权的公共属性

自然资源国家所有权是国有自然资源配置审批的基础,国有自然资源配置审批是实现自然资源国家所有权的重要形式。对自然资源国家所有权的性质,笔者有一个明确的认知与主张:自然资源国家所有权具有双重属性,一方面,以实现和保护公共利益为目的;另一方面,

与私人所有权具有基本相同的权能构造。换言之，自然资源国家所有权与私人所有权的关系是“同构异目”（相同构造不同目的）。这就决定了自然资源国家所有权的实现，要受到公法与私法的双重规则的限制。私法规则塑造建立在所有权基础上的使用权体系，有益于实现国有自然资源的经济价值，也有益于自然资源使用权的市场化配置和使用权人的权利保护。公法规则约束所有权的绝对性，包括哪些自然资源可以开发利用、自然资源使用权出让过程中如何保证公平公正等。国有自然资源配置审批之所以要有公众的参与，原因之一就是自然资源国家所有权具有公法属性。

（一）自然资源国家所有权要体现宪法精神

首先，自然资源国家所有权制度是以宪法规范为基础建立起来的，其所有权要充分反映宪法的基本精神和要求。《宪法》第 9 条第 1 款的规定虽然没有明确“国家所有”与“国家所有权”的关系及其性质，但不可否认的是，该条规定的自然资源国家所有乃是《宪法》第 6 条规定的“生产资料的社会主义公有制”在自然资源领域的具体反映。这一问题笔者已在前文做了详细的分析与评述。由此也决定了自然资源国家所有权的实现必须要受到宪法公有制条款的约束。

其次，在“公有制—全民所有制—自然资源国家所有制—自然资源国家所有权”这一制度链条中，《宪法》第 9 条第 1 款除了可以将全民所有与公有制相连接外，还同时限定了自然资源国家所有权的主体，并框定了自然资源国家所有权客体的可能范围，此一限定对于自然资源国家所有权的实现具有规范效力。

最后，自然资源国家所有权的实现需要受到《宪法》第 9 条第 2 款，即“国家保障自然资源的合理利用，保护珍贵的动物和植物。禁止任何组织或者个人用任何手段侵占或者破坏自然资源”的约束。笔者认为，该规定有丰富的内涵：一是自然资源国家所有权的行使主体必须依法履行该条规定的保障义务；二是该规范成为政府干预、管理和规制自然资源开发利用的依据，也是对国家所有权行使行为进行监督的宪法依据。国家在建构所有权行使规则时，既要以维护全民利益，实现公有制的目的为根本遵循，又要加强自我约束，并建立内外部监督机制，避免权力滥用给全民利益造成损害。

自然资源国家所有权的实现原则与规则理应将宪法所内含的既赋权又约束，既利用又保护的辩证逻辑和价值准则凝聚其中。而公众参与就是重要外部约束机制之一。

（二）自然资源国家所有权的实现应体现全民性

自然资源国家所有权与其他所有权的最大不同在于，其所有权主体和利益归属主体都是全民。这种“全民性”的核心特征主要有两点：

第一，保护的利益是全民利益。自然资源国家所有权所要实现和保护的利益并不是某一个具体法律主体（自然人或法人）的利益，而是一国之内最高的公共利益——全民利益。正是这一利益追求决定了自然资源国家所有权本质上是一种公共或公益所有权，这一层面与私人所有权有着根本差别。

第二，最终利益归属于全民。自然资源国家所有权的最终利益归属于全民，而不是所有权行使主体。在这一点上，自然资源国家所有权与集体所有权、国家机关直接支配的国有资产的所有权都有所不同。与同为公有制体现的集体所有权相比，二者的核心差异在于，其利益的享有和归属主体范围不同。前者为“大公”，后者为“小公”。与机关单位直接支配的国有资产相比，二者虽然都属于全民所有，但后者是通过机关单位本身的公共性间接体现出来的，其物上利益的直接享有者和归属主体并非全民，而是特定的法人。与之相对，国有自然资源的所有权行使主体虽然也是国家机关，但这些机关不能为了自身利益支配自然资源，也不能将自然资源收益直接归属于自身，而应通过特定的法律机制实现利益的全民分享和分配。

（三）自然资源国家所有权的实现应兼顾其客体的多重价值

自然资源国家所有权的实现需要根据资源属性和价值，合理确定其所有权实现形式和规则。多重价值的实现，需要妥善处理的核心问题是自然资源的利用和保护关系。只强调开发利用，忽视保护，将导致竭泽而渔的公地悲剧，损害代际公平；只强调保护，忽视开发利用，将导致反公地悲剧，难以真正落实所有者权益。[①] 正因如此，《宪法》才规定了合理利用原则——国有自然资源应该利用，但是利用又需控制在“合理”限度内。

---

① 诚如有学者所言，不能很好地开发利用自然资源，立法保护的意义又何在？See Wilson, J.Q, Richardson, *Public Ownership vs. Energy Conservation: A Paradox of Utility Regulation*, Regulation, 1985, p.14.

二、国有自然资源配置审批是政府管理事务

国有自然资源配置审批是自然资源国家所有权的实现方式，这一行为不会因为是行使所有权而成为私法行为。

（一）国有自然资源配置审批的实质是行政行为

从形式上看，强调国有自然资源配置审批是行政行为，似乎是一个没有意义的论题。不过，把该行为与国家所有权相关联，就会产生一个疑问，国有自然资源配置审批是国家所有权的实现形式，而实现国家所有权的行为怎么会是行政行为呢？

按照私人所有权的路径，国家所有权的实现过程就是所有权人国家（政府）把使用权出让给公众的过程，遵循“法不禁止则自由”的私法规则。其一，除非法律明确了某些自然资源国家使用权不得出让，否则所有权行使者可以自由决定出让对象、范围等。作为绝对权，自然资源国家所有权会产生排斥效力，即在国家（政府）未同意的前提下，公众需要像尊重私人财产权一样尊重国家所有权，不得随意占有、使用国有自然资源。这就如学者所言，公共财产使用申请人居于公共财产关系中被动与消极的地位，公共财产的剩余利益属于国家，对人民而言，对公共财产的利用“国家不授权即禁止”。[①] 其二，在使用权出让方式上，国家（政府）可以不受外部的任何约束，无论是竞争的方

① 参见张力：《国家所有权遁入私法：路径与实质》，载《法学研究》2016 年第 4 期。

式，还是传统审批的方式，都可以由所有权行使者单方决定。理论上，自然国家所有权行使者受到的唯一约束就是来自所有权人的内部监督。所以，如果按照完全的私法所有权理论，政府许可申请人使用国有自然资源，与私法所有权人许可他人使用其财产一样，都是权利处分行为。

在私法规则和私法技术的运用之下，当前自然资源国家所有权实现过程中，公法规则有不断退却甚至“溃败”的迹象，自然资源使用权的物权化建构，也使国有自然资源有偏离公共目的的危险。然而正如前文所分析的，自然资源国家所有权具有公法属性，这种公法属性需要公法规则来实现，也需要公法规则来保护。

众所周知，行政行为是行政主体行使行政职权对外作出的具有公法效果的行为，再简单点说，“行政行为是运用行政权所作的行为”。[①]那么，如何理解与解释为什么行使国家所有权的行为会成为行政行为？或者说，国家所有权的行使与行政权力的行使，这两条看似不同的“河流”，何以能够汇集在一起，使国家所有权的行使也产生公法上的法律效果？

笔者的基本主张是：国家所有权具有私法所有权的基本结构，但是如何行使所有权是行政机关的行政职责。

不可否认，当代社会的私人所有权不再是神圣不可侵犯的，而是需要为了社会公共利益承担某些社会义务。不过，这种社会义务一般表现为国家基于某种正当性考虑而对私人所有权实施剥夺或某种程度

① 叶必丰：《行政行为原理》，商务印书馆2014年版，第17页。

的限制，所有权人对此具有配合与容忍的义务。尽管所有权人可以要求国家给予补偿，但是不能以所有权的绝对性进行对抗。从这个意义上说，私人所有权的社会义务是消极、容忍的义务。

自然资源国家所有权与之不同，其至少要实现两个方面的义务：一方面，国有自然资源作为生产资料，要实现“消灭人剥削人”的制度功能。私有财产的所有权人只要确保其财产不会对他人造成损害，以及服从国家正当、合理的限制，其可以随意处分财产，并非要追求特定目的。但是对国有自然资源的所有权人或行使者而言，权利主体有实现国有自然资源价值的义务，必须积极主动、合理合法、公平公正地配置国有自然资源使用权。另一方面，禁止任何组织和个人非法侵占自然资源。私人所有权人有权排除他人对其所有物的不当干涉，具体表现为物权请求权或侵权损害赔偿请求权。既然是请求权，也就说明所有权人可以不行使这一权利，或者权利人怠于行使权利导致超过诉讼时效的，要自担风险。与之不同，实现自然资源合理利用以及保护自然资源国家所有权是一项政府义务，不可放弃，否则所有权行使主体可能被追究法律责任。这表明，自然资源国家所有权所需承担的义务，是一种积极、主动的义务。或者说，除了法律课以所有权的一般负担和义务外，自然资源国家所有权还需宪法、行政法上的特别公法义务。

正因如此，行使国家所有权不仅是权利表达，还是政府职责的承担与履行——要注意，“职责”不会是私人所有权的内在要求。《森林法》第 14 条第 2 款规定：“……国务院可以授权国务院自然资源主管部门统一履行国有森林资源所有者职责。”党的十八届三中全会作出的《中共中央关于全面深化改革若干重大问题的决定》指出，“健全国家自然资源资产管理体制，统一行使全民所有自然资源资产所有者职责”。2022 年 3 月，中共中央办公厅、国务院办公厅印发了《全民所有自然资源资产所有权委托代理机制试点方案》，首次以中央政策的形式将全民所有自然资源资产所有者职责明确为“主张所有、行使权利、履行义务、承担责任、落实权益”。这五项职责中，“行使权利”表现为所有权行使者应努力实现自然资源国家所有权的物权权能，与私人所有权的行使基本相同。然而，“履行义务”职责要求“所有者及其代理人在处置、配置全民所有自然资源资产时要符合国土空间规划、用途管制要求和节约资源”，履行“保障自然资源合理利用”之义务，并应该“遵循公平诚信原则和市场规则，充分发挥市场在资源配置中的决定性作用”。①“一般地说，不存在只享有权利或权力的主体，也不存在只承担义务或责任的主体”。②承担公法职责，需要公共职权作为保证，没有权力作为基础，行政机关的决定往往难以得到执行，法定职责难以得到落实。自然资源国家所有权行使者只要履行所有者职责，实现国有自然资源的公法义务，就应该被赋予相应的职权。所以，自然资源国家所有权的实现过程，除了要适用民法规则，实际还暗含着另外一条路线——所有权人及其行使者要确保实现所有权的公法义务，需要履行相应的行政职责，进而需要法律明确授权以保证职责的顺利履行。

① 陈琛：《访谈自然资源所有者权益司负责人：解读全民所有自然资源资产所有权委托代理机制试点》，载自然资源部网 2022 年 3 月 25 日，https://www.mnr.gov.cn/dt/ft/202203/t20220329_2732034.html。

② 吕世伦、李英杰：《职权与职责研究》，载《北京行政学院学报》2011 年第 1 期。

故而，尽管国有自然资源配置审批的实质是自然资源国家所有权的实现，因其在实现所有权物权权能的同时，尚需实现其公法上的义务，这决定了配置审批行为不能等同于民法上的许可或同意，而是需要承担所有者职责并履行相应的行政职权，因此被纳入《行政许可法》。以此逻辑，国有自然资源配置审批行为应被定性为行政行为，也合乎情理与法理。

（二）国有自然资源配置审批的市场化改革是许可的协议化

从形式上观察，似乎所有行政许可行为都具有一定的合意性：申请人提出申请，行政机关对申请人的申请予以审查，并作出同意的判断。易言之，审批是审批机关对申请人所发出“要约”作出的“承诺”。不过，这种认识并不正确。原因是，申请人固然提出了申请，但是行政机关作出的许可决定不能视为“意思表示”——许可决定必须以法律规定为依据，而不能以意思自治为基础。顺便指出的是，意思表示概念是民法的核心概念，甚至是民法大厦的基础，是指“企图发生一定私法上效果的内心意思，表示于外部”。①当前，有行政法学者把意思表示引入行政法，提出行政行为的意思表示理论。②在笔者看来，在依法行政原则的限定下，行政机关在作出秩序行政行为时几乎不享有意思自治的余地。如果仅把意思表示作为行政机关对外作出行为时产生法律效果的意图，那么，引入民法意思表示这一概念的作

① 王泽鉴：《民法总则》，中国政法大学出版社 2003 年版，第 317 页。

② 参见田勇军：《论行政法上的意思表示》，法律出版社 2017 年版；王学辉：《行政法意思表示理论的建构》，载《当代法学》2018 年第 5 期；王厚冬：《论行政法上的意思表示》，载《政治与法律》2014 年第 7 期。

用将大打折扣。

与一般许可有所不同，对于国有自然资源使用权的许可出让，行政机关固然需要受到法律的约束，如不能自由决定国有自然资源使用权的出让范围、出让价格、使用权人等。但是，该类许可无论是行政机关还是申请人，都有较大的“决定空间”。尤其是竞争式许可条件下，行政机关以发布招标公告的方式作出要约邀请，申请人则以提交报价等方式发出要约，行政机关按照规定程序进行评标或以其他方式选择被许可人，形式上与承诺几乎一致，并最终以协议方式将双方意思表示予以明确。或者说，对于竞争式出让，不能仅从外表看似乎其与私人许可使用财产无太多区别，而应认识到竞争式出让是传统申请审批的替代，出让主体的地位、权限等并不会因为出让方式的改变而改变。

简言之，国有自然资源配置审批的市场化改革，就是借用民事规则实施许可，又因为市场化的结果最终往往体现为行政协议，故而市场化改革表现为许可的协议化。顺便指出，目前有学者提出行政协议许可化的观点，其意蕴是，公共资源的出让协议整体上要与行政许可相结合，行政协议应该充分尊重《行政许可法》的规定。① 笔者认为，行政协议的许可化与行政许可的协议化反映的是同一个事务，只是不同角度的观察与表述。②

---

① 陈国栋:《行政协议的许可化研究》，载《环球法律评论》2021 年第 6 期。

② 在实践中，行政许可即使以合同的形式作出，合同的条款也要重复大量的法律上的规定。在域外亦为如此，从而表现出法律文本和合同文本的高度重合、互为补充、结成一体。例如，英国的公用事业以许可证制度为核心，特许合同作为许可证的附件与行业标准、操作规程等其他法律文本共同构成了监管的依据。同时，两者又存在共性与个性的交叉关系和转化关系，合同中社会规制的内容因为共性特征较强，往往体现为标准化的文本，上升为单行的法规范，并通过大量的引致条款进入合同。（参见余凌云主编:《全球时代下的行政契约》，清华大学出版社 2010 年版，第 83~84 页。）

行政协议与行政许可之密切关系，决定了即使国有自然资源配置审批是以行政协议方式展现，也不能完全按照民事协议的规则处理相关社会关系。相反，由于该协议具有明显的行政特征，更容易被要求突破协议的相对性之要求，或者较之民事协议会被课以更多的先合同义务、附随义务等。例如，在民事协议的缔约过程中当事人应履行先合同义务，“法律要求出卖人缔约时负有告知义务，此种先合同的附随义务既属法律要求的积极义务，实属道德规范转化为法律规范”，① 但无论如何，民事协议的先合同义务基本还是规范与约束合同当事人的行为。行政协议的先合同义务内容则更为广泛，行政机关除了对缔约当事人负有相应的义务外，对社会公众还负有特殊的先合同义务，其内容之一是应该组织公众参与到行政协议的缔约过程之中。②

第二节　完善国有自然资源配置审批公众参与机制

本书第二章归纳了国有自然资源配置审批中公众参与权之具体形态与公众参与的困境。公众参与机制的完善，应从公众参与事项范围、参与程序以及参与效力等方面着手。

① 韩世远：《合同法总论》（第 3 版），法律出版社 2011 年版，第 136 页。

② 参见刘赫喆：《行政合同中行政主体先合同义务研究》，山东大学 2019 年博士学位论文，第 100~103 页。

一、明确公众参与的事项范围

（一）区分所有权行使事项与监管权行使事项

根据中央的改革总体设计，自然资源所有权与自然资源监管权的行使要做区隔，并由不同的部门分别统一行使这两种权利（力）。但是应该承认，在进行一系列的改革之后，这一目标尚未完全达到。如自然资源主管部门实际还同时行使着这两种权利（力），以及其他行政职能部门也还在行使部分国家所有权或监管权。

国有自然资源配置审批是以国家所有权为基础的审批行为，审批事务在性质上属于自然资源国家所有权行使之事务。自然资源监管权是国家基于管理者的身份而享有的权利，其具体表现形式也可能是行政审批。比较典型者如《森林法》中所规定的林木采伐许可证。原《森林法》规定，采伐林木必须申请林木采伐许可证。2019 年新修订的《森林法》规定，采伐林地上的林木应当申请采伐许可证；采伐自然保护区以外的竹林，以及农村居民采伐自留地和房前屋后个人所有的零星林木，不需要申请采伐许可证。立法变化揭示了林木采伐许可证的功能，即严格控制森林的年采伐量，以保护森林资源。即使是采伐私人所有的林木，也可能需要获得采伐许可证。简言之，采伐许可的基础是国家监管权而非所有权。

无论是基于所有权的资源配置许可，还是基于监管权的资源管理许可，公众参与都有其正当性。但是，既然讨论国有自然资源配置审批改革中的公众参与，那就应该对所有权行使行为与监管权行使行为予以区分。问题在于，无论是自然资源国家所有权还是自然资源监管权，都是为了公共利益，很长时间内管理体制上也没有特意区分这两种权利（力）。无论是法律制度还是政府部门职能设置，也往往是将两种权利（力）放置在一起。尽管如此，笔者还是尝试从如下方面作出区分：

第一，从行为的法律效果看，所有权行使的后果可能增进所有权人的利益或设定他物权，监管权行使产生的法律效果则可能是限制所有权。中央要求将自然资源国家所有权与自然资源监管权相区分，是对目前国有自然资源管理体制的不满与反思。自然资源产权管理存在“资产底数不清、所有者不到位、权责不明晰、权益不落实、监管保护制度不健全等问题”，并导致“产权纠纷多发、资源保护乏力、开发利用粗放、生态退化严重”等后果。① 因此，行使自然资源所有权的重要目的是摸清自然资源资产家底、让所有者到位，以实现所有者权益。此外，中央文件对所有者职责的定位是“主张所有、行使权利、履行义务、承担责任、落实权益”②，这同样可以体现出所有权行使的目的主要是获得“利益”。因此，当政府在自然资源领域作出的行为能够产生收益，增进公共财政，或者能够为使用者创设某种权利，则为所有权行使行为；若政府在自然资源领域作出的行为不仅不能产生收益，还可能需要对相对人作出补偿，或者限制自然资源所有权人的行为自由，则为监管权行使行为。

---

① 2019年中共中央办公厅、国务院办公厅印发的《关于统筹推进自然资源资产产权制度改革的指导意见》。

② 2022年中共中央办公厅、国务院办公厅印发的《全民所有自然资源资产所有权委托代理机制试点方案》。

第二，从是否可以替代的方法予以判断。根据《民法典》与自然资源单行法的相关规定，我国自然资源分为国家所有与集体所有，对于集体所有的自然资源，国家不可能行使所有权而只能行使监管权。因此，某行为对象既可以是国有自然资源，又可以是集体所有自然资源，原则上该行为应被视为政府监管行为。如林木采伐证的审批行为、与土地用途管制政策紧密相关的农用地转用审批行为等。相反，如果某个行为只是针对国有自然资源但不针对集体所有自然资源作出，则应倾向将其视为所有权行使行为，如国有自然资源的出让。

第三，从适用的法律类型予以判断。矿产、水流、海域等自然资源只能属于国家所有，无法以对比的方式判断政府行为的性质。此种情况下，可以根据适用的法律类型进行判断。有学者提出，"一般认为，权利可由民法予以确认，属于平等主体之间的财产关系、人身关系，可以通过委托代理、契约等民事方式明确双方权利义务，从而实现管理目标的，可以优先确定为所有者权利。权力需由行政法、刑法等公法予以确认，必须通过国家强制力才能保证实现管理目标的，应该是监管者权力"。[①] 这一方式具有可行性，不过应该予以必要补充，因为所有权的行使行为并不一定是由民法予以调整。例如，《海域使用管理法》确立了海域使用的申请审批制，国务院以及国务院授权的省、自治区、直辖市人民政府分级享有海域使用审批权，经审批后申请人获

① 邱少俊、吕宾：《正确区分"所有者权利"与"监管者权力"——关于履行"两统一"职责的思考》，载中国自然资源经济研究院网 2019 年 5 月 17 日，http://www.canre.org.cn/info/1124/85327.htm。

得海域使用权。这显然属于所有权的行使行为，而《海域使用管理法》作为“管理法”，不能列入私法范畴。按照上述标准，该审批行为反而会被纳入行使监管权力之行为。笔者认为，在适用法律类型上，不仅需要观察行为依据的法律的性质，还要辨析行为结果受何种法律调整。行为依据之法律与调整行为结果之法律，只要有一个阶段受民法调整，则该行为为行使所有权的行为。所以，尽管《海域使用管理法》是公法，但是审批结果的海域使用权为《民法典》所规定，因此审批行为是行使所有权的行为。

（二）明确自然资源开发利用决策中的参与事项范围

自然资源开发利用决策是否为重大行政决策事项，各地的规范并不统一。虽然有的地方将其明确为重大行政决策事项，并不意味着所有自然资源的开发利用决策都会进入政府的重大行政决策议事安排，相反，有的地方虽未将其明确为重大行政决策事项，但也不排除其可能被列入政府重大行政决策议事安排之内。这是因为，除了某些自然资源，如土地、矿产等少数种类的自然资源开发利用的规划决策应保证公民参与外，其他自然资源的开发利用决策是否能成为重大行政决策，更多属于政府的裁量范围。整体而言，一些相对重要的自然资源，如土地、矿产、水资源等的规划，公众参与的可能性更大，而其他自然资源，如森林、频谱资源、野生动植物等的开发利用决策，则较少被列入重大行政决策事项范围，公众参与无从谈起。

为保证国有自然资源开发利用决策的民主性，最可行的办法是在立法中明确此类决策事项属于重大行政决策事项，只要启动相关事项决策，就必须适用重大行政决策程序，限缩政府及相关职能部门裁量权。

（三）明确自然资源配置审批中的听证事项范围

这主要涉及对《行政许可法》第46条、第47条中的“涉及公共利益的重大行政许可事项”“重大利益关系”的解释。《行政许可法》第47条赋予了行政机关许可听证方面较大的裁量权。根据该条规定，除了法律、法规、规章规定需要举行许可听证的事项，何为“涉及公共利益”、是否属于“重大行政许可事项”，以及是否“需要听证”，皆由行政机关裁量决定。

在欧美国家，自然资源私有化一度成为改革自然资源管理体制的重要主张，但是事实证明，自然资源私有化并不一定能够促使资源合理与持续利用，所以在私有化浪潮席卷全球的背景下，不少政府并没有出售他们所拥有的森林、公园、水道、野生生物以及大气在内的巨大的自然资源。[①] 虽然不能以此证明自然资源国家所有的正当性，但是也要认识到，我国《宪法》之所以确立以国家所有为主的自然资源所有制，除便于资源治理的原因外，更是基于社会主义目的的考虑，是“为了重新分配财富以实现平等主义的目标，让每个公民都从这些国有财产中受益”。[②] 国有自然资源配置审批的结果，是将自然资源交由相关民事主体占有与利用，但本质上是公共财产在成员之间进行分配利

① 参见〔美〕丹尼尔·H. 科尔：《污染与财产权：环境保护的所有权制度比较研究》，严厚福、王社坤译，北京大学出版社2006年版，第93~107页。

② 肖泽晟：《宪法意义上的国家所有权》，载《法学》2014年第5期。

用，具有强烈的政治色彩，[①] 必然与公共利益相联系。基于这种认识，相关立法应明确国有自然资源配置审批皆属于涉及公共利益的重大许可事项，行政机关负有举行听证的义务。

《行政处罚法》对可申请听证的事项作了相对较为清晰的规定，与之相比，《行政许可法》第 47 条中的“重大利益关系”含义不明确，赋予了行政机关较大的解释余地。美国联邦最高法院认为，是否举行听证，以缓和维护权利与促进效率之间的冲突，应符合三项标准，即受影响的利益性质、适用一般程序发生错误决定的危险，以及规定听证予以程序保障可能产生的积极结果、听证程序的成本。[②] 由于我国《行政许可法》将“重大利益关系”的判断权授予了行政机关而非法院，可以考虑借鉴美国举行听证的三大标准。但为了更加有效地约束行政机关的权力，自然资源单行立法对这一问题作出明确的规定会是更优的选择。国有自然资源配置审批中，重大利益关系至少表现为：因配置审批而使公众自然资源的习惯使用权、自由使用权被限制或剥夺，因配置审批而影响资源所在地的周边生态环境，因配置审批而影响资源所在地民众的财产价值等。

二、完善公众参与平台与参与程序

（一）建立理性的公众参与交流平台

政治参与能够培养公众道德与公共理性。但是，公众也是理性

---

① 参见巩固：《自然资源国家所有权公权说再论》，载《法学研究》2015 年第 2 期。
② 参见汪永清主编：《行政许可法教程》，中国法制出版社 2011 年版，第 144 页。

人，除了要计算参与的成本与收益外，公众参与还受制于知识储备、参与能力、利益偏好、参与共识等方面的制约。例如，在专业高度分化的现代社会，普通公众对于自己不熟悉的领域很难发表实质性观点。若公众与专家“自说自话”，无法进行有效沟通，为保证决策科学化，便有可能要牺牲决策民主化。① 以至于有学者如美国学者基威特认为，公众参与固然可以满足公众的实际需求，落实民主精神，但是在实践中也会产生增加政治系统内冲突、造成决策困难、减少社会公平性等新问题。② 当然，公众参与已成为当代民主社会不可缺失的因素，以公众参与中的困境质疑公众参与的必要性，亦不可取。问题的关键在于建立有序的公众参与机制，并使公众参与的热情、正向作用与社会公共管理有机结合。面对国有自然资源配置审批专业程度较高、公众专业知识不足的问题，国家应建立起理性的公众参与交流平台。

所谓理性的公众参与交流平台，是一个能够容纳不同认知程度、不同社会阶层的公共参与者的理性交流场域。它可以按照不同的领域及需要而设立，表现为公众论坛、公众与专家的固定对话机制，还可以借助现代互联网建立网上沟通平台等。其作用有三点：第一，通过专家的宣讲，以及公众与专家的沟通、交流等，可以让公众知晓政府决策中的专业事项，使之获得参与政府决策的必要知识储备，不至于让后者完全处于懵懂无知的状态。第二，在现代社会，知识可能会因为专

① 参见金自宁：《跨越专业门槛的风险交流与公众参与透视深圳西部通道环评事件》，载《中外法学》2014 年第 1 期。

② 参见李庆钧：《公共政策过程中公民参与的作用及其限制性因素分析》，载《扬州大学学报（人文社会科学版）》2007 年第 1 期。

业的高度分工而成为部分专家的“垄断产品”，并使之因此获得当然的权威，但是，也需要看到信息技术高度发达所带来的社会效果——“知识祛魅”。大量知识能够通过网络这一公共平台传播、普及，并可能打破传统媒体时代因知识不易传播而形成的专业权威。换言之，借由通过网络信息媒介获得的专业知识，普通公众挑战专家成为可能。第三，可以降低专家在价值选择上的优势。尽管专业与价值判断是实然与应然的关系，不能相互推导，但是在政府决策中这两个不同要素往往交织在一起。专家是专业上的权威，按理不能因为专业优势就当然获得价值偏好的优势地位。然而，实践证明，如果缺乏理性的参与沟通机制，公众必然无法对专家意见提出反驳，专家则凭借知识优势对政府价值偏好的形成产生直接影响。但是通过有效的沟通，“只要是在一个被广泛理解的框架内提出问题，那么公众和科学家对于在科学上十分复杂的问题的判断通常是一致的”，[①]从而实现政府决策的科学化与民主化。

（二）完善公众参与程序

完善程序对于实现公众参与权具有重要意义。地方重大行政决策立法以及《行政许可法》针对公众参与程序作出了相应的规定，但是其中的缺憾亦不可忽视，尤其是国有自然资源开发利用决策与许可听证中所需特别注意的问题。

① 〔美〕布鲁斯·史密斯：《科学顾问：政策过程中的科学家》，温珂、李乐旋、周华东译，上海交通大学出版社2010年版，第257页。

1. 国有自然资源开发利用决策的公众建议启动程序

近年来，不少地方政府或职能部门往往会制定、发布年度重大行政决策事项目录，且并非所有被地方立法所确认的重大决策事项都会被纳入这一目录。尽管地方立法对如何确定重大行政决策事项皆有所规定，明确了决策事项提出主体、决策事项确定主体及其程序。但是公众能否成为重大行政决策的提出主体，各地规定不一，至于公众提出的建议能否影响行政机关的决定、行政机关是否有义务对公众提出的建议予以回应，规定阙如。正因如此，查阅地方政府年度重大决策事项目录可以发现，有些地方政府年度重大决策事项的数量屈指可数，涉及自然资源开发利用的事项更是罕见。所以，从制度上规范重大行政决策的建议程序与决定程序，对于保护国有自然资源开发利用决策的公众建议权具有极为重要的意义。而这需要注重两个关键要素：一是明确规定公众有权提起开发利用国有自然资源的建议及其程序；二是行政机关必须对公众提出的建议作出积极回应，并给予充分说理。

2. 妥善处理听证程序与竞争性实施方式之间的关系

《行政许可法》以及行政许可程序的地方立法，对行政许可程序作了相对完整的规定，但是这些立法却忽略了行政特许听证程序的特殊性。一般行政许可的程序是“申请—受理—审查—许可决定”。《行政许可法》第 47 条第 1 款规定，“行政机关在作出行政许可决定前，应当告知申请人、利害关系人享有要求听证的权利”，同时结合该法第 36 条的规定，一般行政许可中的听证应在作出审查之后、许可决定之前举行。国有自然资源配置审批若采用传统申请审批方式，听证应该被置于审查环节，行政机关应该根据听证笔录作出许可决定。现实中，是否进行了听证，成为利害关系人在行政机关作出自然资源配置审批过程中维护自身权益的重要手段。①

与之不同的是，国有自然资源配置审批原则上应采用竞争性的许可实施方式，其程序环节不同于传统审批模式，一般为“发布国有自然资源使用权出让公告—招标或拍卖—签订合同—颁发许可证”。基于国有自然资源配置审批程序的特殊性，听证并不适宜在签订合同之后、颁发许可证之前举行，否则，行政机关可能因为举行听证受到利害关系人反对，无法作出许可决定，其直接后果是行政机关不能向合同相对人颁发许可证或作出确权登记。因合同义务不能履行，行政机关将不得不向合同相对人承担违约责任。

所以，结合竞争性许可实施方式之特性，国有自然资源配置审批无论是因利害关系人申请的听证，还是行政机关依职权主动组织的听证，都需要对听证的时间节点做必要的改变，不能在招、拍、挂过程中实施。可行方案是，行政机关在作出国有自然资源使用权出让决策之后、启动投标等工作之前实施听证程序。②需要承认的是，这一改变与《行政许可法》的规定并不一致。为了让改变更具有正当性，可以与重大行政决策程序相结合，把出让国有自然资源使用权的决定作为

① 例如，在南方锰业公司诉自然资源部行政复议驳回起诉决定案中，南方锰业公司的主张之一，就是认为自然资源部对本案第三人富丰矿业公司作出的划定矿区范围批复会对南方锰业公司利益造成损害，但是自然资源部没有根据《行政许可法》以及《国土资源听证规定》的规定组织必要的听证。[参见北京市高级人民法院行政判决书，(2021)京行终7967号。]

② 有的地方政府实践中的做法也是如此。例如，湛江市廉江市自然资源局举行《廉江市石岭镇东埇矮岭饰面用花岗岩矿采矿权网上挂牌出让工作方案》听证会，以听取社会各界对廉江市石颈镇东埇矮岭坡饰面用花岗岩矿采矿权网上挂牌出让工作方案的意见建议。该听证就是在发布网上招标公告之前举行。

重大决策对待，把听证作为“公众参与”的方式，在决策过程中完成听证。①

三、保障参与的效力

公众参与国有自然资源配置审批的另一个关键问题是参与的效力，即公众参与政府配置审批自然资源决策的实质影响力。听证是国有自然资源配置审批中公众参与的基本途径，按照《行政许可法》第48条及有关自然资源配置审批的规定（如《水行政许可听证规定》《自然资源听证规定》等），许可听证以案卷排他为原则，使行政行为成为听证程序的结果，起到限制行政机关之功能。

公众参与国有自然资源开发利用决策的效力则复杂得多。根据各地制定的重大行政决策方面的规范性文件，公众参与的途径主要有公示、问卷调查、实地走访、协商对话会、座谈会、听证会等多种形式，采取不同途径的标准是“决策对公众影响的范围和程度”或“决策事项的具体情况”等。② 不同的参与形式有不同的效力，对政府决策亦会形成不同的影响。政治学理论认为，采取何种参与形式，一方面，受限于公民自身的参与时间、愿望和能力；另一方面，是政府基于其体制要求和可控能力的考虑。③ 我国目前在公众参与自然资源开发利用决策

---

① 当然，这种思路转变也有缺陷。因为重大行政决策影响的是不确定对象，涉及公共利益。如果仅是具体的利害关系人对国有自然资源配置审批行为不服而要求听证，很难将这一审批行为解释为重大行政决策。

② 参见《甘肃省人民政府重大行政决策程序规定》第12条、《天津市重大行政决策公众参与工作规则》第5条、《宁波市民政局重大行政决策事项标准和目录管理办法》第8条。

③ 参见孙柏瑛：《公民参与形式的类型及其适用性分析》，载《中国人民大学学报》2005年第5期。

方面的立法有所欠缺，但同时也需承认，完全规定在何种情况下采取何种参与方式也不现实。公众参与国有自然资源开发利用决策的效力设计无法刚性地要求公众分享甚至完全支配决策权，参与的目的在于公众的参与能“影响”决策并通过风险沟通和交流达成利益共识和理性决策。而公众参与是否“影响”了决策，以及是否实现了双向沟通和交流过程，一个重要的外在判断标准是各种参与方式的反馈性机制是否健全，即公众通过各种参与方式所发出的声音，能否得到应有的采纳或者回应。① 所以，建立起相应的反馈性机制，使公众参与国有自然资源开发利用决策的各种方式都能发挥出应有的效力，是立法必须重视与解决的问题。

第三节　建立以参与权为请求权的行政诉讼机制

一、建立以参与权为请求权的行政诉讼机制之原因及其关键

（一）建立以参与权为请求权的行政诉讼机制之原因

我国社会公众参与公共事务治理的积极性不高，与公众的公民道德、公共理性不足有关。罗尔斯曾言：“就我的理解，公共理性理念从属于一种组织良好的宪政民主社会的观念。”② 由此可知，公民道德与

① 参见唐明良：《公众参与的方式及其效力光谱——以环境影响评价的公众参与为例》，载《法治研究》2012 年第 11 期。

② 谭安奎编：《公共理性》，浙江大学出版社 2011 年版，第 159 页。

公共理性不是天然形成的，更不是一种纯粹依赖于个人修养的结果。它形成于民主社会，需要国家、政府以一种开放、包容、鼓励的心态接纳普通公众参与到公共事务之中，让公众在参与过程中逐渐认识到参与公共事务的意义与价值，在长期的社会公共沟通之中提升参与所需要的认知能力、沟通能力、判断能力等，把参与内化为一种习惯，并把对公共利益的追求和对公共议题的关注构成个人价值观的一部分，而不是局限于个人生活和利益。换言之，公共道德与公共理性的养成，既需要公民个人的参与行动，还需要社会的参与氛围和政府提供的参与渠道，并对公众参与给予足够的尊重。

更需注意的是，我国公众参与的积极性不足，与参与权救济机制缺失关联性更大。试想，若公众饱含热情地参与公共事务，行政机关以冷漠态度回应，甚至阻碍公众参与，如果参与者对此无能为力，其参与热情必然无法延续。为此，国家需要为公众参与提供权利救济机制，在公众参与社会公共事务遇到阻碍，甚至被行政机关有意排除时，该机制能够及时为公众参与权提供保护。

我国法律体系包括行政救济机制（行政复议）、司法救济机制（行政诉讼）以及信访机制等。之所以选择行政诉讼机制，在于它是实现参与权救济的典型机制。

当前，信访成为我国公民实现权利救济的重要渠道之一，这显然不符合建立信访制度的目的与初衷。面对转型时期出现的信访潮，对于信访制度的改革出现了四种改革思路：废除论、强化论、还原论以及改造论。废除论与还原论的含义较为接近，主张者认为，信访不应该成为权利救济的渠道，而应作为信息传递与公民政治参与的机制存在。强化论者认为，在司法救济效果较为有限的情况下，应该扩充信访的作用。改造论者则认为，应对信访机制目前存在的不讲程序、缺乏规范等弊端予以改造，使之成为行政诉讼、行政复议的权利补充机制。[①] 整体而言，改造论是更值得接受的观点。原因是，既然建设法治社会，行政复议和行政诉讼是主要的权利救济渠道，过于强化信访的权利救济作用，无疑是在消解行政复议与行政诉讼的作用，强化论不可取；废除论或还原论又忽略了目前行政复议和行政诉讼的欠缺之处，未能承认信访在权利救济中的补充作用。总而言之，信访在权利救济中不应该是一种主要的方式。

需要注意的是，行政复议在国家政策层面的定位上，已经从边缘性的纠纷解决机制转为化解行政纠纷的主渠道。从这个意义上说，行政复议应该成为比行政诉讼更为重要的权利救济机制。不过，从近些年来对于行政复议改革的讨论，以及 2023 年修订的《行政复议法》来看，行政复议朝行政诉讼制度高度趋同。2023 年修订的《行政复议法》在复议范围、受理条件、证据、决定类型等方面，有明显的行政诉讼制度的痕迹。所以，对国有自然资源配置审批的参与权之救济，以制度层面相对更为成熟的行政诉讼为分析载体，相关研究结论对于行政复议制度也是有很大启发与借鉴意义的。

（二）建立以参与权为请求权的行政诉讼机制之关键

参与权能否得到法律的有效保护，从行政诉讼的角度考虑，关键

---

① 参见章志远：《行政法学总论》，北京大学出版社 2014 年版，第 353~356 页。

在于能否进入法院“门槛”，即是否符合行政诉讼的起诉条件，也就是《行政诉讼法》第49条规定的原告符合资格，明确的被告，具体的诉讼请求和事实根据，属于法院受案范围和受诉法院管辖。当然，结合最高人民法院《关于适用〈中华人民共和国行政诉讼法〉的解释》第69条的规定，行政诉讼的起诉要件可能还需要做更加广义的理解。除需要符合《行政诉讼法》第49条的规定外，还要考虑是否符合起诉期限、是否复议前置、是否重复起诉等影响因素。但是，有明确的被告、诉讼请求和事实根据、起诉期限、复议前置等要件是行政诉讼的个案起诉条件，国有自然资源配置审批中参与者的参与权能够被《行政诉讼法》所保护，根本取决于两个要素：受案范围与原告资格。“这两者结合在一起，基本就解决了哪些人可以基于哪些原因进入行政诉讼程序，从而得到行政司法的保护”。①

首先，参与权受到损害是否属于《行政诉讼法》规定的受案范围，需要在立法上予以明确。为了防止法院不堪重负，立法者在制定《行政诉讼法》时，有意限缩了行政诉讼所保护的利益，原则上仅限于人身权、财产权。在这样的制度背景下，其他权益受到损害很难以行政诉讼的方式得到救济。所以，国有自然资源配置审批中的参与权能否得到行政诉讼机制的保护，关键之一是参与权能否与人身权、财产权一样成为《行政诉讼法》保护的法益。

其次，国有自然资源配置审批中的参与者能否获得原告资格。国有自然资源开发利用之规划如果以规范性文件的形式出现，该行为就

---

① 罗冠男：《我国行政诉讼准入标准的变化与演进——从“法益”标准的角度》，载《中共中央党校（国家行政学院）学报》2021年第3期。

无法进入行政诉讼受案范围。但是，国有自然资源开发利用规划可以纳入重大行政决策的范围，参与者的参与权若未得以实现，可以参与权受到限制为由，对政府侵害其参与权的行为实施救济。另外，如果个案中的国有自然资源配置审批对社会公共利益产生影响，将公众参与行为纳入行政诉讼的受案范围，在现行法下具有较大的正当性。

但是，寻求参与权救济还可能面临更大的挑战——参与者是否具有原告资格。因为法院可能以参与者与审批行为不具有利害关系为由不予立案或驳回起诉。换言之，即使参与权受《行政诉讼法》保护，但参与者无诉讼资格，参与者的权利还是得不到有效救济。故而，需要对《行政诉讼法》第25条作出有说服力的解释，证成参与者与资源配置审批行为之间有利害关系。

二、构建以参与权为请求权的行政诉讼机制之法律障碍

（一）国有自然资源开发利用决策领域参与权救济障碍

国务院于2010年发布的《关于加强法治政府建设的意见》[①] 以及2019年发布的《重大行政决策程序暂行条例》均把“公众参与”作为重大决策的必经程序，但是对于未经过“公众参与”的重大行政决策参与者能否进行救济，两个规范性文件都未作出规定。

在我国的行政诉讼法框架下，公众参与国有自然资源开发利用决策，认为其参与权受到侵害而提起行政诉讼，其障碍至少有以下两点。

---

① 国务院《关于加强法治政府建设的意见》于2016年被国务院《关于宣布失效一批国务院文件的决定》废止。

一是国有自然资源开发利用决策往往是以规范性文件形式作出,《行政诉讼法》将其明确排除在受案范围之外;二是《重大行政决策程序暂行条例》把“公众参与”规定为重大决策的必经程序。国有自然资源开发利用决策中是否采用公众参与程序,该决定在学理上被称为程序性行政行为,由于该类行为不涉及实体问题,这就引出了一个具有较大争议的话题——程序性行政行为是否可诉。部分国家或地区的法律规定不能单独对此提起行政诉讼,例外情形下方才准许。① 其基本理由是,程序性行政行为只是行政行为中的一个环节或阶段,而不是最终的行政决定。换言之,该程序性行政行为作出之后,其效力会被后续的行政行为所吸收、覆盖,若相对人对该程序性行为不服,可以针对最终的行政行为申请复议或提起诉讼。在美国,这也被称为行政行为的成熟性原则。我国司法实践中,法院往往以程序性行政行为属于行政诉讼法司法解释所指向的过程性行为或对相对人权利义务不产生直接影响为由,将该行为排除在行政诉讼的受案范围之外。②

可喜的是,近些年无论是实务界还是理论界都对程序性行政行为不可诉理论予以反思。其标志性的事件为2016年最高人民法院发布的69号指导案例——王明德诉乐山市人力资源和社会保障局工伤认定案。在裁判要旨中,最高人民法院提出“当事人认为行政机关作出的程序性行政行为侵犯其人身权、财产权等合法权益,对其权利义务产生明显的实际影响,且无法通过提起针对相关的实体性行政行为的

① 参见沈跃东:《论程序行政行为的可诉性——以规划环境影响评价公众参与为视角》,载《行政法学研究》2012年第3期。

② 参见李超:《论程序性行政行为的可诉性》,载《东南大学学报(哲学社会科学版)》2019年第6期。

诉讼获得救济，而对该程序性行政行为提起行政诉讼的，人民法院应当依法受理”。对于该指导案例所确立的可诉性标准，目前学术界已经有了较多的讨论，关注点集中在“权利义务产生明显的实际影响”与“无法起诉相关实体行政行为”。①

从是否对权利义务产生实质性影响的角度探讨行政行为的某个程序是否可诉，是一条可取的路径。不过，将这一方法适用于国有自然资源开发利用决策中参与权的救济，可能效果欠佳。因为国有自然资源开发利用决策主要指向公共利益，并不针对公民个体的实体权利。在决策过程中，若行政机关并未严格遵循重大决策程序，公众参与未能得以落实，很难说公民个体的实体权利受到侵害。与之不同，前述69号指导案例中行政机关作出《工伤认定时限中止通知书》，导致当事人获得工伤赔偿的实体性权利无法得到实现。显然，国有自然资源开发利用决策中的公众参与权并非实体性权利，与69号指导案例的内在逻辑并不一致。正因如此，国务院制定《重大行政决策程序暂行条例》并未对违法决策程序行为设置复议或诉讼上的责任追究机制，亦无投诉或举报机制，主要是为建立起行政机关的内部责任追究机制。②

（二）国有自然资源配置审批个案中参与权救济的障碍

国有自然资源配置审批的个案参与包括两种类型：指向公共利益

① 参见宋烁：《论程序行政行为的可诉标准》，载《行政法学研究》2018年第4期；黄进晖：《论程序性行政行为的可诉性——基于最高法第69号指导案例与新行政诉讼法司法解释》，载《山东行政学院学报》2019年第6期。

② 《重大行政决策程序暂行条例》第39条规定：“决策承办单位或者承担决策有关工作的单位未按照本条例规定履行决策程序或者履行决策程序时失职渎职、弄虚作假的，由决策机关责令改正，对负有责任的领导人员和直接责任人员依法追究责任。”

审批中的公众参与，以及涉及个人利益审批中的公民参与。

1. 涉及个人利益审批中的参与权救济障碍

国有自然资源配置审批行为若对行政行为第三人利益产生影响①，行政行为第三人具有原告资格，可以向法院提起诉讼，这不存在任何法律障碍。而且，就诉求而言，原告主要是为了救济审批行为侵害的实体权利，至于《行政许可法》《自然资源听证规定》所规定的听证权未能得到保障，并不会成为原告的诉请内容，而只是将其作为证明行政行为程序违法的证据。

不过，无论是《行政许可法》还是《自然资源听证规定》，都规定许可"直接涉及申请人与他人之间重大利益关系的"，行政机关告知相对人、利害关系人有听证的权利。换言之，听证的前提是申请人与他人之间形成了重大利害关系，如果行政机关认为二者并无重大利害关系，当然就不必告知当事人听证权利。由此可知，行政行为第三人无论是提起诉讼，还是申请听证，都要以当事人与许可行为有利益关系为前提。一旦利害关系不能被承认，行政行为第三人的诉权就很难得到保证。

在此，可以南方锰业公司诉自然资源部驳回行政复议申请决定案为例予以说明。② 该案源于富丰矿业公司在取得探矿权之后，为了进一步获得采矿权，根据法律规定，需向登记机关自然资源部申请划定矿

① 《行政诉讼法》第 25 条第 1 款规定："行政行为的相对人以及其他与行政行为有利害关系的公民、法人或者其他组织，有权提起诉讼。"其中的"其他与行政行为有利害关系的公民、法人或者其他组织"，就是笔者所言的受行政行为影响的间接相对人，或者说行政行为第三人。

② 参见北京市高级人民法院行政判决书，(2021)京行终 7967 号。

区范围。但是，本案当事人南方锰业公司认为，无论是富丰矿业公司之前已取得的勘探区，还是自然资源部划定的矿区范围，都与其享有的国有土地使用权范围存在重叠。南方锰业公司对自然资源部作出的划定矿区范围的批复行为不服，向自然资源部申请行政复议。自然资源部受理复议申请后认为，南方锰业公司未能证明其利益受到批复行为的影响，或者说，未能提供证据证明划定的矿区范围与南方锰业公司国有土地使用权范围重叠，因此批复行为与南方锰业公司不具有利害关系，其不享有行政复议申请人资格，作出驳回行政复议申请决定。南方锰业公司对自然资源部的复议决定不服，向法院提起诉讼。无论是一审还是二审，法院都认同了复议机关自然资源部的观点，认定南方锰业公司与划定矿区范围批复没有行政法律上的利害关系，不符合行政复议受理条件。在该案中，复议机关、法院都是从实体角度认为自然资源部作出的划定矿区范围之批复行为与南方锰业公司之间无利害关系，并以此为基础认定南方锰业公司不具有行政复议申请人资格，也不具有针对批复行为要求举行听证的权利，更遑论对批复行为的合法性予以审查。

2. 指向公共利益审批中的参与权救济障碍

《行政许可法》第 46 条规定，“行政机关认为需要听证的其他涉及公共利益的重大行政许可事项，行政机关应当向社会公告，并举行听证”。《自然资源听证规定》第 12 条第 2 款规定，“直接涉及公民、法人或者其他组织的重大利益的，主管部门根据需要组织听证……”可以说，《自然资源听证规定》较之《行政许可法》的听证规定更为保守。因为“直接涉及公民、法人或者其他组织的重大利益”难以被解释为公共利益。不过，正如前文所述，中央与地方在重大行政决策事项上的立法，可以为国有自然资源配置审批因影响公共利益而允许公众参与提供空间。

时至今日，我国不少行政管理领域为维护公共利益建立起了听证会制度，但效果不尽如人意。关于对听证会结果不服能否提起行政诉讼的专门讨论也非常少见。一般认为，涉及公共利益的听证会，并不会对公民的个人利益产生直接影响，或者说听证会的结果对公民个人利益的影响属于所谓的“反射利益”，鉴于行政诉讼的主观诉讼功能，公民对听证会的结果不服，不得提起行政诉讼。①

对于以公共利益审批中的参与权未能得到有效实现为由申请救济的，在当前理论界没有过多的讨论，实务中更鲜见相关案例。

三、以参与权为请求权的行政诉讼机制之证成

在我国，“公民许多程序权利被侵犯时不能单独提起法律救济，而只能在对行政主体的行政行为提起救济时，作为一个否认行政行为合法性的理由附带提出”，② 与此相对照的是，《德国基本法》第 19 条第 4 款规定，对于任何一个其权利受到公权力侵害的人而言，权利救济途径都是敞开的。《德国行政法院法》第 40 条第 1 句则是实现《基本

① 有学者认为：“当听证代表或其他与价格决策事项有利害关系的人对最终的定价方案不服时，有权提出行政复议或者行政诉讼。伴随着南京市中级人民法院对‘陈歧松诉南京市物价局不服行政许可行为案’终审行政判决的作出，价格听证争议事项入诉已经没有任何障碍。”(章志远：《价格听证困境的解决之道》，载《法商研究》2005 年第 2 期。)结合司法实践和法律规定，笔者认为，这种观点过于乐观。

② 章剑生：《论行政相对人在行政程序中的参与权》，载《公法研究》2004 年第 0 期。

法》该规定的具体规范之一，其确切含义是，一切非宪法性的公法争议，如果没有法律规定由其他法院受理，则由行政法院受理。[①] 参与权作为公民的一项重要的公权利，在我国具有宪法上的明确依据，对于保护公民的实体权利以及约束政府权力都具有积极的作用，为参与权受到损害而提供救济途径，也是现代法治国家应尽之职责。

（一）参与权是值得法律保护的主观公权利

1. 参与权是一项主观公权利

程序权利有自身独立的价值与功能，“已经脱离了行政相对人的行政实体权利而独立存在。这种独立存在的程序权利是其获得法律救济的基础”。[②] 然而，在很长时间内，参与权无法成为一项请求权。

在私法上，立法者确立了某一权利，必然会有相应的义务以及义务主体，否则权利无法实现。在公法上，权利和义务则可能并不完全对应。因为行政机关存在的目的是维护公共利益，其做出的行为也是为了维护或促进公共利益。当行政法律法规要求行政机关履行义务时，其可能只是为了实现公共利益，而不是为了特定人的权利，即使特定人从该行政机关的该行政行为中获得了某种利益，该利益也不是法律上的权益，而是事实上的利益，又可称为反射性利益。换言之，在公法领域，行政机关的义务可能对应的是公共利益，而非权利，只有法律规范具有保护特定人利益的意图时，行政机关的义务方才对应特定人的权利。这种权利就是所谓的公法上的权利，或称之为主观公权

① 参见刘飞：《德国公法权利救济制度》，北京大学出版社 2009 年版，第 55 页。
② 章剑生：《论行政相对人在行政程序中的参与权》，载《公法研究》2004 年第 0 期。

利——“个人凭借着公法规范而被赋予法律上的力量，借此个人可为自身利益，要求国家为一定特定行为（包括作为、不作为或容忍）”。[①]反言之，一旦公民的主观公权利受到了侵犯，也就是其法律所保护的利益受到了侵犯。因该权利具有法律上的依据，故当事人向法院寻求救济，法律上的依据（法律规范）就成了当事人的请求权基础，也是法官作出裁判的依据。这一权利救济和裁判逻辑与私法上的请求权基础思维几乎一致。

在主观公权利理论产生的母国——德国，关于主观公权利的范围之认识，随着历史发展而发展。早期奥特玛·布勒提出“公权三要件”学说，第二次世界大战之后，巴霍夫提出公权修正论，整体趋势是尽量扩大主观公权利的范围，并被总结为《德国基本法》的“无漏洞司法保护”观念，“即个人在实体公法上被承认的所有权利，都被赋予了一般的诉讼可能。只要原告所主张的是自己的请求权，那么其诉讼可能就已为实体法上的请求权所吸收”。[②]

财产权、人身权等实体权利属于主观公权利并无异议，但是，程序权利是否属于主观公权利存在争议。笔者认为，程序权利也属于主观公权利，基本理由如下：其一，当前世界人权发展趋势是尽量给公民全方位的保护，这不仅包括财产权、人身权，还应该包括独立价值不断凸显的程序性权利；其二，某些程序权利已经作为独立的权利受到《行政诉讼法》的保护，最为典型的是知情权。2007年《政府信息公开条

① 陈柏霖：《论行政诉讼中之“公法上权利”》，台湾大学2011年硕士学位论文，第32页。

② 赵宏：《主观公权利的历史嬗变与当代价值》，载《中外法学》2019年第3期；赵宏：《行政法学的主观法体系》，中国法制出版社2021年版，第187页。

例》出台后，申请政府信息公开，对政府信息公开行为不服可以提起行政诉讼，成为实现与保护公民知情权、监督政府合法行政的有效途径。2019 年修改后的《政府信息公开条例》，取消了申请政府信息公开的“根据自身生产、生活、科研等特殊需要”的“三需要”条件，进一步保障了知情权的实现。

作为公民参与权的一种，举报权利受到损害之后，当事人能否具有原告资格，具有很大的争议。① 最高人民法院在一个再审案件中对此持否定态度，② 但是，也有法官与学者认为，对于举报人的举报不予答复或拖延答复，实质就是不履行法定职责的行为，举报人以此提起诉讼，应具有原告资格。③ 整体而言，举报权乃法律规定的公权力，尽管权利人行使该权利是为了公共利益，但当事人认为政府侵害该权利时，必须要有救济的机会，当事人向法院提起行政诉讼，完全可以具有原告资格。

程序的独立价值，决定了作为程序权的参与权是一项独立的权

---

① 与举报有较大关联的一个词是“投诉”，某些立法上的不严谨，导致投诉与举报的含义有所混乱。一般而言，投诉是为了自身利益而向行政机关反映情况的行为，而举报是行为人为了公共利益向主管机关反映情况的行为。(参见刘芳:《行政举报投诉人原告资格之判定逻辑与理论证成》，载《甘肃政法大学学报》2021 年第 6 期。)

② 在梁某斌诉山西省人力资源和社会保障厅劳动保障行政监察及山西省人民政府行政复议决定案中，最高人民法院认为，虽然《劳动保障监察条例》第 10 条第 3 项规定，劳动保障行政部门应当履行“受理对违反劳动保障法律、法规或者规章的行为的举报、投诉”的职责，但行政机关对于举报所作的处理，包括答复或者不答复，均与举报人自身合法权益没有直接关系，由此举报人也就不具备提起行政诉讼的原告资格。[参见最高人民法院行政裁定书，(2017)最高法行申 281 号。]笔者认为，该观点显然混淆了举报权以及举报权所追求的实体利益之间的关系，答复或者不答复虽然未直接影响举报人的实体权利，但是不答复的行为显然侵犯了举报人的“举报权”，影响了程序性利益，因此该判决观点是值得商榷的。

③ 参见霍振宇:《举报投诉人行政诉讼原告资格探讨——兼论行政诉讼原告资格的判断方法》，载《法律适用》2019 年第 6 期；曾哲、梭娅:《行政举报答复行为可诉性的规制路径探析》，载《河北法学》2019 年第 12 期。

利，不能仅作为实体权利的附随性权利而存在。更为重要的是，参与权为法律法规所明确，[①] 无论是为了私人利益还是公共利益，公民参与到政府事务之中，参与到国有自然资源配置审批之中，该项权利本身就应该被尊重。行政机关直接拒绝公民的参与、设置条件阻碍公民的参与、对公民参与提出的意见建议不做出答复或拖延答复等，都是对参与权的侵害。当事人不服提起诉讼，当然应该属于诉讼的受案范围，也具有诉讼资格。这个道理应不难理解。

有必要强调的是，笔者坚持参与权的独立性，以及公民参与权获得救济的必要性，但是笔者并不同意参与权的保护边界可以无限扩大。在参与权已经得到实现，但是政府决策行为未能达到参与者预期的情形下，参与者不能因此提起行政诉讼，因为政府的决策行为并未损害参与者的权益。更通俗地说，参与权不是决策权，公民参与权是根据法律规定向行政机关提出意见或建议的权利，不可能代替行政机关作出决策，或者要求行政机关按照参与者的意志作出决策。而且，倘若公民可以通过救济参与权的方式影响行政机关的决策，甚至要求行政机关作出某种决策，则相当于公民以诉讼改变政府的公共决策，把行政诉讼的主观诉讼价值转变为客观诉讼价值，这与我国行政诉讼机制不符，也是行政诉讼制度难以承受之重。这也是笔者把参与权论证为主观公权利，并以此为基础构建参与权为请求权的诉讼机制，且将其内嵌于现行行政诉讼体制，而不是以公民身份为基础构建公益诉

① 之所以强调这一点，是因为在主观公权利的母国德国，晚近理论将基本权利排除在主观公权利范围之外，理由是，基本权利具有主观价值和客观价值，与之不同，行政法上的主观公权利不再追问客观法规范上的利益。这导致基本权利与行政法上主观公权利的分野。（参见赵宏：《主观公权利的历史嬗变与当代价值》，载《中外法学》2019 年第 3 期。）

讼机制的重要原因。

2.2014 年修改后的《行政诉讼法》有保护参与权的空间

1989 年《行政诉讼法》从两个方面界定了行政诉讼的受案范围：一是具体行政行为标准。1989 年《行政诉讼法》第 2 条规定："公民、法人或者其他组织认为行政机关和行政机关工作人员的具体行政行为侵犯其合法权益，有权依照本法向人民法院提起诉讼。"二是人身权、财产权标准。根据 1989 年《行政诉讼法》第 11 条的规定，法院只受理对侵犯公民、法人或者其他组织的人身权和财产权行政行为不服提起的诉讼，除非法律法规另有规定，一般不受理对人身权和财产权以外的其他权益造成侵犯的行政争议。也就是说，行政机关侵犯了相对人的出版、结社、游行示威、宗教信仰等权利，以及受教育权、劳动权、休息权等其他权利的，公民是否可以提起诉讼，取决于法律和法规的特别规定。①

2014 年修改的《行政诉讼法》对影响受案范围的两个方面都有所调整，一是具体行政行为改为行政行为——尽管这并不意味着所有的行政行为都可诉，毕竟其要受到《行政诉讼法》第 13 条排除规则的约束。但是行政行为概念在《行政诉讼法》中的内涵与外延都非常不确定，在笔者看来，因行政行为产生的纠纷，在外延上有些类似德国行政诉讼上的"公法争议"。二是 1989 年《行政诉讼法》第 11 条第 1 款第 8 项之规定——"认为行政机关侵犯其他人身权、财产权的"，改为 2014 年《行政诉讼法》第 12 条第 1 款第 12 项，即"认为行政机关

① 参见马怀德：《行政诉讼原理》(第 2 版)，法律出版社 2009 年版，第 163 页。

侵犯其他人身权、财产权等合法权益的”。关于这一修改，存在不同的认识。有学者认为，修改之后条文中的“合法权益”不仅指人身权、财产权，还包括其他各种合法权益。如江必新、梁凤云法官指出，这一规定“既归纳了行政诉讼法第 12 条第 1 款本项以上的内容，也为今后司法解释留下了空间。从本项以上的内容来看，既涉及人身权、财产权，也涉及公平竞争权、劳动权等内容”。①不过，也有立法参与者认为，“合法权益”指向的是“其他人身权、财产权”，并不包括其他类型权利。②司法实践中也有支持这种观点的案例。例如，在傅某等八人诉扬州市公安局等许可案中，二审法院认为，“被上诉人扬州市公安局在收到傅某等 9 人提出的《集会、游行、示威申请书》后，经审查，依据《集会游行示威法》第十二条第（四）项的规定作出 01 号《不许可决定》，该决定书并不涉及傅某等 9 人的人身权、财产权”，当事人对《不许可决定》及《复议决定书》提起诉讼，“依法不属于行政诉讼的受案范围”。③1989 年《行政诉讼法》对保护原告的权利范围规定得是非常明确的，原则上只保护人身权、财产权，例外情况是法律、法规规定可以起诉的其他案件。但是，笔者认为，2014 年立法机关对该规定的修改存在极大的立法技术缺陷：不仅“其他人身权、财产权等合法权益”之表达具有很大的歧义，远不如“人身权、财产权等其他合法权益”含

① 江必新、梁凤云：《行政诉讼法理论与实务》（上）（第 3 版），法律出版社 2016 年版，第 355 页。

② 该观点认为，公民、法人或者其他组织的人身权、财产权内容广泛，有些财产权如股权、债权、企业产权等，以及有些人身权如姓名权、隐私权等，都没有在第 12 条中明确列举，故用第 12 项予以兜底。（参见信春鹰主编：《中华人民共和国行政诉讼法释义》，法律出版社 2014 年版，第 44 页。）

③ 参见江苏省高级人民法院行政裁定书，（2015）苏行终字第 00790 号。

义清晰，而且，第 12 条第 2 款似乎也是多余的。① 理由是，主流观点认为第 12 条第 1 款第 12 项的“合法权益”，包括人身权、财产权以及劳动权、社会保障权等各种权益。也就是说，该项完全可以起到兜底之作用，第 2 款再规定“法律、法规规定可以提起诉讼的其他行政案件”，也就失去了原有的意义。当然，可能有人认为第 12 条第 1 款第 12 项的合法权益依旧指向的是人身权、财产权，故需要第 2 款发挥兜底作用。然而，既然修改前后含义相同，立法者为何对该规范进行修改？②

法律为公众提供各种权利救济渠道是民主法治社会之必备要求。如何解释 2014 年修改后的《行政诉讼法》第 12 条第 1 款第 12 项之规定，以及该项与第 2 款之关系？笔者认为，立法机关通过修法以扩大权利救济范围的意图是非常明显的，但立法语言不明确，则是立法机关在有意制造制度模糊，从而让法院在面对起诉人的诉求时拥有灵活处理的空间。具言之，一些权利如受教育权、社会保障权等，法院可以提供救济的机会，以消除“受教育权受到侵害并无法律法规规定可以

---

① 有学者认为，依据《行政诉讼法》制定之初的立法原意，该条款主要解决的是当行政机关侵犯行政相对人人身权、财产权以外的其他权利时，行政相对人能否提起行政诉讼的问题。但是，2014 年修法后，由于在第 12 条第 1 款中已经把人身权、财产权以外的合法权益纳入进去，这个问题不复存在。所以，修法之后，第 2 款具有了新的意义，也就是说，除了行政机关侵犯合法权益或不履行保障合法权益的法定职责外，法律、法规也可能规定可以提起诉讼的其他情形。（参见江必新、邵长茂：《新行政诉讼法修改条文理解与适用》，中国法制出版社 2015 年版，第 57 页。）笔者认为，这一观点令人费解，既然第 1 款对各种合法权益都作出了保护，为何还需要第 2 款再次强调需要法律、法规的规定？

② 姜明安教授对这个问题进行了深刻的反思，他指出，《宪法》规定的公民受教育权、劳动权、政治权利（如平等权，选举与被选举权，言论、出版、集会、结社权，人格尊严不受侵犯权，通信自由和通信秘密权，批评、建议、申诉、控告、检举权等）有几十项之多，《行政诉讼法修正案（草案）》没有列举一项。行政机关具体行政行为若侵犯公民这些权利，立法原意是让法院受理还是不受理？如果让法院受理，正面清单为什么一项也不列入？如果不让法院受理？法律中加上这个“等合法权益”兜底条款还有什么意义？（参见姜明安：《行政诉讼法修改的若干问题》，载《法学》2014 年第 3 期。）

起诉，故而法院受理是无法律依据”之类的质疑，同时，对于一些于当下尚不便于提供救济机会的权利，则可以不属于受案范围为由不予立案或驳回起诉。

虽然 2017 年修改的《行政诉讼法》对上述规定未作调整，但笔者认为，从法律的确定性看，当前这一规定是有欠缺的，与党的十八届四中全会提出的加强人权司法保障的要求也不相符。① 江必新、邵长茂法官为此认为，哪些合法权益可以通过行政诉讼来保障，以及是否所有的合法权益都能够通过行政诉讼来保障，法律规定模糊，因此在行政审判实践中，法官应当作有利于行政相对人的推论，除非法律明确规定某一类行为不具有可诉性，其他情况都应当纳入行政诉讼的受案范围。② 参与权是现代社会中公民的一项重要公权力。在宪法层面，《宪法》第 41 条第 1 款规定的“中华人民共和国公民对于任何国家机关和国家工作人员，有提出批评和建议的权利”，可以作为参与权的宪法基础与依据；在法律法规层面，相关立法为数不少。

既然参与权已经被法律所明确，为其提供救济的机制也就不可或缺。在 1989 年《行政诉讼法》规定之下，参与权没有实现救济的法律依据。不过，2014 年修改之后的《行政诉讼法》有足够的空间为参与

---

① 2014 年发布的《中共中央关于全面推进依法治国若干重大问题的决定》提出，“保障公民人身权、财产权、基本政治权利等各项权利不受侵犯，保障公民经济、文化、社会等各方面权利得到落实，实现公民权利保障法治化。增强全社会尊重和保障人权意识，健全公民权利救济渠道和方式”。

② 参见江必新、邵长茂：《新行政诉讼法修改条文理解与适用》，中国法制出版社 2015 年版，第 58 页。另外，姜明安教授也观点鲜明地指出，《行政诉讼法》对受案范围的规定，完全没有必要采用“正面清单”与“负面清单”相结合的方式，应只列“负面清单”，允许法院受理除“负面清单”以外的所有行政争议。查遍各国或地区的行政诉讼法或行政程序法，尚未发现哪个国家或地区以“正面清单”的形式规定行政诉讼的受案范围。（参见姜明安：《行政诉讼法修改的若干问题》，载《法学》2014 年第 3 期。）

权提供司法救济。面对公民提起的参与权救济诉讼，法官只要具备法律人所拥有的一般意义上的公平正义观，就可以依据《行政诉讼法》将侵犯参与权的行政行为纳入司法审查的范围。

（二）明确参与权人的原告资格

在论证参与权应该受到《行政诉讼法》的保护之后，需要再明确的问题是，国有自然资源配置审批中的参与者，在其参与权受到侵害的情形下，能否具备向法院提起诉讼的原告资格。

1. 影响个人利益的国有自然资源配置审批中参与者的原告资格

为了自身利益而参与国有自然资源配置审批，当事人对行政机关审批行为不服，有权提起行政诉讼，这不存在争议。但是，其中的问题有必要理清楚。其一，当事人提起行政诉讼，要求法院审查的是行政机关的资源配置审批行为，而不是指向行政机关未实现其参与权的行为；其二，当事人救济的权益是国有自然资源配置审批所影响的实体权益，而不是当事人的参与权之程序利益。

尽管在诉讼过程中，当事人可能主张其参与权未能得到实现，如认为行政机关在自然资源配置审批中未能按照法律规定组织实施听证，并以此主张审批行为违法。不过，在这个过程之中，参与程序之效果被吸收到审批行为之中，参与权未能得到保障的法律后果完全被配置审批决定所吸收。尽管行政机关未能按照法律规定组织实施听证亦可被视为不履行法定义务，但是，对于当事人而言，其要推翻的是配置审批决定，其要救济的是配置审批行为对其实体权益的侵犯。如果当事人仅要求救济其参与权，法院根据当事人之请求也仅能判决行政机关履行组织听证的义务，这对于当事人来说是远远不够的。毕竟，作为理性人，其基本诉求还是要求保护实体上的利益，以行政机关未组织实施听证主张配置审批决定违法，可以达到既实现其程序权利又保护其实体利益之目的，何乐不为?

2. 涉及公共利益的国有自然资源配置审批中参与者的原告资格

涉及公共利益的国有自然资源配置审批决定并不会对参与者的实体利益产生直接影响。若从实体权利保护角度处出发，参与者不符合《行政诉讼法》第25条的规定，不能取得行政诉讼的原告资格。

实体救济上的困顿，为参与权“登场”提供了机会。参与权是一项主观公权利，在《行政诉讼法》的调整与保护范围之内。涉及公共利益的国有自然资源配置审批中的参与者之原告资格，完全可以从“利益实际影响说”与“保护规范理论”两种分析框架中得到认可。

(1)“利益实际影响说”与参与者的原告资格

“利益实际影响说”是我国司法实务中长期用来判断当事人是否具有原告资格的实践准则。一般而言，从“利益实际影响说”判断当事人是否有原告资格，应该符合如下几个要件：其一，当事人有合法权益；其二，合法权益已经或可能受到行政机关行政行为的影响；其三，行政行为与合法权益受到影响之间存在因果关系。在司法实践中，有法院认为，“起诉人提起行政诉讼时有义务举证证明其与被诉行为有利害关系。但此种证明责任仅应是初步的、表面成立的”，[①] 如果被告认为起诉人不具有原告资格，则需要证明起诉人的利益没有受到影

① 最高人民法院行政裁定书，(2019)最高法行再104号。

响，或者起诉人的利益所受影响与行政行为之间不存在因果关系。

“利益实际影响说”作为判断原告资格的理论，存在一定缺陷。例如，因果关系认定困难，对于是直接因果关系还是间接因果关系，是事实上的因果关系还是法律上的因果关系，各有其主张者。[①] 又如，“利益实际影响说”以损害结果发生或可能发生为审查的重点，实践中要求起诉人举证证明其权益受损之事实，一旦起诉人举证不充分，就可能被以不具有原告资格判决驳回起诉，然而，行政诉讼的目的在于审查行政行为的合法性，保护当事人的合法权益。尽管如此，即使在保护规范理论逐渐被各级法院普遍认同，用于判断原告资格的情形下，“利益实际影响说”依旧得到广泛运用。例如，在闫某旺等人诉被申请人天津市人民政府行政复议案中，最高人民法院提出：“所谓‘利害关系’是指被申请行政复议的行政行为有可能对申请人的合法权益造成区别于他人的特别损害或不利影响。如果申请人不能举证初步证明其与被申请复议的行政行为具有利害关系、没有复议申请人资格，复议机关可以决定不予受理其复议申请。”[②] 简言之，在法院看来，能否获得原告资格，在于当事人的合法权益是否造成或可能造成损害。

涉及公共利益的国有自然资源配置审批中的参与者，在其参与权未能得到保障的情形下，要证明其权益受到损失并不困难。只是这以人们的观念转变为前提，认识到权益并不一定仅指向实体上的权益，程序有独立价值，也有其独立利益。借用学者的观点，程序利益可以

① 参见汤军：《论行政诉讼原告资格认定的“权益保护”路径》，载《政治与法律》2013年第9期。

② 最高人民法院行政裁定书，(2020)最高法行申8645号。

被界定为“当事人需求的、通过程序得到的对其尊严、平等和自由的维护，以及金钱、时间和精力的节省”，故其可表现为精神程序利益和物质程序利益。①

涉及公共利益的国有自然资源配置审批，虽不直接影响公众利益，但是参与者以防止资源滥用、保护环境、监督政府行为、防止国有资产流失等任何一个目的为参与动机，都与参与权的内在功能相契合。参与者通过行使参与权，可以提高其表达诉求、与政府有效沟通等方面的政治能力，也可以在参与中完善与健全自身的公共品德、公共理性，而且，以参与的方式表达个人对公共事务的看法并对公共决策产生或多或少的影响，本身就是现代社会人格尊严的体现。

所以，在法律法规规定公民有权参与国有自然资源配置审批的前提下，行政机关应该保障与尊重公民的参与权。行政机关不能保障甚至阻碍参与权的实现，就足以证明公民的程序利益受到损害，从而获得原告资格。

（2）“保护规范理论”与参与者的原告资格

保护规范理论形成于德国，与主观公权利理论紧密相关。保护规范理论在不同时期有不同的含义，且其构成也颇为复杂。该理论在我国司法实践中被应用且引起人们的广泛关注，缘于刘某明诉张家港市人民政府行政复议案（以下简称刘某明案）。② 在该案说理部分，最高人民法院对保护规范理论的构成要件、意义等作了颇为详尽的论述。

其一，该理论的核心要义，在于判断行政机关作出行政行为的法

① 参见翁晓斌：《程序利益保障论》，载《南京大学法律评论》2010 年第 2 期。

② 参见最高人民法院行政裁定书，（2017）最高法行申 169 号。

律依据是否有保护当事人利益的目的，或者说，行政机关作出行政行为是否会侵害当事人的主观公权利。关于这一点，笔者在前文已有论述，行政机关纯粹为了公共利益作出某行政行为，尽管特定人从中受益，这种利益为反射性利益，特定人不得就反射性利益寻求救济。刘某明案中，最高人民法院明确指出，无论是《行政复议法》还是《行政诉讼法》，"'利害关系'仍应限于法律上的利害关系，不宜包括反射性利益……"而如何判断该利益是反射性利益还是法律要保护的利益？最高人民法院指出，"以行政机关作出行政行为时所依据的行政实体法和所适用的行政实体法律规范体系，是否要求行政机关考虑、尊重和保护原告诉请保护的权利或法律上的利益（以下统称权益），作为判断是否存在公法上利害关系的重要标准"。

其二，"法律上的利害关系"主要指的是公法上的利害关系。所谓公法上的利害关系，主要是指行政法律法规等所规定的利害关系。行政机关作出某个行政行为，可能对第三人造成事实的影响，或者说事实上的利害关系，但是这种利害关系并不是行政法律法规等实体法所要保护的利益，而是私人主体之间的利益关系。为保护这种利益，第三人可以通过民事诉讼途径予以解决。在刘某明案中，最高人民法院指出，婚姻登记、股东变更登记等行政行为，都有可能对第三人产生影响进而形成利害关系，但是这种利害关系仅为事实上的利害关系。行政机关作出的行为所直接针对的对象是相对人。第三人认为利益受损时，应采用民事救济方式向行政行为的相对人主张。

其三，应该从整体，而不是孤立的法条来判断法律规范是否有保护当事人利益的目的。有的法条可能清晰地表达了对行政行为第三人利益的保护，有的法条可能规定得并不清楚，要作出判断并不容易。保护规范理论认为，要特别防范孤立解读与片面解读法律规范。在刘某明案中，最高人民法院提出，“对行政实体法某一法条或者数个法条保护的权益范围的界定，不宜单纯以法条规定的文意为限，以免孤立、割裂地‘只见树木不见森林’，而应坚持从整体进行判断，强调‘适用一个法条，就是在运用整部法典’”。

其四，保护规范理论倾向保护当事人的诉权。对法律规范的解释过于宽松，取得原告资格的门槛就可能过低，会导致行政诉讼从主观诉讼走向客观诉讼，这与行政诉讼的基本定位是不符的；对法律规范的解释过于严苛，取得原告资格的门槛就会过高，会导致起诉人失去司法救济的机会。但是，在防止走向客观诉讼以及保护当事人诉权之间，最高人民法院更倾向当事人的权利保护。在刘某明案中，最高人民法院认为，当事人的诉权保护与司法体制、司法资源有关，但是，如果该权益值得保护，则应该采用扩大解释的方法将其纳入法律上的利害关系之范围。

其五，保护规范理论中的“规范”应做广义的拓展。保护规范理论中的“规范”，是行政机关作出行政行为所依据的行政实体法规范。需要注意的是，不能把“规范”仅理解为法律、法规、规章。行政机关会以规范性文件的方式对法律法规等语义细化，从而更有利于行政职责的实现。这些规范性文件同样是保护规范理论中的“规范”。在刘某明案中，最高人民法院指出，法院对行政行为合法性的评判，要以法律法规规章甚至规范性文件为依据。也就是说，除了法律法规规章以外，倘若规范性文件对行政机关作出行政行为需要考虑哪些利益作出了规定，同样可以成为当事人主张原告资格的“规范”依据。

保护规范理论已经成为我国判断原告资格的重要理论，尽管该理论并不完美，尤其在解释规范目的时，可能会有较大的不确定性。[①]因此，该理论对于当事人原告资格判断之作用，较大程度上取决于法官所具有的法律解释能力。但是，该理论提供的思维方法与判断逻辑是清晰的，这又可以减少法官在认定原告资格过程中的恣意。所以，尽管该理论在学术界存在诸多争议，但最高人民法院坚持认为，“行政复议的申请人资格与行政诉讼的原告资格，仍应遵循保护规范理论”。[②]

保护规范理论为保护公民参与国有自然资源配置审批提供了一个新的路径。在该理论的指导下，当事人无须证明其合法权益是否受到了损害，重点在于解释相关法律法规是否明确了当事人的参与权应该受到保护。当前不少法律法规都规定了公民在国有自然资源配置中的参与权，公民参与能否实现，也是检验行政行为是否合法的标准之一。需要指出的是，即使法律规范未能非常明确地表达出行政机关作出行政行为时必须要考虑公民参与权，司法裁判者也应该尽量解释出法律规范具有该意图。毕竟，行政诉讼制度建立30余年以来，立法者当初所担忧的行政案件过多、法院不堪重负的情形并未出现，承认当事人的原告资格，能够鼓励公民积极参与国有自然资源配置审批行为，从而有益于监督行政机关，提高国有自然资源的使用效益，实现自然资源国家所有权之目的。

---

① 参见赵宏：《保护规范理论的历史嬗变与司法适用》，载《法学家》2019年第2期。

② 最高人民法院行政裁定书，（2018）最高法行申6453号。

主要参考文献

一、中文类参考文献

（一）著作类

1.〔德〕鲍尔、〔德〕施蒂尔纳：《德国物权法》（上册），张双根译，法律出版社2004年版。

2.〔德〕汉斯·J. 沃尔夫等：《行政法》（第2卷），高家伟译，商务印书馆2002年版。

3.〔法〕弗朗索瓦·泰雷、〔法〕菲利普·森勒尔：《法国财产法》，罗结珍译，中国法制出版社2008年版。

4.〔美〕E.S. 萨瓦斯：《民营化与公私部门的伙伴关系》，中国人民大学出版社2002年版。

5.〔美〕埃莉诺·奥斯特罗姆：《公共资源的未来：超越市场失灵和政府管制》，郭冠清译，中国人民大学出版社2015年版。

6.〔英〕安东尼·奥格斯：《规制：法律形式与经济学理论》，骆梅英译，中国人民大学出版社2008年版。

7.〔美〕B. 盖伊·彼得斯：《政府未来的治理模式》，吴爱明、夏宏图译，中国人民大学出版社 2001 年版。

8.〔美〕丹尼尔 · F. 史普博：《管制与市场》，余晖等译，格致出版社、上海三联书店、上海人民出版社 2008 年版。

9.〔美〕丹尼尔 · H. 科尔：《污染与财产权：环境保护的所有权制度比较研究》，严厚福、王社坤译，北京大学出版社 2006 年版。

10.〔美〕罗伯特 · 考特、〔美〕托马斯 · 尤伦：《法和经济学》(第 6 版)，史晋川、董雪兵等译，格致出版社、上海三联书店、上海人民出版社 2012 年版。

11.〔美〕汤姆 · 泰坦伯格：《自然资源经济学》，高岚译，人民邮电出版社 2012 年版。

12.〔日〕加藤雅信：《"所有权"的诞生》，郑芙蓉译，法律出版社 2012 年版。

13.〔日〕芦部信喜著，〔日〕高桥和之补订：《宪法》，林来梵等译，清华大学出版社 2018 年版。

14.〔日〕美浓部达吉：《公法与私法》，黄冯明译，中国政法大学出版社 2003 年版。

15.〔意〕桑德罗 · 斯奇巴尼：《物与物权》，范怀俊译，中国政法大学出版社 2002 年版。

16.〔英〕朱迪 · 丽丝：《自然资源：分配、经济学与政策》，蔡运龙等译，商务印书馆 2005 年版。

17. 蔡运龙编著：《自然资源学原理》，科学出版社 2000 年版。

18. 陈玉秋：《水资源资产产权制度探索与创新》，中国财政经济出版社 2018 年版。

19. 崔建远:《准物权研究》,法律出版社 2003 年版。

20. 崔建远主编:《自然资源物权法律制度研究》,法律出版社 2012 年版。

21. 单平基:《自然资源权利配置法律机制研究》,东南大学出版社 2020 年版。

22. 傅英:《中国矿业法制史》,中国大地出版社 2001 年版。

23. 国土资源部地质勘查司编:《各国矿业法选编》(下册),中国大地出版社 2005 年版。

24. 国土资源部油气资源战略研究中心:《我国矿业权分级审批制度研究》,地质出版社 2016 年版。

25. 黄萍:《自然资源使用权制度研究》,上海社会科学院出版社 2013 年版。

26. 黄锡生:《自然资源物权法律制度研究》,重庆大学出版社 2012 年版。

27. 江必新、梁凤云:《行政诉讼法理论与实务》(上)(第 3 版),法律出版社 2016 年版。

28. 梁慧星:《生活在民法中》,法律出版社 2010 年版。

29. 林来梵:《宪法学讲义》(第 3 版),清华大学出版社 2018 年版。

30. 刘飞:《德国公法权利救济制度》,北京大学出版社 2009 年版。

31. 路瑶:《中国行政审批权配置研究》,商务印书馆 2021 年版。

32. 裴丽萍:《可交易水权研究》,中国社会科学出版社 2008

年版。

33. 邱秋:《中国自然资源国家所有权制度研究》,科学出版社2010年版。

34. 全国人大常委会法制工作委员会民法室编:《中华人民共和国物权法条文说明、立法理由及相关规定》,北京大学出版社2007年版。

35. 施志源:《生态文明背景下的自然资源国家所有权研究》,法律出版社2015年版。

36. 宋蕾:《中国特许取水权制度法理研究》,湖北科学技术出版社2013年版。

37. 王克稳:《自然资源特许权有偿出让研究》,北京大学出版社2021年版。

38. 王灵波:《美国自然资源公共信托制度研究》,中国政法大学出版社2016年版。

39. 王名扬:《法国行政法》,北京大学出版社2007年版。

40. 孙宪忠等:《国家所有权的行使与保护研究》,中国社会科学出版社2015年版。

41. 孙宪忠:《权利体系与科学规范》,社会科学文献出版社2018年版。

42. 汪永清主编:《行政许可法教程》,中国法制出版社2011年版。

43. 王洪亮等:《自然资源物权法律制度研究》,清华大学出版社2017年版。

44. 王克稳:《行政审批制度改革中的法律问题》,法律出版社

2018 年版。

45. 王克稳:《行政许可中特许权的物权属性与制度构建研究》，法律出版社 2015 年版。

46. 王小军:《美国水权制度研究》，中国社会科学出版社 2011 年版。

47. 王泽鉴:《民法物权》，北京大学出版社 2010 年版。

48. 王智斌:《行政特许的私法分析》，北京大学出版社 2008 年版。

49. 翁岳生编:《行政法》(上卷)，中国法制出版社 2009 年版。

50. 肖泽晟:《公物法研究》，法律出版社 2009 年版。

51. 谢在全:《民法物权论》(上册)，中国政法大学出版社 2011 年版。

52. 信春鹰主编:《中华人民共和国行政诉讼法释义》，法律出版社 2014 年版。

53. 叶榅平:《自然资源国家所有权的理论诠释与制度建构》，中国社会科学出版社 2019 年版。

54. 袁震:《中国农村土地物权制度研究》，法律出版社 2018 年版。

55. 张建文:《转型时期的国家所有权问题研究》，法律出版社 2008 年版。

56. 张卿:《行政许可：法和经济学》，北京大学出版社 2013 年版。

57. 张穹、周英主编:《取水许可和水资源费征收管理条例释义》，中国水利水电出版社 2006 年版。

58. 张梓太主编，陈玲等撰稿：《自然资源法学》，北京大学出版社2007年版。

59. 赵宏：《行政法学的主观法体系》，中国法制出版社2021年版。

60. 郑航、王忠静、赵建世：《水权分配、管理及交易》，中国水利水电出版社2019年版。

61. 朱训、陈洲其主编：《中华人民共和国地质矿产史（1949-2000）》，地质出版社2003年版。

62. 朱岩、高圣平、陈鑫：《中国物权法评注》，北京大学出版社2007年版。

63. 最高人民法院环境资源审判庭编著：《最高人民法院矿业权司法解释理解与适用》，人民法院出版社2018年版。

64. 陈春生：《行政法之学理与体系（二）》，台北，元照出版有限公司2007年版。

（二）论文类

1.〔爱尔兰〕C. 斯科特：《作为规制与治理工具的行政许可》，石肖雪译，载《法学研究》2014年第2期。

2. 蔡守秋、潘凤湘：《论公众共用物的法律起源》，载《河北法学》2016年第10期。

3. 曹明德：《从人类中心主义到生态中心主义伦理观的转变——兼论道德共同体范围的扩展》，载《中国人民大学学报》2002年第3期。

4. 曹正汉、薛斌峰、周杰:《中国地方分权的政治约束——基于地铁项目审批制度的论证》,载《社会学研究》2014 年第 3 期。

5. 曹正汉:《中国上下分治的治理体制及其稳定机制》,载《社会学研究》2011 年第 1 期。

6. 陈国栋:《行政协议的许可化研究》,载《环球法律评论》2021 年第 6 期。

7. 陈仪:《保护野生动物抑或保护国家所有权——从私割鲸肉应否处罚谈开去》,载《法学》2012 年第 6 期。

8. 程雪阳:《国有自然资源资产产权行使机制的完善》,载《法学研究》2018 年第 6 期。

9. 戴孟勇:《狩猎权的法律构造——从准物权的视角出发》,载《清华法学》2010 年第 6 期。

10. 邓海峰:《环境容量的准物权化及其权利构成》,载《中国法学》2005 年第 4 期。

11. 邓海峰:《生态文明体制改革中自然资源资产分级行使制度研究》,载《中国法学》2021 年第 2 期。

12. 巩固:《自然资源国家所有权"非公权说"检视》,载《中国法律评论》2017 年第 4 期。

13. 巩固:《自然资源国家所有权公权说》,载《法学研究》2013 年第 4 期。

14. 郭洁、郭云峰:《论我国自然资源国家所有权主体制度的建构》,载《沈阳师范大学学报(社会科学版)》2019 年第 6 期。

15. 郭洁:《土地用途管制模式的立法转变》,载《法学研究》2013

年第 2 期。

16. 郭志京:《穿越公私法分界线：自然资源国家所有权委托行使模式》，载《法制与社会发展》2022 年第 1 期。

17. 郭志京:《自然资源国家所有的私法实现路径》，载《法制与社会发展》2020 年第 5 期。

18. 韩立新:《关于“个人所有制”解释的几个问题——兼评李惠斌〈对马克思关于“私有制”、“公有制”以及“个人所有制”问题的重新解读〉一文》，载《马克思主义与现实》2009 年第 2 期。

19. 侯宇:《美国公共信托理论的形成与发展》，载《中外法学》2009 年第 4 期。

20. 江必新:《矿业权法律关系调整中的国家干预和私人自治——兼论法律行为效力理论之重构》，载《法学评论》2018 年第 1 期。

21. 金可可:《论“狗头金”、野生植物及陨石之所有权归属——再论自然资源国家所有权及其限度》，载《东方法学》2015 年第 4 期。

22. 康纪田:《论行政特许制度的现行立法有碍政府职能转变——行政许可法第 53 条剖析》，载《沿海企业与科技》2007 年第 2 期。

23. 李昌庚:《国家所有权理论拷辨》，载《政治与法律》2011 年第 12 期。

24. 李冬:《自然资源资产国家所有权委托代理行使的法律表达》，载《中国不动产法研究》2021 年第 2 期。

25. 李建华、李靖:《采矿权法律性质的再认识》，载《国家检察官学院学报》2017 年第 6 期。

26. 李忠夏:《宪法上的“国家所有权”：一场美丽的误会》，载《清华法学》2015年第5期。

27. 刘伯恩:《自然资源管理体制改革发展趋势及政策建议》,载《中国国土资源经济》2017年第4期。

28. 刘超:《气候资源国家所有权的社会功能与权利结构》,载《政法论丛》2014年第3期。

29. 刘舜斌:《论渔业权与渔业许可——兼评〈论争中的渔业权〉》,载《中国渔业经济》2008年第6期。

30. 刘卫先:《论环境保护视野下自然资源行政许可的法律本质》,载《内蒙古社会科学(汉文版)》2014年第4期。

31. 娄耀雄:《论无线电频谱使用权的准物权特征及面向技术进步的制度变革》,载《法律科学(西南政法大学学报)》2009年第5期。

32. 罗冠男:《我国行政诉讼准入标准的变化与演进——从"法益"标准的角度》,载《中共中央党校(国家行政学院)学报》2021年第3期。

33. 马怀德:《行政审批制度改革的成效、问题与建议》,载《国家行政学院学报》2016年第3期。

34. 马俊驹:《国家所有权的基本理论和立法结构探讨》,载《中国法学》2011年第4期。

35. 马晓强、韩绵绵、常云昆:《黄河水权制度变迁研究》,载《中国经济史研究》2007年第1期。

36. 马新彦:《论民法对合同行政审批的立法态度》,载《中国法学》2016年第6期。

37. 马新彦:《罗马法所有权理论的当代发展》,载《法学研究》

2006 年第 1 期。

38. 马永欢等:《自然资源资产管理的国际进展及主要建议》,载《国土资源情报》2014 年第 12 期。

39. 梅夏英:《特许物权的性质与立法模式的选择》,载《人大法律评论》2001 年第 2 期。

40. 裴丽萍、王军权:《水资源配置管理的行政许可与行政合同模式比较》,载《郑州大学学报(哲学社会科学版)》2016 年第 3 期。

41. 裴丽萍:《论水资源国家所有的必要性》,载《中国法学》2003 年第 5 期。

42. 彭诚信、单平基:《水资源国家所有权理论之证成》,载《清华法学》2010 年第 6 期。

43. 屈茂辉、柳婷婷:《国务院代表国家行使自然资源所有权的法体系构造》,载《湖南大学学报(社会科学版)》2020 年第 4 期。

44. 沈满洪:《水权交易与政府创新——以东阳义乌水权交易案为例》,载《管理世界》2005 年第 6 期。

45. 史蕾:《从"辅助性作用"到"决定性作用"——党对市场在资源配置中作用的认识演变》,载《学习与实践》2014 年第 2 期。

46. 税兵:《论渔业权》,载《现代法学》2005 年第 3 期。

47. 苏利阳等:《分级行使全民所有自然资源资产所有权的改革方案研究》,载《环境保护》2017 年第 17 期。

48. 孙宪忠:《"统一唯一国家所有权"理论的悖谬及改革切入点分析》,载《法律科学》2013 年第 3 期。

49. 谭家超:《资源配置、法律规制与行政审批制度改革》,载《改革》2017 年第 5 期。

50. 汤军:《论行政诉讼原告资格认定的“权益保护”路径》,载《政治与法律》2013 年第 9 期。

51. 万钧、柳长顺:《英国取水许可制度及其启示》,载《水利发展研究》2014 年第 10 期。

52. 王克稳:《论公法性质的自然资源使用权》,载《行政法学研究》2018 年第 3 期。

53. 王克稳:《论行政审批的分类改革与替代性制度建设》,载《中国法学》2015 年第 2 期。

54. 王克稳:《论建立水权登记制度》,载《华北水利水电大学学报(社会科学版)》2021 年第 5 期。

55. 王克稳:《论自然资源国家所有权的法律创设》,载《苏州大学学报(法学版)》2014 年第 3 期。

56. 王克稳:《论自然资源国家所有权权能》,载《苏州大学学报(哲学社会科学版)》2018 年第 1 期。

57. 王克稳:《完善我国自然资源国家所有权主体制度的思考》,载《江苏行政学院学报》2019 年第 1 期。

58. 王克稳:《我国行政审批与行政许可关系的重新梳理与规范》,载《中国法学》2007 年第 4 期。

59. 王克稳:《自然资源国家所有权的性质反思与制度重构》,载《中外法学》2019 年第 3 期。

60. 王士亨:《我国矿产资源所有权制度建设研究》,山西大学 2020 年博士学位论文。

61. 王秀卫、李静玉:《全民所有自然资源资产所有权委托代理机制初探》,载《中国矿业大学学报(社会科学版)》2021 年第 3 期。

62. 王旭:《论自然资源国家所有权的宪法规制功能》,载《中国法学》2013 年第 6 期。

63. 王涌:《自然资源国家所有权三层结构说》,载《法学研究》2013 年第 4 期。

64. 温世扬:《"林权"的物权法解读》,载《江西社会科学》2008 年第 4 期。

65. 吴凯杰:《环境法体系中的自然保护地立法》,载《法学研究》2020 年第 3 期。

66. 肖泽晟:《论公共资源特许使用权转让之限制》,载《苏州大学学报(哲学社会科学版)》2018 年第 1 期。

67. 谢海定:《国家所有的法律表达及其解释》,载《中国法学》2016 年第 2 期。

68. 徐祥民:《自然资源国家所有权之国家所有制说》,载《法学研究》2013 年第 4 期。

69. 杨俊峰:《我国城市土地国有制的演进与由来》,载《甘肃行政学院学报》2011 年第 1 期。

70. 尹田:《论国家财产的物权法地位——"国家财产神圣不可侵犯"不写入物权法的法理依据》,载《法学杂志》2006 年第 3 期。

71. 尹田:《论一物一权原则及其与"双重所有权"理论的冲突》,载《中国法学》2002 年第 3 期。

72. 袁一仁等:《中国自然资源管理体制改革:历史脉络、时代要求与实践路径》,载《学习与实践》2019年第9期。

73. 翟翌:《基于“相似性”本质的行政特许界定及其应用》,载《中国法学》2016年第1期。

74. 翟翌:《论“行政特许”对“民商事特许”的借鉴》,载《法学评论》2016年第3期。

75. 张力:《先占取得的正当性缺陷及其法律规制》,载《中外法学》2018年第4期。

76. 张力:《自然资源分出物的自由原始取得》,载《法学研究》2019年第6期。

77. 张璐:《论自然资源的国有资产属性及其立法规范》,载《南京大学法律评论》2009年第1期。

78. 张卿:《为什么要施行政府特许经营? ——从法经济学角度分析》,载《中国政法大学学报》2010年第6期。

79. 章剑生:《论行政相对人在行政程序中的参与权》,载《公法研究》2004年第0期。

80. 赵宏:《保护规范理论的历史嬗变与司法适用》,载《法学家》2019年第2期。

81. 周汉华:《行政许可法:观念创新与实践挑战》,载《法学研究》2005年第2期。

82. 周黎安:《行政发包制》,载《社会》2014年第6期。

83. 周黎安:《再论行政发包制:对评论人的回应》,载《社会》2016年第6期。

84. 周林彬、李胜兰:《试论我国所有权主体制度改革与创新》,载

《云南大学学报(法学版)》2001 年第 3 期。

85. 周雪光:《权威体制与有效治理:当代中国国家治理的制度逻辑》,载《开放时代》2011 年第 10 期。

86. 胡博砚:《德国法上授予水权审查之程序》,载《兴大法学》第 8 期(2010 年)。

87. 朱柏松:《水权之理论与实务》(上),载《台大法学论丛》第 25 卷第 2 期(1996 年)。

二、外文类参考文献

(一)著作类

1.John R., Teerink and Masahiro Nakashima, *Water Allocation, Rights and Pricing: Examples from Japan and the United States*, The World Bank Press, 1993.

2.Richard Epstein, *Why Restrain Alienation*, Columbia Law Review, 1985.

3.Wilson, J.Q., Richardson, *Public Ownership vs. Energy Conservation: A Paradox of Utility Regulation*, Regulation, 1985.

(二)论文类

1.David Takacs, *The Public Trust Doctrine, Environmental Human Rights, and the Future of Private Property*, New York University Environmental Law Journal, Vol.7, p.711−744(2008).

2.David L. Callies & Katie L. Smith, *The Public Trust Doctrine: A United States and Comparative Analysis*, Journal of International and Comparative Law, Vol.7, p.41−70(2020).

3.E. Goodman, *Protecting Habitat for Off-reservation Tribal Hunting and Fishing Rights: Tribal Comanagement as a Reserved Right*, Environmental Law, Vol. 30, p.279−361(2000).

4.Frank J. Trelease, *Government Ownership and Trusteeship of Water*, California Law Review, Vol.45, p. 638−654(1957).

5.Joseph L. Sax, *The Public Trust Doctrine in Natural Resources Law: Effective Judicial Intervention*, Michigan Law Review, Vol.68, p.475−565(1970).